MAINE ROMAN
SICILE ROMANE
PORTUGAL ROMAN 1
PORTUGAL ROMAN 2
POUILLES ROMANES
ANGLETERRE ROMANE 2
CALABRE ROMANE
BELGIQUE ROMANE
SARDAIGNE ROMANE
LYONNAIS SAVOIE
ABRUZZES MOLISE
VIVARAIS GÉVAUDAN
VÉNÉTIE ROMANE
DAUPHINÉ ROMAN
ROME ET LATIUM
PALATINAT ROMAN
MARCHES ROMANES

I

2

3

4

5

6

7

8

9

SAN GIUSTO A SAN MAROTO ▶

10

11

12

13

15

16

17

ANCONA SANTA MARIA DELLA PIAZZA

21

22

25

26

27

ASCOLI PICENO ▶

28

29

30

31

32

33

35

Au delà des choix discutables dans l'aménagement stylistique, le mérite de l'opération fut de remettre au jour les restes de la basilique paléochrétienne. Dans la revue *«Rassegna Marchigiana»*, (La restauration de l'église Sainte-Marie), Serra lui-même décrivait ainsi les raisons de son intervention : «D'après les résultats des fouilles, il semble que l'église devait présenter un aspect semblable à celui de l'abbaye Saint-Vincent à Furlo, à savoir une église terminée par deux balustrades auxquelles s'appuyait un étroit escalier médian... Les nouvelles exigences liturgiques contraignirent à surélever la partie orientale, dans un compromis entre le nouveau et l'ancien. C'est-à-dire que l'on garda l'élévation mais l'escalier fut élargi jusqu'aux piliers, et l'on ferma par des chancels le fond des nefs latérales... Dans le renouvellement du mobilier liturgique, on veilla à le maintenir en accord de dépendance à l'égard de la structure architecturale... Les sources d'inspiration en sont généralement venues de la façade... Cet aménagement stylistique fut précédé et accompagné d'une consolidation de l'édifice. On changea la couverture en bois, on refit le pavement en pierre, on rouvrit les anciennes fenêtres obturées, on mura les ouvertures postérieures, on renforça par des chaînages les murs qui furent décrépis à l'intérieur, bien que le parement n'ait pu être laissé apparent en raison de son mauvais état».

Dans les années 50 on aménagea une quatrième nef dans les locaux de la sacristie le long de la nef latérale de gauche, ce qui donna lieu à de nombreuses discussions sur le bien-fondé de cette intervention.

Les dernières restaurations, terminées en 1981, ont répondu à la double intention de consolider les structures de l'église, mises à mal par le tremblement de terre de 1972, et de débarrasser l'édifice des adjonctions «dans le style» conformes aux critères de la restauration philologique. Le problème des fondements déficients fut résolu par une reprise en sous-œuvre utilisant des tout petits pilots, tandis que l'action des eaux souterraines fut maîtrisée par une ceinture de matériaux imperméables, ainsi que par un système de drains sous l'église inférieure.

Au cours des travaux concernant cette zone, ont également réapparu des restes de murs d'enceinte du IVe et du IIIe siècle avant Jésus-Christ et des parties d'édifices romains.

Enfin, dans l'église supérieure on supprima la surélévation du sanctuaire et la «quatrième» nef, considérés comme des faux historiques.

Visite

Après sa récente restauration, l'église Sainte-Marie a retrouvé son équilibre spatial originel dans sa disposition à trois nefs avec huit piliers. Dans la partie de l'espace correspondant à la «quatrième nef», fermée par l'obturation des arcades, on a ouvert de nouveaux accès à la basilique inférieure.

On a voulu en outre permettre la vision simultanée des deux églises superposées – la paléochrétienne et la romane – grâce à de larges regard vitrés découpés dans le pavement.

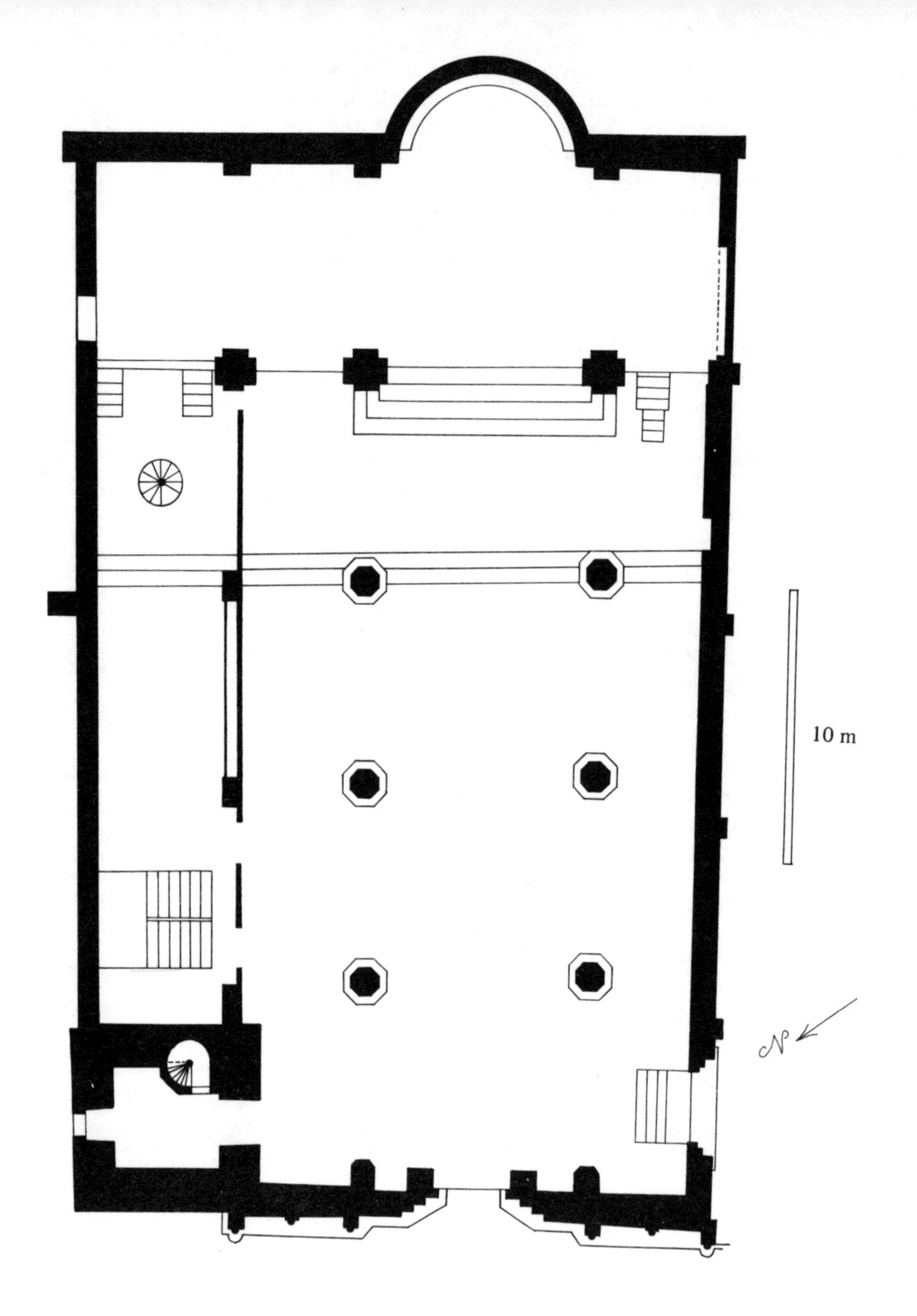

ANCÔNE
SANTA MARIA
DELLA PIAZZA

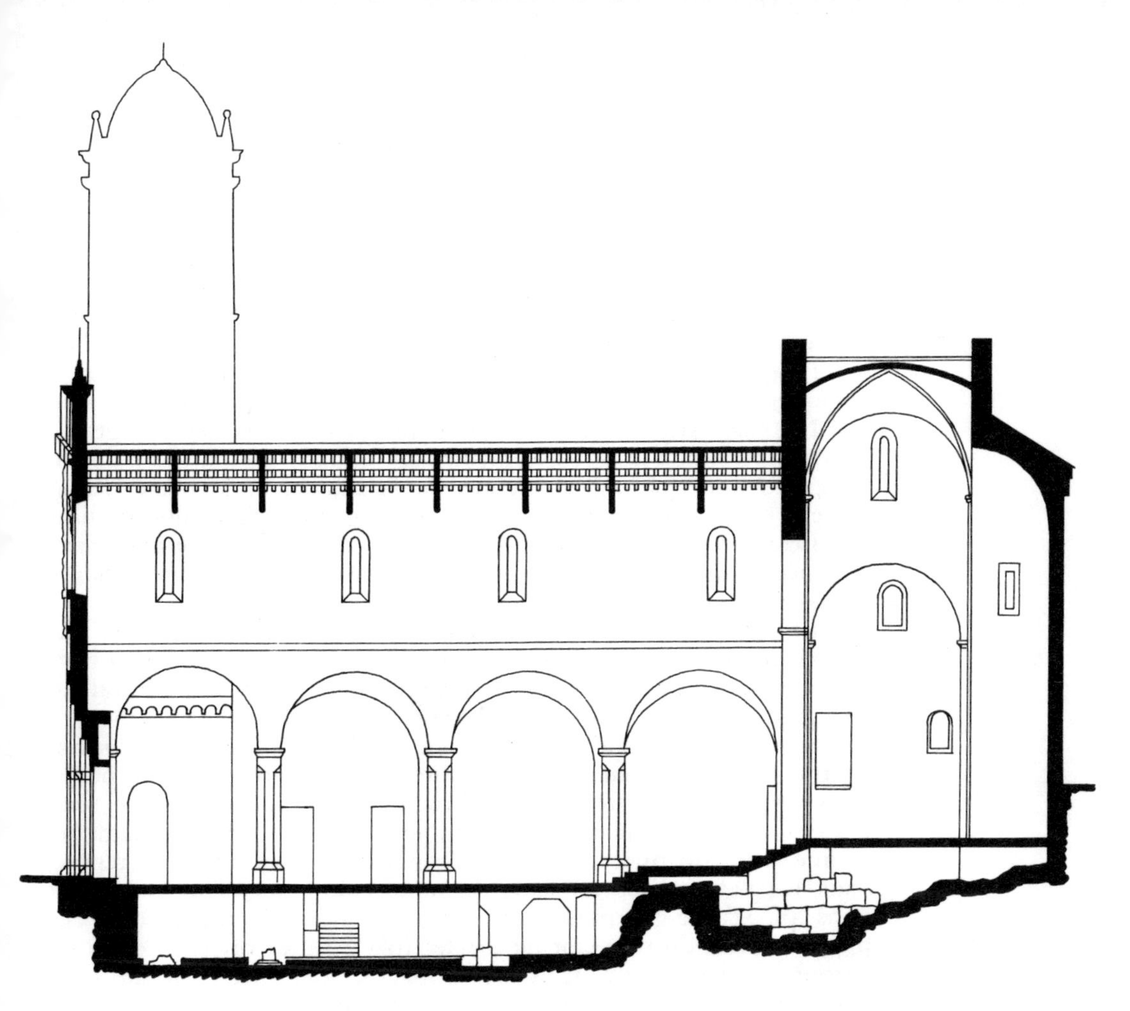

SANTA MARIA DELLA PIAZZA
COUPE

A l'extérieur, la restauration s'est limitée au nettoyage et à la consolidation des parties en pierre, en portant une attention particulière à la façade dont on eut la possibilité d'approfondir la structure décorative complexe.

Dans cette façade à rampants interrompus, on distingue trois zones, séparées par des corniches horizontales entièrement sculptées (pl. 20).

La première corniche s'étend à la hauteur du tympan du portail et présente une série continue d'animaux réels et imaginaires – oiseaux, griffons, taureaux ailés et sirènes (pl. 24) – tandis que la deuxième moulure, à rinceaux, délimite le premier registre de la façade et se continue le long des rampants des nefs latérales, avec une nouvelle série de bêtes ailées (taureaux, griffons, lions) (pl. 26). Au milieu de cette corniche font saillie deux félins opposés par la croupe (pl. 27) : ancien emblème de la commune d'Ancône. La partie inférieure de la façade est faite de petits blocs de pierre et est rythmée verticalement par des faisceaux de demi-colonnes et de colonnettes annelées.

Ces nervures, d'un grand effet plastique, se continuent dans la zone suivante, entièrement revêtue de plaques de marbre renfermées dans un réseau de petites galeries aveugles. Toutes les archivoltes et tous les chapiteaux des arcades sont enrichis de reliefs à feuillage.

Il faut noter que certaines des plaques de marbre sont à l'évidence remployées : elle présentent en effet des fragments de bas-reliefs appartenant à des structures et à du mobiliers liturgiques, quelques-uns probablement récupérés de la basilique paléochrétienne.

Les sujets des bas-reliefs vont de motifs géométriques et végétaux à des motifs figuratifs d'ascendance byzantine : comme le paon, la Vierge Orante (pl. 25) au centre de la façade, et le buste d'ange placé à sa gauche comme pour figurer le groupe de l'Annonciation.

Dans les tympans de la deuxième rangée d'arcades, sont encastrés des médaillons en terre cuite polychrome avec des portraits de saints, refaits aux XVIe siècle.

Le dernier registre de la façade, percé d'une grande fenêtre rectangulaire et surmonté d'un fronton est, on l'a dit, une réfection du XVIIIe siècle. Sur ses arêtes demeurent deux robustes contreforts d'origine, décorés de tores et d'atlantes superposés verticalement.

Sur la face tournée vers la place, l'église n'a qu'un seul portail central formé de quatre ressauts. Sur les trois montants internes et leurs voussures se retrouvent le thème des colonnettes annelées, remplacées le long du quatrième ensemble, par une bordure à palmettes et une prise de rinceaux. En y regardant de près, on peut repérer dans les volutes des ramages de minuscules figures de paons, de lions (pl. 21), de guerriers et une représentation inhabituelle d'un éléphant (au bas du montant de droite) (pl. 22). Les rinceaux de la clé entourent par contre trois personnages, identifiés comme Dieu bénissant entre deux représentations du Christ.

D'autres figures humaines sont disposés obliquement sur le tympan dans le maigre espace laissé par l'inscription mentionnée plus haut.

On a déjà mis en évidence le lien qui existe entre la façade de Santa Maria della Piazza et celles des églises romanes de Pise et de Lucques (cf. *Toscane Romane*, pl. 2, 71, 91), dont le trait commun est l'emploi de rangées d'arcades superposées.

Un exemple significatif en est offert par la cathédrale de Pise (XIe-XIIe siècle), Saint-Martin à Lucques (dont la façade fut commencée en 1204) et Saint-Michel in Foro, toujours à Lucques (terminé en façade entre le XIIe et le XIIIe siècle).

Dans le cas d'Ancône, l'utilisation exclusive d'arcatures aveugles au lieu des profondes galeries toscanes pourrait s'expliquer par la nécessité d'adapter ce type d'ornementation à une structure de façade préexistante.

Moins justifiés nous paraissent les renvois aux divisions en panneaux qui caractérisent certaines façades de la région ombrienne (Saint-Rufin à Assise, XIIe siècle [cf. *Ombrie Romane*, pl. couleurs, p. 295],

Saint-Felix, de Narco, fin XIIe), et sont aussi présents dans les Abruzzes (Sainte-Juste à Bazzano, XIIIe siècle) et dans les Marches elles-mêmes (Saints Vincent et Anastase à Ascoli Piceno, XIe-XIVe siècle).

La présence de galeries sur la façade principale est d'ailleurs un trait assez répandu, que l'on retrouve encore dans une partie de la vallée du Pô – à la cathédrale de Parme (XIe-XIIIe siècle) (cf. *Emilie Romane*, pl. 73) et à Saint-Michel de Pavie (XIe-XIIe siècles) (cf. *Lombardie Romane*, pl. 31) – avec pour fonction de donner une valeur plastique à la maçonnerie; et en France – à Notre-Dame la Grande (XI-XIIe siècles) à Poitiers (cf. *Haut-Poitou Roman*, pl. 51), où il constitue le châssis dans lequel s'organise l'ensemble des sculptures, et en bien d'autres exemples.

Le traitement de la façade d'Ancône, ciselée comme une pièce d'orfèvrerie, pourrait davantage évoquer le goût typiquement vénitien pour les surfaces qui perdent leur matérialité grâce aux grandes ouvertures de fenêtres multiples, et pour les réseaux d'arceaux qui allègent les coffrets, les reliquaires, les devants d'autels du trésor de Saint-Marc, attestant leurs communes relations avec le monde byzantin.

Certains détails ornementaux de Santa Maria della Piazza, tels les rinceaux du portail que Serra a caractérisés comme «analogues à ceux du portail latéral de Saint-Michel à Pavie», témoignent aussi, plus que d'un lien avec les édifices lombards, de l'intense circulation de thèmes formels élaborés en Orient et répandus surtout grâce au commerce des étoffes, des ivoires, de l'orfèvrerie.

C'est aussi dans le cadre des échanges commerciaux et culturels entre les deux rives de l'Adriatique que peut s'expliquer la reprise exacte, dans la cathédrale de Zara, de la solution imaginée par le Maître Filippo pour la façade de Santa Maria della Piazza.

Au flanc droit de l'église s'ouvre un deuxième portail de style gothique. L'entrée, au cintre brisé, présente trois ressauts avec colonnettes d'angle, dont une torse. Au tympan est encastré un bas relief représentant la Visitation de la Vierge à Élisabeth. Toute cette face latérale de pierre est rythmée par des lésènes qui au second registre se raccordent à un couronnement d'arceaux sous une frise en dents d'engrenage, semblable à celle qui caractérise les murs extérieurs de Saint-Cyriaque.

Les arceaux du premier registre sont par contre surmontés d'une moulure qui reprend le motif à palmettes déjà relevé sur le portail principal. Deux arcades, à proximité de l'angle du côté de la place, présentent un décor de feuillage identique à celui des petites galeries de la façade et ont pour support des consoles à tête de chimère et de lion dont les corps ailés s'aplatissent de profil à la surface du mur. Les deux arcs semblent suggérer un prolongement du décor de Maître Filippo sur le flanc de la basilique : décor peut-être envisagé dans le projet puis interrompu au cours de la réalisation.

Certaines des fenêtres de ce côté droit de l'église ont été rouvertes et décorées dans le style par Serra après la démolition des constructions qui s'y adossaient.

Le flanc gauche de l'édifice est complètement faussé par les marques des différentes reprises de la maçonnerie et se présente comme un mur disparate en pierre et en brique.

La face postérieure à rampants interrompus garde son parement de pierre et les couronnements d'arceaux enrichis de deux rangées de dents d'engrenage le long du bord supérieur du demi-cylindre absidal.

L'intérieur de l'église offre une structure de type basilical, couverte d'une charpente apparente dans la nef centrale et de poutrages en bois dans les latérales.

Six piliers octogonaux servent d'appui aux quatre premières travées qui composent l'espace intérieur. Deux piliers cruciformes délimitent la zone du sanctuaire couverte de voûtes en croisée d'ogives dont celle du milieu est très haute et rompt le caractère intime de l'espace basilical par des lignes nettement gothiques.

Le pavement, refait au cours de la dernière restauration, est interrompu par trois marches au niveau de la quatrième travée et le sanctuaire est de plus surélevé de quatre marches par rapport au niveau du reste de l'église.

A l'intérieur, l'édifice paraît sévère dans son revêtement de pierre apparente, appareillée en blocs lisses et bien assemblés.

Pour donner vie à l'uniformité du mur au-dessus des arcades, une corniche à feuillage se déploie depuis le revers de la façade jusqu'au début de la zone du sanctuaire. Au mur de la nef latérale de droite, on peut observer un pan de maçonnerie dans un appareil différent, aux assises de tuf. Des ouvertures de forme et de dimension diverses, certaines obturées, sont des marques évidentes des nombreux réaménagements auxquels a été soumis l'édifice au cours des siècles. Une intervention à but décoratif a pour témoin des reste de fresques, datables d'entre le XVe et le XVIe siècle, au revers de la façade. Il s'agit de panneaux peints, où sur un fond noir se détachent des personnages fragmentaires, dont l'un est identifié comme étant sainte Catherine.

☆

Pour la cathédrale San Ciriaco, voir p. 187.

DIMENSIONS DE SANTA MARIA DELLA PIAZZA

Largeur interne à l'entrée : 16 m
Longueur interne maximum le long de l'axe médian : 40 m 60

ASCOLI PICENO

LE BAPTISTÈRE D'ASCOLI PICENO

Le baptistère d'Ascoli Piceno s'élève un peu à l'écart à côté de la cathédrale, s'imposant comme un monument d'importance avec ses volumes nets aux plans très bien marqués (pl. 28-29).

L'hypothèse la plus communément admise est celle d'une datation au XIIe siècle auquel renvoie le traitement des surfaces à la façon «lombarde» et l'agencement des formes qui semblent appartenir à la maturité de l'époque romane. Cette opinion est partagée par Serra, Toesca et Perogalli; ce denier estime par ailleurs que le baptistère a été construit sur des structures médiévales antérieures.

On a beaucoup discuté, en effet, sur l'existence possible d'une construction précédente (V^{e}-VIe siècle) d'où viendrait le plan octogonal de l'édifice. Carducci («*Su le memorie e i monumenti di Ascoli*») assigne nettement le baptistère au VIe siècle, tout en admettant des restaurations au IXe et au XIIe siècles. Testi l'estime construit sur des ruines romaines et fait remonter la coupole au Ve siècle.

Le modèle du baptistère le relie en effet aux exemples du haut Moyen Age, que l'on peut à leur tour rattacher à un modèle d'origine romaine.

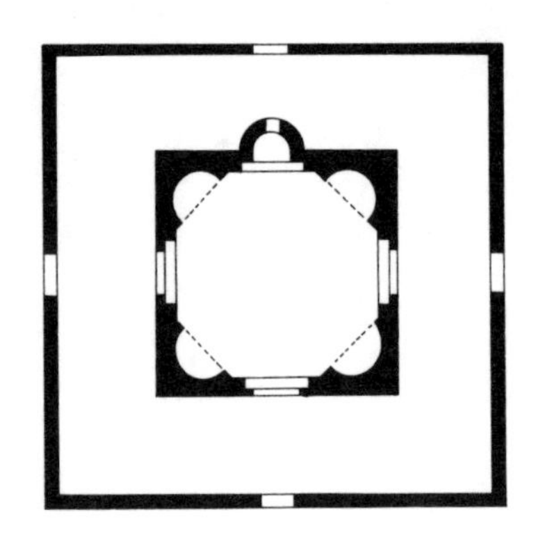

RIVA SAN VITALE
BAPTISTÈRE

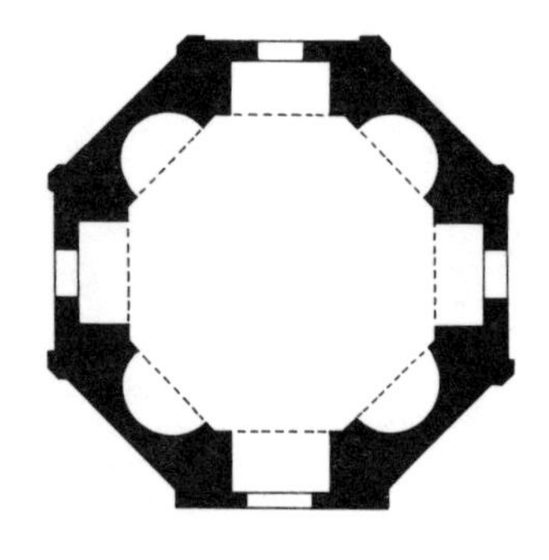

MILAN
SAN LORENZO
CHAPELLE DE
SAN AQUILINO

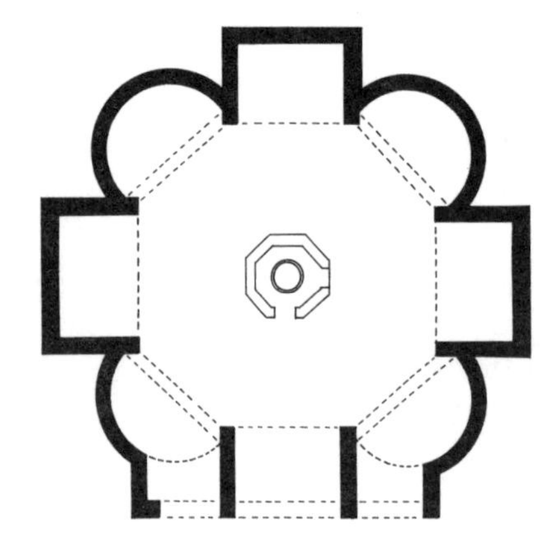

NOVARA
BAPTISTÈRE

Crema (*Significato della Architectura Romana*) a repéré l'expansion du plan octogonal à partir de la *domus aurea* où «il apparaît sous la forme singulière d'une salle complètement ouverte sur une couronne de pièces qui, pour trouver l'air et la lumière, se déploient en hauteur, jusqu'au niveau de sa coupole qui est dotée en son centre d'un très grand oculus» – ajoutant que «nous ne savons pas si cette conception originale est due à Rabirius... S'il en était ainsi, de cette idée audacieuse qu'il avait eu dans sa jeunesse il se serait rabattu ensuite sur d'autres conceptions plus pondérées, où l'octogone se recompose en une couronne fermée avec niches telles qu'elle apparaît dans les trois nymphées de la *domus augustana* et trouve un écho dans la Roccabruna de la Villa Adriana.» Le vestibule de la «Piazza d'Oro» de la même Villa constitue, selon le même archéologue, un pas de plus sur le chemin d'une articulation toujours plus souple des espaces, qui se présentent complètement libres «dans le contour ondulé d'un mur peu épais».

Perogalli a précisé que le schéma octogonal, avec des niches internes alternativement rectangulaires et semi-circulaires, «semble descendre directement d'espaces assez fréquents à l'époque impériale romaine, particulièrement à l'époque de Néron et des Flaviens,... et il n'est pas exclu que des salles romaines d'une telle formes aient servi de premiers baptistères, de même que les maisons ont servi d'églises aux premiers siècles : d'autant plus que l'on observe qu'au moins certaines de ces salles étaient en particulier des nymphées et se trouvaient donc, pour ainsi dire, déjà équipées pour cette autre fonction».

Un tel modèle est repris à partir du IVe siècle, surtout dans les baptistères milanais – comme le baptistère Saint-Jean près de Sainte-Thècle (IVe siècle) les chapelles Saint-Aquilin et Saint-Sixte près de Saint-Laurent (IVe-VIe siècle) – et il se trouve également suivi dans d'autres localités de la région Nord (baptistère d'Albenga, Ve siècle (cf. *Piémont Roman*, pl. 133); baptistère de Grado, VIe siècle; baptistère de Parenzo, VIe siècle).

Outre cette version de plan de baptistère, on en trouve deux autres : l'une avec des niches visibles aussi à l'extérieur; l'autre caractérisée par une enveloppe murale carrée autour de l'octogone. A la première appartiennent divers baptistères piémontais et lombards, parmi lesquels le baptistère de Novara (Ve siècle), de Lomello (V^e^-VIIe siècle) (cf. *Lombardie Romane,* pl. 124) et de Saint-Jean à Côme (V^e^-VIe siècle).

La seconde version est représentée par le baptistère de Brescia (Ve siècle) et par celui d'Aquileia (fin du Ve siècle) – tous deux cubiques à l'extérieur et octogonaux à l'intérieur – ainsi que par le baptistère de Riva San Vitale (Ve siècle, canton du Tessin), lequel, avec le baptistère de Fréjus (commencement du Ve siècle) (cf. *Alpes Romanes,* pl. 45-46) rappelle plus directement l'exemplaire d'Ascoli Piceno, comme lui renfermé dans une base carrée pour la seule moitié inférieur.

Même si la possibilité d'une construction antérieure n'est pas exclue, (surtout en raison de restes romains), il se confirme que le baptistère actuel d'Ascoli ne peut être antérieur au XIIe siècle, en raison de certains détails du décor. La rangée de baies triples le long

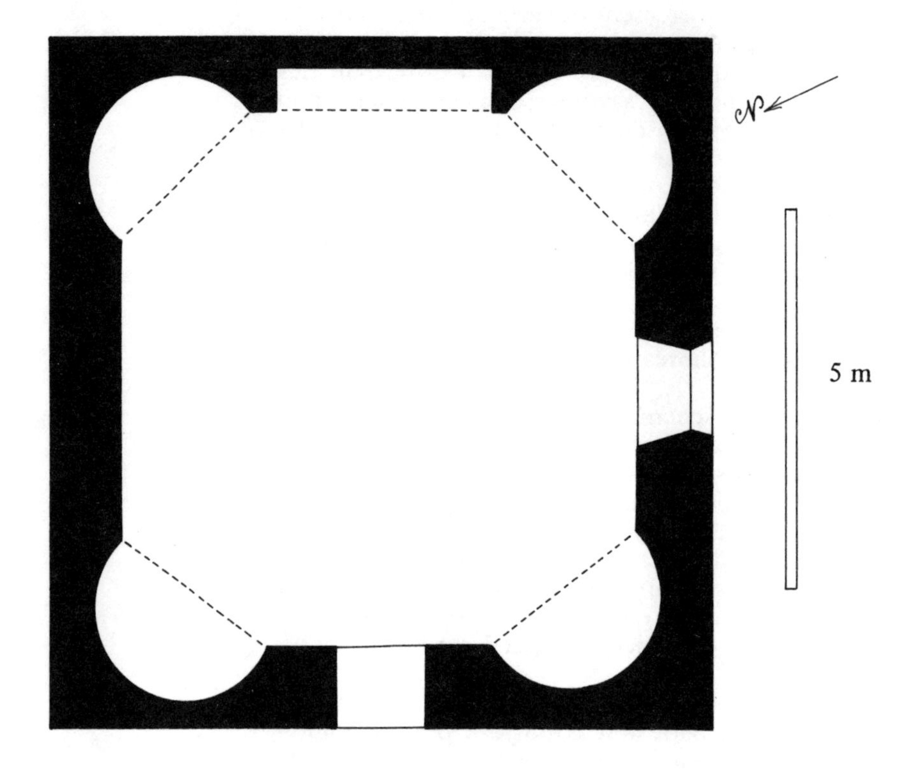

ASCOLI PICENO
BAPTISTÈRE

du bord supérieur de l'édifice (pl. 28-29) est en effet semblables dans ses proportions à la galerie de la tour-lanterne polygonale de Saint-Ambroise à Milan (XIIe siècle) (cf. *Lombardie Romane*, pl. 7) et aux galeries absidales de Saint-Sigismond à Rivolta d'Adda (XIe-XIIe siècle) (*ibid.,* pl. 21), de Saint-Fidèle à Côme (XIIe siècle) (*ibid.,* pl. 48), de Saint-Michel à Pavie (XIIe siècle).

Le schéma octogonal, devenu désormais traditionnel pour les baptistères, continue du reste à être appliqué même au Moyen Age tardif, comme en témoignent les baptistères de Lenno et d'Oggiono (fin du XIe siècle), d'Agrate Conturbia (XIe-XIIe siècle) où Serra a reconnu une étroite parenté avec le monument d'Ascoli, sauf pour les raccords d'angles absidés, de Cureggio et d'Arsago Seprio (XIIe siècle) (cf. *Lombardie Romane*, pl. 114), et dans les baptistères tardifs de Crémone et Parme (XIIe-XIIIe siècle) (cf. *Émilie Romane*, pl. 73), qui marquent la transition avec le gothique.

Visite

Le baptistère d'Ascoli Piceno se présente en plan comme un octogone inscrit dans un carré, avec des niches semi-circulaires dans les quatre angles (pl. 34).

A l'extérieur, l'élévation de l'édifice consiste en l'insertion du corps octogonal dans le cube de base, l'un et l'autre nettement dessinés par des blocs de pierre bien assemblés (pl. 28-29).

La tour-lanterne est ceinte d'une galerie d'arcs sur colonnettes, groupés en sept baies triples (une par côtés) (pl. 28) et deux baies doubles (sur la face postérieure) (pl. 29), qui reprennent dans un but décoratif le motif de l'alternance d'ombre et de lumière, d'origine lombarde à l'évidence.

Sous la galerie, au centre des quatre faces, s'ouvrent quatre fenêtres doublement ébrasées et marquées de moulures lisses entre les montant et l'archivolte.

Le baptistère possède deux entrées. La principale, sur la place, offre une ouverture rectangulaire entourée d'un curieux décor aux figures géométriques gravées à la surface du mur : deux rectangles surmontés de minuscules triangles, sur les côtés, et un grand triangle sur le linteau (pl. 28).

Une fente horizontale, creusée dans le triangle central, a été reconnue par Serra comme «identique à celles que l'on voit sur les portes des tours médiévales d'Ascoli Piceno et, comme celles-ci, dues probablement aux nécessités de la construction».

Sur le côté droit de l'édifice se trouve un deuxième portail doté d'une archivolte (pl. 32), et où est remployé comme linteau un fragment de clôture de chœur sculpté d'entrelacs serrés (pl. 31).

Le baptistère est couvert d'un dôme à huit quartiers retombant sur les côtés de l'octogone (pl. 35) et couverts de tuiles. Au centre du toit, s'élève une lanterne coiffée d'un cône et animée par des fenêtres allongées.

Le thème de la coupole sur base octogonale a pour origine un autre édifice roman des Marches, Sainte-Marie de Portonovo (IXe-

XIIe siècle) (pl. 76 et 85) où le mur de la tour fait place, de la même façon, à une petite galerie aveugle très légère.

Dans le cas d'Ascoli se révèle plus clairement la volonté d'alléger progressivement la masse de pierre grâce à la disposition étudiées des ouvertures et au passage équilibré du cube compact de la moitié inférieure au jeu des facettes de la zone située au dessus.

L'intérieur du baptistère est caractérisé par un volume d'ensemble plus mouvementé du fait de la présence de surfaces courbes, invisibles de l'extérieur (pl. 34).

Dans les angles du carré de base s'élèvent en effet quatre exèdres aux culs-de-tour soulignés par des corniches.

La coupole elle-même est hémisphérique à l'intérieur et se raccorde à l'octogone au moyen de petites trompes (pl. 35).

Au centre de l'espace est placée la vasque baptismale circulaire qui, à ce qu'il semble à Serra, «est caractérisée comme romane par le chapiteau d'un des garde-corps qui devait entourer une sorte de chaire où montait le prêtre pour administrer le baptême».

Les fonts baptismaux portés par une colonne torse sont en revanche attribués à une époque plus tardive (XIVe siècle).

DIMENSIONS DU BAPTISTÈRE D'ASCOLI PICENO

Mesure de chaque côté à l'extérieur: 9 m
Profondeur des exèdres à l'intérieur: 3 m 50

SAN VITTORE ALLE CHIUSE

SAN VITTORE ALLE CHIUSE

L'église abbatiale Saint-Victor se dresse à l'écart sur les pentes des rocs resserrés de Frasassi, d'où vient probablement l'épithète de «alle chiuse» (des cluses) (pl. 36).

L'hypothèse selon laquelle la construction serait fondée sur un temple romain n'a pas d'appui dans les documents, comme l'a déjà observé Serra, même si elle est rendue légitime par la présence de restes romains dans la région.

C'est à 1007 que remonte le premier document où se trouve mentionnée le monastère Saint-Victor : un acte de donation de terres voisines, publié par les Annalistes Camaldules.

D'autres actes de donation de biens immobiliers de la part des feudataires locaux remontent à 1011 et 1104 : Sassi qui les a publiés a tenté avec leur aide de reconstituer l'histoire du monastère. A son avis, les fondateurs de cet ensemble (dédié originellement à saint Benoît, sainte Marie et saint Victor) étaient des Germains, d'après les noms propres que nous trouvons dans les documents. «En 1001 l'église Saint-Victor existait certainement – continue notre auteur – et c'est là un terminus ante quem de grande valeur, car il constitue un point fixe dans le débat encore actuel autour de la date de sa construction. Bien plus, il ne semble pas aventureux d'affirmer qu'elle existait dans sa forme actuelle; c'est un fait qu'aucune trace de reconstruction n'a pu être trouvée dans les documents postérieurs, mais surtout la mention spéciale de trois autels correspondant aux trois petites absides du fond et d'autres autels latéraux, l'allusion à des reliques, des cellas, des livres, des ornements laissent entendre un caractère grandiose qui ne peut convenir qu'à un édifice semblable» (Sassi, *Due documenti capitali sulle origini del monastero di San Vittore*).

Les deux documents cités attestent en outre, selon Sassi, le passage d'un état où l'abbaye était soumise aux fondateurs, au stade d'indépendance spirituelle et temporelle des moines bénédictins (document de 1011 par lequel les fondateurs laissent au monastère la possibilité d'exercer le pouvoir féodal sur les terres reçues en donation), et jusqu'à une situation inversée où les feudataires eux-mêmes ayant cédé leurs châteaux, reçoivent l'investiture de l'abbé (document de 1104 où Gualfredo et Bernardo, fils d'Attone, donnent au monastère les châteaux de Ceresola, Frasassi, Pleche, Civitella, Serra Secca, Valle).

Berlenghi rapporte une autre donation similaire, due cette fois au comte Ugrizione, qui concède à Saint-Victor le château de Gallura en 1185.

Un parchemin de 1212, où l'abbé concède à la commune de Fabriano le château de Pierosana, témoigne par contre de l'entrée en scène d'une réalité nouvelle et plus puissante – celle de la commune – qui marquera le déclin de l'abbaye jusqu'à son annexion au monastère olivétain de Sainte-Catherine par une bulle papale de 1406.

Sassi encore, sur la base du document de 1011, propose comme date de l'église les dernières années du Xe siècle : soit parce que dans l'acte «on fait allusion à la dédicace de l'église comme un événement assez proche», soit parce que «d'après le contexte il semble clair que le donateur ait été lui-même un des fondateurs».

Serra repousse la chronologie du monument à une époque où les formes romanes ont atteint leur maturité (au XIIe-XIIIe siècle, dans les «*Chiese romaniche nelle Marche*» 1922-1923; au XIe siècle dans «*L'Arte nelle Marche*», 1929), observant qu'il semble raisonnable de penser que l'église a été construite à l'époque romane déjà bien avancée, ce qui lui valut d'être complétée par quelque élément gothique, la construction du monastère se conformant ensuite à ce style.

On ne peut s'en tenir aux datations proposées par Benedettoni (qui avait placé la construction du monastère à la fin du XIIe siècle, sur la base d'un parchemin dont on a montré que la date était erronée) et de Ramelli (qui avait interprété l'inscription TEMP P. LO. HES V., gravée sur un claveau désormais disparu, comme une citation du pape Jean IX, qui vécut jusqu'en 899). La datation de l'église Saint-Victor ne peut se faire sans l'examen de son plan, en croix grecque inscrite dans un carré, nettement inspiré du style byzantin.

Ce modèle de plan se répand en Orient (Syrie, Arménie, Grèce) au VIIe-VIIIe siècle, parvenant jusqu'en Dalmatie, et de là atteignant les côtes de notre péninsule.

En Italie l'adoption de ce type de plan est très précoce (Perogalli, dans «*L'architecture du haut Moyen Age...*» cite comme premier exemple l'église Sainte-Marie aux Cinq-tours, à Cassino, 779-797, entièrement détruite) et rencontre une succès particulier dans le Sud

(Pouilles, Calabre, Sicile) entre le Xe et le XIIe siècles; elle se manifeste aussi sporadiquement dans d'autres régions côtières, comme en Vénétie (église des Saints Victor et Couronne près de Feltre, fin du XIe siècle) et justement dans les Marches où elle est à l'origine d'un petit groupe d'églises de plan identique : Santa Maria alle Moje, Santa Croce à Sassoferrato, San Claudio al Chienti (p. 157 à 163) et San Vittore alle Chiuse, cette dernière considérée comme le prototype du groupe.

La datation proposée par Sassi pour Saint-Victor (fin du Xe siècle /début du XIe) est donc confirmée par le plan de celle-ci qui s'impose précisément en Italie à cette époque.

On remarque cependant que le groupe des églises deutéro-byzantines des Marches révèle une absence notable d'homogénéité – dans le traitement de l'espace interne : centré à Saint-Victor, plus allongé (comme dans une église basilicale) à Santa Maria alle Moje, disposé en deux étages à San Claudio al Chienti. C'est comme si l'application du type en croix inscrite dans un carré se limitait au plan, faute de connaître la disposition spatiale de l'élévation.

A Saint-Victor la solution adoptée pour la façade à l'origine ne devait pas être bien différente de celle de San Claudio al Chienti avec deux tours d'angle cylindriques en saillie sur la façade (dont seule celle de gauche subsiste à Saint-Victor (pl. 37)). L'avant-corps est manifestement une addition postérieure : il présente en effet à l'extérieur une entrée au cintre brisé, déportée par rapport à l'axe médian de l'édifice; à l'intérieur l'entrée est également due à une réfection et désaxée (pl. 38). On doit en dire autant de la grande tour carrée sur la droite – nettement disproportionnée par rapport au reste de la construction (pl. 37) qui a remplacé la tour primitive plus basse et de section circulaire, en utilisant probablement une partie de ses matériaux.

Après une période d'abandon au début du XIXe siècle, pendant laquelle l'église fut même utilisée comme grange et comme étable, on entreprit les premiers travaux de restauration à l'initiative de Léon XII, vers 1830.

Mais c'est surtout grâce aux restaurations achevées dans les années 20 de ce siècle (par les soins de la Surintendance régionale) que l'église a retrouvé son aspect originel, se révélant comme un des documents les plus significatifs de l'art roman des Marches. L'opération a supprimé les adjonctions inutiles des restaurations précédentes, a rouvert dans l'abside les fenêtres originelles et a effectué des travaux de consolidation et de nettoyage du parement. Pour des raisons financières, on n'a pas dégagé le pavement primitif en pierre situé à 20 cm au-dessous de l'actuel.

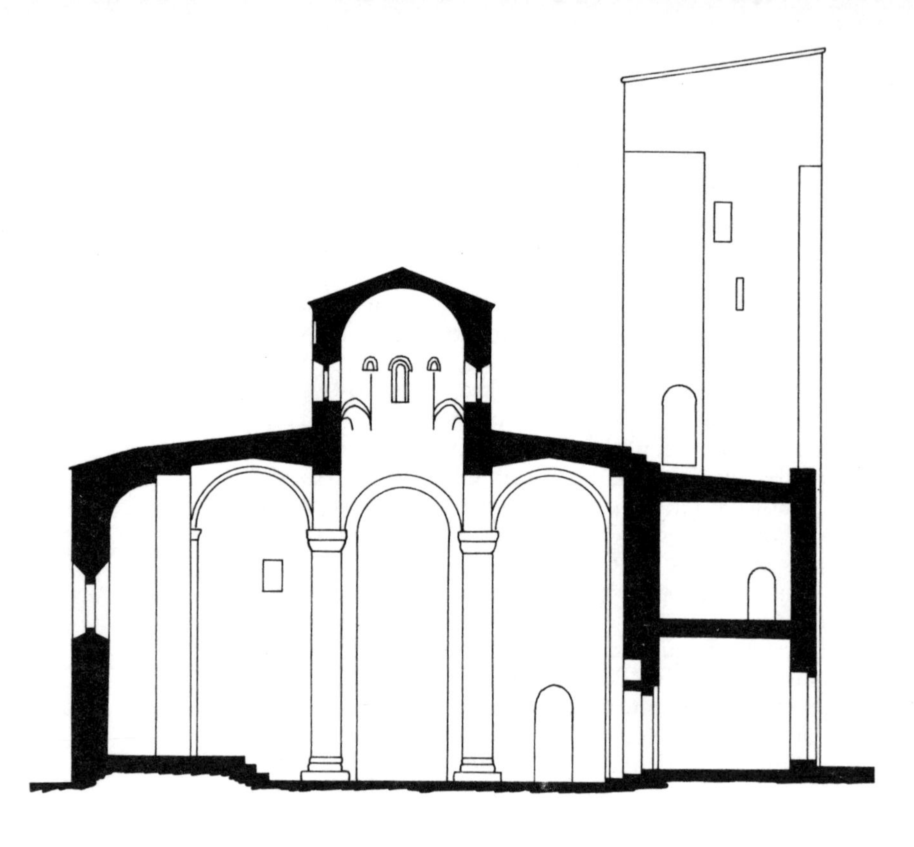

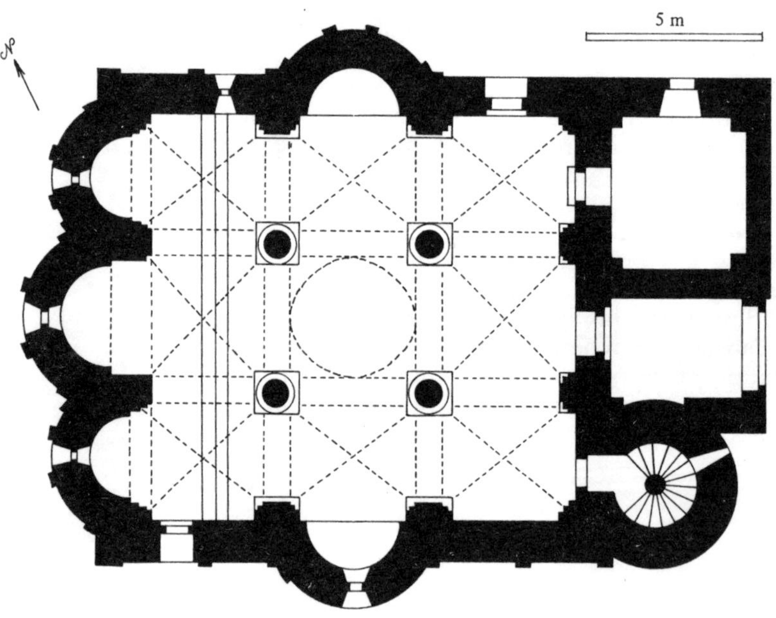

SAN VITTORE ALLE CHIUSE
COUPE ET PLAN

L'église Saint-Victor représente donc un modèle régional d'ascendance byzantine.

Le caractère oriental de la petite construction est évident dans son plan en croix grecque inscrite dans un carré avec une petite coupole centrale et cinq absides (trois sur la face postérieure et une sur chacun des flancs) (pl. 37).

L'église, séparée du couvent dont sont visibles quelques ruines à droite de la façade, est construite en pierre locale légèrement rosée, équarrie et disposée en assises horizontales. Le matériau est laissé apparent tant à l'extérieur qu'à l'intérieur de l'édifice, et les parties dues à la restauration, plus polies, sont bien visibles.

Le volume à l'extérieur est particulièrement original, en raison du mouvement curviligne que lui donne les formes arrondies des absides et de la tour d'accès de gauche.

La façade principale est écrasée par la grande tour carré de droite, construite probablement après l'écroulement de la tour cylindrique jumelle de celle qui existe encore : la disposition permettait de voir la tour-lanterne octogonale, placée au sommet de la composition architecturale.

Le porche au cintre brisé est lui aussi, on l'a dit, une adjonction plus tardive (XIIIe-XIVe?).

Le décor fait d'arceaux et de lésènes se conforme aux usages du style roman d'influence lombarde : les pilastres verticaux se succèdent sur le mur du flanc Sud et en partie au flanc Nord, tous les quatre arceaux.

L'absence d'arceaux le long du premier tronçon du flanc Nord et sur le parement de presque toutes les absides (qui par contre gardent les pilastres) est un signe visible des réfections qui ont affecté ces zones (pl. couleur p. 165). Seule l'abside de droite au chevet conserve avec les pilastres trois paires des arceaux originels.

La tour-lanterne, qui rappelle des solutions d'ascendance arménienne, est en revanche rythmée d'arcades aveugles – trois ou deux sur chaque côté de l'octogone – séparées par de minces pilastres au lieu des colonnettes doubles (qui caractérisent les tours-lanternes arménienne : par exemple la cathédrale de Tallin, VIIe siècle ; Saint-Jean à Sisian, VIIe siècle). Les arcades aveugles sur lésènes constituent en outre un motif décoratif fréquent dans les édifices ravennates, et nous les retrouvons en particulier sur la tour-lanterne de Vigolo Marchese (cf. *Émilie Romane*, pl. 19) attribuée aux débuts du XIIe siècle.

L'intérieur se présente comme un espace nettement centré, entouré d'un système d'arcs en plein cintre, que quatre piliers cylindriques en maçonnerie font reposer sur des bases presque carrées (pl. 39-40).

Entre les arcs s'étendent huit voûtes d'arêtes correspondant aux travées externes, toutes de même hauteur et sans nervures.

Au centre de l'édifice est posée la coupole, légèrement elliptique, constituées d'assises cylindriques de pierre, avec quatre trompes de raccordement aux angles (pl. 41). Les colonnes, hautes et massives, prennent appui sur de robustes bases carrées et sont coiffées de chapiteaux cubiques surmontés de tailloirs (pl. 42).

Les renfoncements des absides du chœur sont profonds, seulement décorés d'une corniche en pierre sur modillons au niveau du cul-de-tour (pl. 41).

Les niches latérales, précédées d'une marche et flanquées de pilastres à triple ressaut, sont par contre entièrement dépourvus d'éléments décoratifs (pl. 39). La présence des niches est soulignée par le jeu des ombres et de la lumière qui pénètre par les ouvertures des fenêtres absidales (un pour chaque abside, excepté celle du côté droit) et par quelque archère, ne devenant abondante qu'à l'endroit de la tour-lanterne où s'ouvrent quatre fenêtres (pl. 41).

Le pavement est en pierre; trois marches vers le milieu des dernières travées marquent la zone du sanctuaire.

L'espace est doté de tension et d'élan grâce à la hauteur inattendue des colonnes centrales par rapport aux dimensions du plan; de même les absides, qui se haussent presque jusqu'au toit, sont caractérisées par une verticalité accusée.

DIMENSIONS DE SAN VITTORE ALLE CHIUSE

Longueur totale: 21 m 70
Largeur: 16 m 05

SAN CLAUDIO AL CHIENTI

SAN CLAUDIO AL CHIENTI A CORRIDONIA

Une allée de cyprès relie la route qui suit la vallée du Chienti à la plaine où s'élève l'église Saint-Claude au milieu de quelques maisons de paysans, sur le territoire de l'ancienne Pausulae, ville romaine dévastée par les barbares au VIe siècle (pl. couleurs 181).

Dans les documents de l'époque médiévale, elle apparaît comme une paroisse dépendante de l'évêque de Fermo, et ce fait expliquerait, selon l'hypothèse de Krönig, sa structure d'«église double», formée de deux espaces superposés.

Sur la base des remarques documentées de Rossi, on a plusieurs fois souligné la valeur religieuse particulière prise par la présence épiscopale dans une zone située, comme celle-ci, aux confins du Saint Empire romain.

Grâce à l'appui intéressé des empereurs germaniques, on constate en effet à partir du Xe siècle un accroissement progressif du patrimoine territorial de l'évêque de Fermo, qui assume graduellement le rôle de feudataire d'une vaste région.

Dans cette perspective, l'église Saint-Claude elle-même prendrait une signification particulière, surtout du fait de son type architectural de «chapelle à deux étages» qui, Krönig l'a noté, rappellerait un modèle à destination seigneuriale dans la zone germanique et française au XIe-XIIe siècle.

C'est aussi à cette période qu'est attribuée la construction de l'édifice en question (sur un fondement plus ancien), dans lequel apparaissent avec évidence les modifications et restaurations d'époque plus tardive.

La première intervention massive remonte probablement à la première moitié du XIIIe siècle, à la suite de la destruction du hameau de San Claudio par les Maceratesi en 1212 : destruction qui a dû toucher aussi des parties de l'église.

A la restauration qui a suivi on doit quelques additions :

– l'avant-corps en façade avec la coursive et l'escalier latéral d'accès à l'église supérieure (pl. 51) (autrement, accessible par les seules deux tours aux extrémités de la façade) ;

– le portail d'entrée de l'église supérieure (pl. 50), démesuré par rapport à la façade car prévu pour un autre édifice, probablement la cathédrale de Fermo.

Rossi a en effet émis l'hypothèse que «l'évêque a dû se servir pour les restaurations soit du Maître Giorgio, soit des autres artisans qui avaient assuré le travail dans la cathédrale de Fermo, terminée en 1227». La confirmation en est donnée par le fait que cette porte de l'église supérieure de Saint-Claude est en pierre d'Istrie comme la cathédrale de Fermo et semblable dans son tracé à la Porte Sud de cette cathédrale. A la fin du XIIIe siècle, on ouvrit de grandes fenêtres dans la tour de droite, à la place des fenêtres doubles primitives, pour y faire entrer une cloche fondue en 1297 et refondue en 1742 (comme nous l'apprend une inscription gravée sur cette cloche).

Au début du XXe siècle, furent utilisés comme entrepôts agricoles la tour de droite et l'église supérieure. C'est probablement à cette même période que remonte l'agrandissement des fenêtres du deuxième étage qui, en effet, n'apparaissent pas sur le relevé de Rossi effectué en 1896.

En 1925 on acheva une série de restaurations destinées à renforcer le parement à l'intérieur et à redonner au monument sa physionomie originelle : à cette fin on supprima les bâtiments agricoles adossés à la façade de l'édifice, on rétablit les fenêtres doubles de la tour de droite et l'on referma une porte d'accès percée dans l'abside du mur de droite de l'église inférieure.

L'édifice se rattache à deux modèles : d'un côté il s'apparente aux églises d'influence byzantine à croix grecque inscrite dans un carré, qui constituent un groupe à part dans l'ensemble du roman des Marches (San Vittore alle Chiuse, Santa Croce à Sassoferrato, Santa Maria alle Moje), de l'autre il rappelle, nous l'avons vu, le modèle occidental de chapelle nobiliaire disposée sur deux étages. Il semble opportun, ici, d'examiner les diverses interprétations de ce type de construction présentées par les archéologues, pour ensuite hasarder à propos de Saint-Claude une hypothèse différente qui ne pourrait trouver de confirmation qu'au moyen de sondages dans la maçonnerie à l'intérieur de cette construction.

Krönig a précisé que le type à deux espaces superposés (lui-même de lointaine ascendance byzantine) s'est répandu surtout – et non par hasard – dans les territoires germaniques – «domaine à proprement parler de l'Empire médiéval» – généralement dans la version où les deux étages communiquent par une ouverture centrale.

Le même archéologue a encore ajouté que le modèle de la chapelle à deux étages a été adopté aussi dans d'autres pays comme la France et l'Angleterre, le plus souvent dans la version sans ouverture centrale (comme à Saint-Claude).

A son avis, ce type de construction a dû arriver à la connaissance de l'évêque de Fermo par l'intermédiaire des usages des feudataires au Nord des Alpes, ici en particulier selon la formule du plan carré avec quatre piliers au milieu; à ce type se rattachaient aussi quelques chapelles doubles appartenant à des évêques feudataires, comme celle d'Hereford en Angleterre (1079-1095), avec ouverture centrale, ou de Laon en France (1155-1174) sans ouverture centrale.

Dans son étude consacrée aux églises médiévales à deux étages, De Angelis d'Ossat a par contre nettement distingué les exemples italiens d'églises doubles (parmi lesquelles San Claudio al Chienti) des exemples étrangers, nés selon lui de deux motivations différentes.

Toutes les églises italiennes à deux espaces superposés viennent d'après son hypothèse, «du désir d'agrandir la crypte jusqu'à couvrir toute l'étendue de l'église supérieure, dans une sorte d'éléphantiasis planimétrique». L'église du niveau inférieure y continuerait donc à fonctionner comme crypte, souvent destinée à la conservation des reliques des saints.

De Angelis d'Ossat cite comme exemple: le groupe des églises romanes des Pouilles à deux étages dont la plus significative est la cathédrale de Trani commencée en 1096, (cf. *Pouilles Romanes*, p. 281 à 318); l'église Sainte-Philomène à Santa Severina en Calabre (XIe-XIIe siècle), superposée à celle de Santa Maria del Pozzo; dans le Nord, les églises de San Giovani di Prè à Gênes commencée à la fin du XIIe siècle (cf. *Piémont- Ligurie Romans,* p. 253 à 254) où sont réutilisés dans l'espace inférieur des éléments préexistants, et de San Fermo Maggiore à Vérone (1063-1143) (cf. *Vénétie Romane*, p. 255 à 256) disposée en deux étages sans doute pour offrir une sépulture aux saints vénérés; San Flaviano de Montefiascone (débuts du XIIe siècle) (cf. *Rome et Latium Romans*, p. 153 à 156) où la construction romane s'est greffée sur un édifice plus ancien dont il reste la zone absidale (on remarquera que dans cette église les deux espaces superposés sont reliés par une large ouverture centrale); enfin la basilique Saint-François à Assise, plus tardive (XIIIe siècle) (cf. *Ombrie Romane*, p. 315 à 326).

A l'étranger (en France et en Allemagne), le groupe des églises à deux étages s'explique par des raisons d'un autre ordre, poursuit le même auteur, «qu'il faut rechercher dans le problème à résoudre – on peut le qualifier de purement technique –, celui de construire pratiquement deux églises quasi-séparées pour deux catégories différentes de personnes: le seigneur et sa cour dans l'église supérieure, le personnel de second rang et le peuple dans l'église inférieure... Et ce qui montre que l'idée génératrice de ces églises à deux étages est diamétralement opposées à celle – je dirais italienne – de la crypte funéraire, c'est que les reliques des saints sont placées à l'étage supérieur dans les exemples étrangers, et non à l'inférieur».

Cette conception spatiale qui remonterait à la chapelle palatine d'Aix-la-Chapelle (805) se manifeste, selon De Angelis d'Ossat, dans des chapelles de palais et de châteaux français selon le type de plan longitudinal, appliqué avec un effet esthétique surprenant dans la tardive Sainte-Chapelle de Paris (1242-1247) et présent aussi dans la chapelle de Saint-Adelphe à Neuwiller (Bas Rhin) (cf. *Alsace Romane*, p. 305 à 308), attribuée au XIe siècle.

Dans l'aire germanique, on note par contre une prédilection pour le plan en croix grecque, seule ou inscrite dans un carré, que l'on trouve surtout elle aussi dans les églises de châteaux, comme la chapelle du château de Nuremberg (époque de Frédéric II) avec deux espaces reliés par une ouverture carrée au centre.

Parmi les autres exemples connus, rappelons la chapelle Curtis (ou Gotthard-Kapelle) près de la cathédrale de Mayence (avant 1137) (cf. *Palatinat Roman*, p. 131 et 144, 145), son plan deutérobyzantin avec ouverture centrale, la chapelle de Schwarzrheindrof près de Bonn (commencée en 1151) avec un passage octogonal au milieu et la Lindgeri-Kapelle d'Helmstadt (construite en deux campagnes différentes, avant le XIIe siècle).

Il faut rappeler que, en se basant sur les exemples allemands, Crema a supposé l'existence, à l'origine, d'une ouverture centrale de jonction même à Saint-Claude, sans pouvoir cependant fonder son hypothèse sur des preuves concrètes.

Cela étant dit, il est nécessaire de souligner deux aspects de l'église de la vallée du Chienti qui marquent son originalité par rapport aux exemples considérés :

a) la parfaite égalité en surface et en hauteur des deux espaces superposés ;

b) l'absence d'un parcours privilégié et autonome pour accéder à l'église supérieure avant la construction de l'escalier extérieur (les escaliers à l'intérieur des tours sont en fait étroits et assurent la communication avec l'église inférieure pl. 43).

L'hypothèse qui se présente est donc que la division en deux églises superposées n'est pas d'origine mais résulte d'une transformation cependant assez ancienne.

La construction de l'église supérieure pourrait avoir eu lieu à cause de l'impossibilité d'utiliser l'église inférieure, peut-être sujette à de fréquentes inondations, vu sa position dans la vallée du Chienti.

Appartiendraient donc à la même campagne de construction : la division de l'espace en deux étages et la création de l'escalier extérieur, avec l'adjonction du portail supérieur, évidemment non originel. L'escalier extérieur était indispensable pour permettre l'arrivée en nombre des fidèles, évitant du même coup le passage par l'église inférieure.

Cette hypothèse expliquerait la forme et le type des voûtes du rez-de-chaussée (si égales entre elles, sèches, basses et peu «romanes» pl. 44). et surtout l'absence de division des absides qui, d'un seul élan sur toute la hauteur, ne révèlent aucunement à l'extérieur le double aménagement interne (pl. 48).

L'église Saint-Claude devait donc à l'origine être tout à fait analogue à celle de San Vittore alle Chiuse (p. 149 à 154) même dans ses proportions verticales : considération qui nous incite à attribuer la construction à la même période (XIe siècle). Il nous faut ajouter qu'en revanche les deux tours d'escalier cylindriques à Saint-Claude (pl. 48-51) appartiennent indiscutablement à la tradition ravennate.

Ce modèle a été inauguré par la paire de tours de Saint-Vital à Ravenne (VIe siècle) et fut repris plus tard pour servir de clocher dans la zone d'influence de la ville. Le clocher de Sant'Apollinare Nuovo (IXe-Xe siècle) et de Sant'Apollinare in Classe (Xe siècle), parmi les mieux conservés, sont les témoins de la constitution d'un modèle caractérisé par l'élargissement progressif des fenêtre (simples, doubles, triples, etc.).

Outre ceux-là, Ravenne conserve d'autres exemplaires restaurés ou réaménagés, comme celui de la cathédrale (IXe-Xe siècle), percé de fenêtre triples dans le haut, de Saint-Jean-Baptiste, complété à des époques diverses, de Sainte-Marie-Majeure (IXe siècle), détruit dans la partie supérieure, et des Saints-Jean-et-Paul (Xe siècle), carré dans la partie inférieure et cylindrique dans le haut.

De la zone ravennate, te type de clocher cylindrique se répandit rapidement.

En Romagne, rappelons-nous le clocher de Santa-Maria di Fabriago (IXe siècle) où les ouvertures, au jour agrandi progressivement (oculus, fenêtres simples, doubles et deux rangs de fenêtres triples), sont séparées par les caractéristiques corniches horizontales à dents d'engrenage, ou le clocher de Pieve di Quinta, avec deux rangs de fenêtres simples et trois de fenêtres triples; en Toscane, le clocher cylindrique de la Pieve di santa Maria Maddalena à Pacina (près de Castelnuovo Berardenga) est daté du VIIIe siècle et semblerait donc précéder le groupe de Ravenne; dans la province d'Arezzo, les clochers de la Pieve di Sant'Antonino a Socana (XIIe siècle) et de Badia San Veriano (XIe siècle) sont de base circulaire et présentent dans la partie inférieure originelle une scansion de lésènes un peu particulière; de même le clocher de la piève des Saints-Guy-et-Modeste à Corsignano près de Pienza; en Vénétie, on trouve des exemples de clochers cylindriques à Tessera (IXe-Xe siècle), à Carole (fin du XIe siècle) avec la variante de la galerie intermédiaire, et à Vérone à Saint-Laurent (XIIe siècle) qui avec sa paire de tours d'escalier rappelle plus explicitement l'exemple de Saint-Claude; on peut enfin voir une application plus tardive de ce type à Città di Castellon, en Ombrie, dans le Clocher de la cathédrale (XIIIe siècle).

Visite

Les restaurations et réfections ne semblent pas avoir altéré le grand pouvoir d'expression de l'église Saint-Claude au Chienti, composée de deux espaces superposés et en parfaite coïncidence de plan, que rassemblent les hautes tours cylindriques encadrant la façade (pl. 51), offrant à l'œil une impression d'équilibre et de symétrie.

Ce qui prévaut nettement dans l'édifice, c'est le caractère ravennate, manifeste dans la forme des deux tours d'escalier (pl. 49) et dans l'utilisation de la brique avec insertion de pierre (les consolidations en ciment à l'intérieur sont dus à la restauration de 1925).

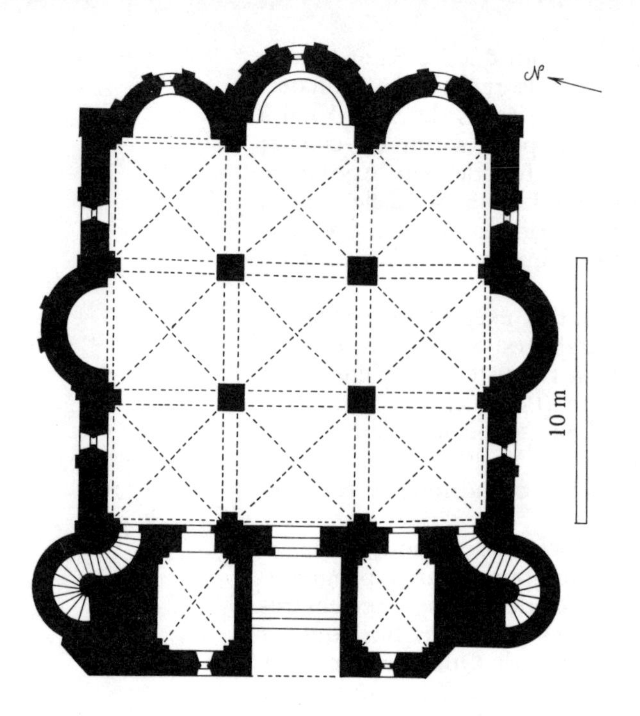

ÉTAGE INFÉRIEUR

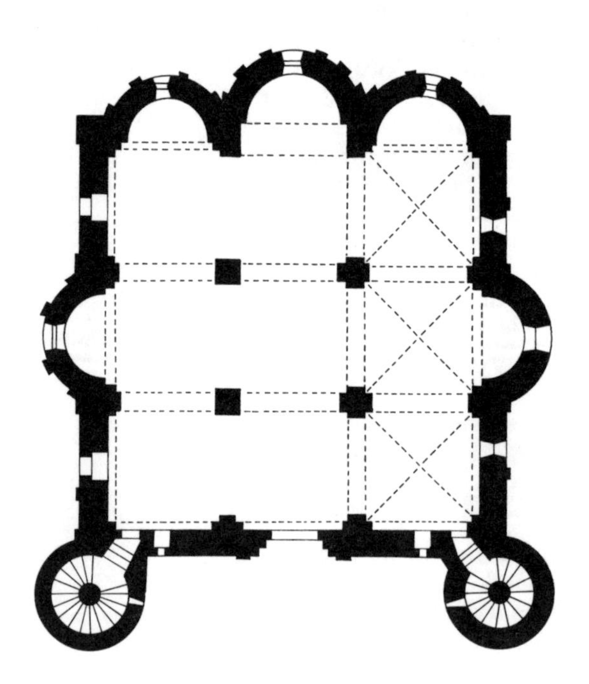

ÉTAGE SUPÉRIEUR

SAN CLAUDIO AL CHIENTI
PLANS

Le plan a une forme presque carrée sur laquelle se greffe les trois absides semi-circulaires du chevet (pl. 48) et les deux exèdres des flancs (pl. 47).

L'avant-corps percé d'un grand passage voûté central correspondant à l'entrée inférieure, englobe une partie des tours adossées à la façade et supporte une terrasse pour l'accès au second étage (pl. 51).

Ce dernier est marqué par un grand portail ébrasé en pierre claire (XIIIe siècle) (pl. 50), plus haut que le mur fermant les nefs car prévu pour une autre église.

Les seuls éléments originels de la façade principale sont les deux archères à l'étage supérieur où sont utilisés des fragments romains récupérés.

Les flancs et le chevet présentent par contre des restes d'éléments ornementaux de l'époque romane, particulièrement restaurés : archivoltes en claveaux de pierre autour des fenêtres, lésènes et arceaux le long des murs, corniches en dents d'engrenage décorant les tours et le couronnement de l'édifice.

Les arceaux ont complètement disparu de l'abside du flanc droit et en grande partie aussi au chevet, tandis qu'ils demeurent par endroits le long de la face et de l'abside de gauche (à noter, sur le côté du chevet, une malhabile reconstruction des arceaux, grossièrement entrelacés).

Les trois demi-cylindres au dos de l'édifice sont en outre creusés d'une série d'arcades doubles aveugles au niveau du second étage : comme pour figurer une petite galerie semblable à celles de la région du Pô (pl. 48).

Le parement est interrompu par sept fenêtres au premier étage (deux sur les flancs et trois dans le sanctuaire) et par onze ouvertures à l'étage supérieur, dont cinq élargies et retaillées en rectangle par la restauration. Les tours présentent deux rangs d'ouvertures (simples et doubles) (pl. 49), elles aussi dues en partie à la restauration, tout en haut du volume cylindrique.

La double ordonnance interne de l'édifice n'est pas sensible à l'extérieur des côtés munis d'absides, celles-ci montant jusqu'au toit d'un seul tenant (comme à l'église San Vittore alle Chiuse).

L'église inférieure, très restaurée, s'étend sur neuf travées couvertes de voûtes d'arêtes sans nervures (pl. 44). Les arcs de séparation, en plein cintre, retombent sur quatre piliers centraux carrés (entièrement refaits en maçonnerie) et sur des pilastres adossés aux murs.

Le pavement, que les restaurations de 1925 ont dégagé, l'estimant d'origine, est à un niveau inférieur à celui de la chaussée. Au cul-de-four de l'abside centrale du sanctuaire se trouvent deux panneaux fresqués, datés de 1486, représentant saint Roch (à gauche) et saint Claude (l'un des quatre saints sculpteurs, martyrisés pour avoir refusé de sculpter la statue d'un dieu païen) figuré avec des instruments de travail.

(suite à la p. 183)

TABLE DES PLANCHES

37

MARCHES
ROMANES

Paolo Favole
architecte

Photographies inédites de Zodiaque

MARCHES

ROMANES

MCMXCIII
ZODIAQUE
la nuit des temps

PRÉFACE

Avec ce volume, s'achève notre Italie Romane, qui n'aura pas requis moins de 14 volumes et nécessité 15 ans d'efforts. Nous ne pensons pas qu'en France une telle documentation ait jamais été publiée sur ce sujet et, de ce fait, croyons avoir comblé une lacune, même si une collection comme «la nuit des temps» ne saurait constituer qu'une anthologie, choix de quelques monuments insuffisant à donner une idée un peu complète de la richesse des provinces étudiées.

Il nous est particulièrement agréable de terminer cet ensemble sur les Marches, région trop peu connue d'un pays voisin et des plus attirants. Celle-ci conjugue pourtant avec bonheur beauté des montagnes et de la mer, et surtout présente un ensemble architectural qui figure, nous semble-t-il, parmi les plus beaux, les plus touchants de ceux que nous a légués l'art roman. Il n'est que de parcourir les planches de ce livre pour s'en convaincre.

Si cet ouvrage pouvait révéler à beaucoup cette région et les inciter à la parcourir pour en dénombrer les trésors, il remplirait l'un des rôles essentiels de cette collection, qui a voulu ne pas s'en tenir seulement aux grands monuments universellement connus, mais encore en évoquer d'autres, plus modestes assurément, mais aptes à susciter l'enthousiasme du touriste tout autant que du pèlerin.

Car, nous ne cesserons de le rappeler, ces églises ont été construites pour Dieu, leur seul but étant de rappeller la présence de Celui qui, pur Esprit, ne saurait être circonscrit en aucun lieu, mais en qui et par qui tout lieu subsiste. Ces architectures, si voisines et pourtant si éloignées des habitats humains de leur temps, évoquent un univers proche et lointain, fait de silence et d'harmonie qui incite à la louange, à la prière, qui aide à replacer l'homme, si facilement oublieux de l'essentiel, devant son Dieu. Que, neuf à huit siècles après leur conception et leur réalisation, de tels édifices de pierre remplissent encore leur rôle et parviennent à exercer un pouvoir auquel il est difficile de se soustraire, laisse assez deviner la foi, une foi pénétrée d'amour, qui a pu soulever, à l'origine, leurs bâtisseurs.

Je dédie ce livre à mon père, Lorenzo, qui, lorsque que j'étais encore enfant, m'a fait faire les premières et inoubliables découvertes des églises de la vallée du Chienti.

TABLE

Introduction

San Leo. Pieve

San Claudio al Chienti

Ancône. San Ciriaco

Portonovo

Santa Maria a piè di Chienti

San Leo. Duomo

Inventaire

L'ART ROMAN DANS LES MARCHES

I. LA DOCUMENTATION SUR LE ROMAN DES MARCHES

Ce volume est le dernier de l'Italie romane : c'est un effet du hasard, mais assez symptomatique de l'histoire des Marches qui sont toujours restées un peu à part dans la culture italienne. Les centres historiques, l'architecture romane, le paysage, le rapport entre la morphologie du territoire et les établissements humains, les enceintes urbaines, la peinture de le Renaissance, le style de construction du monde paysan, et d'autres choses encore, autrement dit les grands thèmes artistiques des Marches, sont demeurés ainsi moins étudiés et moins connus (peut-être aussi moins mis en valeur du point de vue touristique). On ne trouve de contributions convenables sur ces sujets dans aucune Histoire de l'art pour les études supérieures, ni dans les volumes courants sur les centres historiques..., et d'autres questions demeurent encore totalement inexplorées. Pour l'architecture romane, cette région est la seule d'Italie à laquelle n'ait jamais été consacrée une étude exhaustive.

L'unique histoire complète de l'art des Marches est celle de Serra (nous sommes dans les années 1920) qui, avec tous ses mérites, n'est pas une étude critique, présente les lacunes dues au temps écoulé depuis lors et à l'optique du restaurateur des monuments «dans le style», et ne comporte pas de catalogue des œuvres.

La bibliographie disponible se trouve donc limité à des études sur chacun des édifices, pas toujours fiables par ailleurs et pour la plupart très marqués par leur époque. Des études structurelles et architecturales sur les monuments n'ont jamais été réalisées et si elles existent elle sont soit indisponibles soit impossibles à retrouver.

Même les archives de la Surintendance d'Ancône ne disposent pas des recherches qui ont dû cependant être faites au moins au moment des restaurations effectuées entre 1900 et les années 50 (la consultation de ces archives m'a été fort difficile : je n'ai pas réussi à savoir si une telle documentation s'était perdue pendant la dernière guerre). Le seul livre scientifique est celui de Madame Canti Polichetti pour Santa Maria della Piazza; les autres sont des catalogues des sous-régions (l'art du district de Pesaro, abbayes et châteaux de la haute vallée de l'Esino,...) complets mais non scientifiques, ou des guides locaux de valeur (Pergola, Fermo,...). L'étude classique de Toesca laisse les Marches en position marginale. Plus riche en traits intéressants pour un approfondissement est le volume pourtant général de Perogalli (Architettura dell'alto medioevo...). Les guides locaux sont très résumés ou insuffisants, même ceux de Claudi qui a cependant eu l'occasion de faire des études approfondies sur deux monuments fondamentaux (Santa Maria di Portonovo et San Vittore alle Chiuse).

Le reste des contributions est dispersé dans des revues, des actes de congrès ou même des manuscrits inédits : mais l'absence d'études de première main fait que ce sont toujours les mêmes données qui circulent.

Que manque-t-il aux études sur le roman des Marches?

Deux secteurs fondamentaux, dirais-je au terme de mon travail. Le premier est celui d'un travail d'analyse directe des édifices dans le sens d'un examen de la maçonnerie et du mode de construction, avec la possibilité d'accéder aux combles, aux clochers, aux cryptes, de contrôler le raccordement des murs, la superposition des matériaux, et d'effectuer une analyse stratigraphique des murs. Analyse qui avec le concours des dernières études et de mon livre pourrait se faire de façon très motivée, pour établir l'histoire exacte des édifices.

Le second secteur où les études font défaut est celui d'un catalogue des œuvres, raisonné et très analytique (qu'il serait facile d'informatiser).

Pour mon livre, j'ai entrepris au cours des années 1977 à 1988 des expéditions systématiques à tous les édifices que je décris dans la mesure où il m'a été permis d'y accéder. Car, pour en mentionner simplement de mémoire, Santa Maria della Piazza à Ancône est souvent fermée, pour Sant'Urbano à Apiro il est difficile de trouver les clés, San Gervasio di Bulgaria et Santa Croce all'Ete sont abandonnées, etc, etc. et il n'est pas facile, même à celui qui prépare une monographie, de monter dans les clochers de San Marco a Ponzano ou de San Giusto, ou de visiter la partie haute et les combles de San Vittore ou de Santa Croce...

J'ai rassemblé et photocopié dans les Marches la bibliographie disponible, mais certaines choses historiquement intéressantes se trouvent à Rome dans les archives du Ministère (il est difficile de les trouver, mais ce fut précieux pour Santa Maria à Piè di Chienti). Fait aussi défaut – mais ce n'est pas une nouveauté – un quelconque catalogue bibliographique des Marches, ou un lieu où consulter, au moins en photocopie, la bibliographie régionale.

J'ai ajouté un répertoire descriptif des œuvres romanes qui, je l'espère, pourra être utile pour un catalogue plus technique, étranger aux objectifs de cette collection.

A la lecture des monuments fait obstacle un écran inattendu, sérieux et inévitable : les restaurations. Si les plus récentes (Santa Maria della Piazza) ont respecté le monument, les anciennes ont été parfois désastreuses (Santa Maria a Piè di Chienti), mais souvent gênantes (Piève de San Leo, et d'autres, par l'emploi de matériaux inadaptés, par l'adjonction d'éléments dans le style (mais pourquoi nous faut-il les supporter?) et par la fâcheuse habitude de ne jamais conserver la documentation sur l'édifice tel qu'il était avant l'intervention : il faut espérer que désormais il devienne obligatoire de le faire, déposant cette documentation à la Surintendance régionale et à la commune. Le cas de Santa Maria a Piè di Chienti est à vrai dire le plus grave : la suppression de l'escalier central, remplacé par une poutre en béton, l'a fait interpréter comme une église double, avec comme moyen d'accès un escalier latéral qu'on ne peut proposer au visiteur, et j'ai plusieurs fois entendu sur place des guides (patentés ?!) présenter l'édifice comme d'une seule venue et d'origine (malgré le panneau succinct mais clair que le curé a placé à l'entrée).

Je dois malheureusement observer que pour ces édifices est valable ce que j'ai dit il y a quelques années pour les centres historiques moins importants : que c'est une bonne fortune lorsque l'édifice – ou le centre historique – n'a pas subi de restauration, parce que même s'il est en mauvais état, au moins il est authentique. Si la restauration, au lieu de se limiter à restaurer le «matériel» et à supprimer les éléments fâcheux, devient une pratique consistant à compléter, et pire encore, à restructurer la construction à des fins fonctionnelles, l'édifice devient indéchiffrable ; le seul espoir est alors qu'on ne le restaure pas.

Il faut présenter une dernière considération sur les lieux : ces églises ont été construites en choisissant soigneusement le site ou le paysage. Aujourd'hui les églises touristiques (San Vittore alle Chiuse) ou sises en milieu urbain (Ancône, Ascoli Piceno, etc.) sont entourées de constructions affreuses, produit du mauvais goût, de l'incapacité à élaborer un projet et d'opérations immobilières réalisées avec peu de moyens, sans jamais respecter le peu d'espace vital indispensable au monument. Dans ce cas-là aussi le salut est assuré par le caractère non touristique ou par l'isolement de l'œuvre (San Marco di Ponzano, Sant'Urbano dans la campagne près d'Apiro, San Claudio al Chienti,...) ; et il faut aussi exiger une bien plus grande attention de la part de ceux qui autorisent les travaux de construction, (j'ai dénoncé aux journaux un grand établissement industriel que l'on devait installer en pleine campagne, face à l'une de ces églises).

2. LES MARCHES, RÉGION-FRONTIÈRE ET ZONE DE PASSAGE

Les Marches ont été dans le passé une région-frontière (comme le nom l'indique en français) et une zone de passage.

Après la chute de l'Empire romain, elles ont été divisées entre l'Exarchat byzantin (au nord d'Ancône) et les Lombards du duché de Spolète.

La première de ces deux parties fut donnée à l'Église par les empereurs carolingiens : par la suite les Marches furent un objet de contestation entre l'empire et l'État de l'Église qui en devint l'unique titulaire au XIIIe siècle.

La longue période d'incertitude quant au pouvoir administratif tout d'abord, puis la faiblesse du gouvernement de Rome ont favorisé la formation de très nombreuses communes autonomes. Grande chance historique pour les divers pays des Marches qui se sont ainsi comportés comme des petits états autonomes, se dotant d'enceintes urbaines, d'églises importantes, d'hôpitaux, d'hospices, d'universités... avec une indépendance enviable et une grand initiative.

Dans cette situation, la diffusion du monachisme a pu se faire en grand : dans le haut Moyen Age, les bénédictins et à partir du XIIIe siècle, les ordres mendiants et les cisterciens. Les ordres religieux constituaient en effet une sorte d'intermédiaire entre les divers seigneurs, gouverneurs locaux et feudataires.

Le territoire des Marches à l'époque romaine et jusqu'au Moyen Age était traversé par deux routes principales : au Nord la via Flaminia qui reliait (et relie toujours) Rome à Fano par le col de Scheggia, la gorge du Furlo et la vallée du Metauro. Un embranchement menait de Fossato di Vico a Fabriano, et le long de la vallée de l'Esino jusqu'à Falconara, près d'Ancône.

Au Sud, la via Salaria reliait Rome à l'Adriatique par Rieti, en suivant dans les Marches la vallée du Tronto.

Une route de moindre importance longeait la côte.

En outre un accès très facile était assuré par les ports, à commencer par Ancône.

La jonction entre deux villes fondamentales du haut Moyen Age, Rome et Ravenne, passait par les Marches, à peu près équidistantes de ces deux centres. Au Moyen Age ont pénétré par la via Emilia des influences franco-lombardes, tandis que le long de la côte passait une partie des troupes de croisés de diverses nations se dirigeant vers les ports des Pouilles. Par mer arrivait la connaissance de la culture du Moyen Orient et de Venise.

Terre ouverte donc à bien des possibilités d'apports culturels tant continentaux que méditerranéens. Et les ordres religieux eux-mêmes ont toujours répandu une culture d'inspiration au moins «italienne» sinon internationale.

Un tel phénomène se présente de façon nette dans l'architecture romane. On trouve dans les Marches, comme caractéristique première, une multiplicité et une coexistence de types et de cultures, sans modèles vraiment locaux. Pour cette raison, avant d'examiner l'histoire régionale, je crois nécessaire de faire connaître d'abord mon opinion sur les éléments fondamentaux de l'architecture romane (n'ayant pu le faire dans mon premier volume sur les Abruzzes, mais profitant maintenant de la chance d'être le dernier auteur de la série italienne).

3. LA FORMATION DES MODÈLES

L'architecture romane des Marches est constituée presqu'exclusivement d'églises, c'est donc d'elles que je m'occupe. Pour les édifices civils, je renvoie à l'inventaire.

☆

L'art paléochrétien a puisé deux types d'édifices dans ceux de l'époque romaine tardive : la basilique et les édifices de plan centré.

A cet emprunt je vois des motifs historiques presque inéluctables : la force de la tradition architecturale romaine était certainement considérable pour une culture à ses débuts et sans modèles courants. Mais le choix des types d'architecture me parait aussi s'être imposé.

Les Romains avaient leurs temples, certes, mais il ne s'y déroulait pas de rites et les fidèles n'y entraient pas : c'était plutôt des sanctuaires. Leur réutilisation, outre que peu fonctionnelle, pouvait certainement faire naître une confusion doctrinale chez les convertis. En sorte que l'édifice le plus utilisable était la basilique, quadruple portique découvert (les couvertures semblent avoir rarement existé), destiné à la bourse, au tribunal, au marché; c'est-à-dire à des assemblées, comme les cérémonies des chrétiens. Il suffisait de l'orienter à l'Est et de placer les fidèles face à l'autel parallèle au petit côté oriental.

Les baptistères restaient à l'extérieur des églises : pour eux il n'y avait qu'à réutiliser ou à reconstruire à l'identique les petits espaces octogonaux qui, dans les thermes ou dans les maisons de campagne, servaient habituellement de tepidarium ou de nymphée, c'est-à-dire des pièces dotées d'une source, ou qui, en tous cas, entretenaient un rapport avec l'eau.

L'époque romaine tardive a également légué aux chrétiens une façon de concevoir l'architecture comme des volumes géométriques élémentaires (prismes, demi-cylindres) mis en valeur par la lumière, agencés entre eux selon des symétries simples, aux surfaces lisses et aux matériaux de construction laissés apparents. La recherche que nous appelerions architectonique était consacrée à l'agencement de l'espace intérieur. On peut citer comme exemple l'emploi de colonnes non fonctionnelles, adossées aux murs, qui soutiennent des arcs sans rôle structurel, n'ayant d'autre intérêt que d'assurer un jeu d'ombres et de lumières et de multiplier pour l'œil les plans à l'intérieur de l'édifice, ou encore l'usage tellement mesuré de la lumière naturelle.

Examinons donc les deux modèles principaux.

A. Les basiliques

Basilique est un mot grec : mais pour nous comme pour les hommes du haut Moyen Age, il signifie un édifice romain : dans son modèle principal, c'est une cour entourée d'un portique et parfois enrichie au milieu des grands côtés par des exèdres.

Édifice, ou mieux peut-être espace, utilisé pour les assemblées publiques de tout genre. Les premiers chrétiens ont transféré dans ces lieux leurs assemblées, y accomplissant leurs cérémonies propres. Comme l'espace central était découvert, les chrétiens pour pouvoir l'utiliser le couvrirent de la façon la plus simple : par un toit à deux versants posé sur une charpente.

Ainsi a commencé l'histoire de l'église basilicale : en adaptant ou en reproduisant un édifice qui n'était pas une église.

Je me suis toujours posé la question de savoir pourquoi l'église basilicale primitive, à laquelle une seule nef pouvait suffire, est en fait un édifice à trois nefs, et pourquoi les flancs de la nef centrale sont faits de supports reliés par des arcs ou des linteaux, et surmontés d'un mur percé de fenêtres.

La raison me semble justement en être dans l'origine de la forme basilicale : une cour couverte flanquée des façades de deux édifices à portique avec leurs fenêtres au premier étage. Et le portique au rez de chaussée, où l'on peut toujours circuler comme dans les édifices originaux, a constitué les nefs latérales qui ont conservé une fonction absolument secondaire, de passage, peut-être de lieu de conversation, par rapport à la nef centrale à laquelle est réservée la liturgie.

L'église était ainsi un édifice emprunté à la tradition romaine, d'un modèle inadapté se présentant au départ comme un «extérieur» couvert.

A partir de là, l'évolution de l'édifice-église se déroule selon deux directions : l'adaptation à la fonction et la transformation de l'espace central en un «intérieur».

Adaptation à la fonction

L'église primitive fut utilisée dans sa longueur avec l'autel placé vers le fond, face au «peuple en marche» (à l'inverse du plus ancien type de mosquée qui, depuis le VIIe siècle, était un portique disposé dans le sens de la largeur par rapport à l'entrée, parce qu'il représentait la «maison du prophète»). L'église basilicale fut tout de suite dotée d'absides qui indiquaient la direction principale mais qui se trouvaient déjà un tant qu'exèdres dans certaines basiliques romaines. D'une seule abside centrale à trois, une par nef, le passage fut immédiat. Le dessin polygonal, qui à l'extérieur entoure les absides semi-circulaires à l'intérieur, me semble marquer une influence sur Ravenne des extérieurs de l'architecture romaine. La surface extérieure semicirculaire représente par contre une étape ultérieure, au rôle analogue à celui que jouent les éléments extérieurs dans les édifices de plan centré. Des adaptations plus tardives aboutirent à d'autres solutions issues d'une transformation de l'espace interne, telle la multiplicité des absides rectangulaires chez les ordres religieux mendiants (et nous sommes déjà à l'époque gothique), ou bien la disposition des absides : échelonnées ou réparties le long d'un déambulatoire.

La crypte est le résultat d'un autre évolution fonctionnelle : l'église était construite au dessus des reliques d'un martyr contenues dans une urne funéraire mise en terre : le désir naquit ensuite de permettre les visites à ce tombeau (VIIIe-IXe siècle), lieu privilégié de sépulture pour les fidèles et centre de diffusion des dévotions envers les saints. Mais à cette image de la crypte-grotte ont certainement concouru le souvenir des catacombes avec leurs églises-cimetières, le culte lombard pour saint Michel, vénéré dans des grottes qui se répand au moment même où s'étend l'usage de la crypte, et le monachisme oriental dont les membres vivaient dans des cavernes isolées.

Après les cryptes complètement enterrées, on fit usage de cryptes semi-enterrées, ce qui entraîna la surélévation du sanctuaire par rapport à la nef : ainsi le clergé, qui auparavant se groupait au milieu de la nef centrale à l'intérieur d'un chancel, se transporta au sanctuaire surélevé. Pour accéder à ce nouvel étage, on construisit un escalier central ou deux escaliers latéraux.

Le clocher est un élément étranger à l'église basilicale originelle, en sorte qu'au départ, ou bien il fait complètement défaut comme dans quelques basiliques romaines, ou bien il y a une tour – rectangulaire ou circulaire – extérieure à l'église (Venise, Ravenne), placée à son voisinage mais à un emplacement déterminé par d'autres éléments, comme le lien avec un port ou la disposition d'une place. Parfois le caractère autonome du clocher demeure (comme à Caorle ou dans les églises du Latium et de Campanie,...) tandis que l'incorporation à l'église peut revêtir des formes très diverses : en façade tout d'abord, au centre (et à ce sujet on pourrait passer en revue à nouveau le caractère primitif du modèle des églises bretonnes les plus tardives et de quelques églises italiennes), ou sur la première travée d'une nef latérale, résultat de transformation et de consolidations (comme c'est souvent le cas dans les Marches). Tandis que des évolutions ultérieures incluront le clocher sous forme d'une tour surmontant la croisée du transept (les cisterciens) ou le placeront contre le mur latéral (généralement celui de gauche, pour des raisons d'ensoleillement), à la hauteur de l'autel, pour enfin en arriver à la solution plus riche et datant du roman tardif du doublement des clochers en façade, et plus tard à leur quadruplement en ajoutant deux tours au chevet.

Évolution dans la fonction et la modalité qui ne met pas en cause le mur de façade ; celui-ci reste toujours moins lié à l'intérieur de l'église et est toujours interprété plutôt comme un objet à ouvrager, en raison de son impact à l'extérieur et sur les visiteurs.

Il faut interpréter de la même façon les adjonctions de corps en façade comme des portiques ou des narthex, d'une utilité pratique, c'est vrai, même si à l'origine ils étaient peut-être la simple reprise d'un portique de la basilique romaine. C'est en ce sens, me semble-t-il, qu'il faut entendre l'atrium transversal de Saint-Vital et ceux, nombreux, d'Arménie (Vagarsapat et d'autres) ou des églises sur l'Hymette. La dimension et la forme de la façade devinrent toujours plus indépendantes dans leur silhouette – que l'on pense aux façades rectangulaires ou à celles ajourées – mais surtout quant à leur signification architecturale : le décor fait de bas-relief, de sculptures ou de galeries à toujours été orienté vers l'aspect extérieur sans référence à l'intérieur. C'est pourquoi le revers de la façade n'a qu'un rôle de clôture spatiale, qui lorsqu'elle se transforma en Westwerk ne valut à son tour que pour l'intérieur. Dans le cas des Marches on assiste à la géométrisation progressive du dessin de la façade qui se termine par sa division en petits panneaux exécutés en bas relief.

Le portail (un ou plusieurs) est décoré, ébrasé, creusé, multiplié, à l'extérieur seulement, au point de retrouver l'aspect grandiose des arches romaines (exemples types de la porte, surtout dans le cas de Saint-Gilles), sans contre partie à l'intérieur de l'église – quand il y en a une, elle est considérée comme quelque chose d'exceptionnelle.

L'aménagement de l'intérieur

La recherche concernant l'espace de l'église basilicale s'efforça d'en faire toujours plus un «intérieur» : le passage fondamental fut l'abandon du monobloc central couvert de charpente apparente pour le remplacer par des modules carrés chacun couvert d'une voûte.

De la même façon, les nefs latérales furent couvertes de voûtes, une par travée. L'église fut «modulée» : la largeur de la nef centrale est le double de celle des nefs latérales, et les voûtes centrales qui s'étendent sur deux travées sont supportées par des piliers composés alternant avec de simples colonnes. Ainsi s'introduisirent les piliers cruciformes et les voûtes à nervures, avec piliers et colonnes alternés. Les modèles sont bien connus : Saint-Ambroise à Milan (cf. *Lombardie romane*, p. 61 à 95), Saint-Géminien à Modène (cf. *Émilie romane*, p. 249 à 290), l'abbaye de Vezzolano (cf. *Piémont Ligurie romanes*, p. 93 à 103), avec toutes les églises qui en dérivent à Pavie, Parme, Vérone (mais il faut penser ici au caractère incertain et significatif de Saint-Zénon avec des colonnes et piliers alternés sur lesquels prend appui une couverture continue en carène de navire mais non voûtée [cf. *Vénétie romane*, p. 193 à 244]).

Dans les deux premières de ces églises, on introduisit aussi la tribune qui, me semble-t-il, renvoie à l'origine de la basilique : les femmes assistaient à la vie publique et donc aux fonctions liturgiques du premier étage des maisons qui donnaient sur la cour devenue la nef centrale. Raisonnement qui se trouve confirmé par l'examen approfondi des fausses tribunes des églises de Gênes et d'ailleurs.

Saint-Ambroise et Saint-Géminien sont les prototypes de la nouvelle architecture médiévale; tout ce qui s'est fait avant peut être considéré comme paléochrétien, ou tout au moins comme roman paléochrétien; dorénavant on peut parler de roman médiéval.

La basilique de San Miniato al Monte (cf. Toscane romane, p. 129 à 137), que l'on tient pour l'autre modèle médiéval, me semble par contre appartenir plutôt à une évolution tardive de la basilique paléochrétienne, où a déjà eu lieu l'introduction de la crypte et du sanctuaire surélevé, mais la succession des colonnes, le faible relief des pilastres, et surtout le décor polychrome des flancs, exactement comme celui des maisons du côté de la rue, la maintiennent dans un autre courant par rapport aux églises lombardo-émiliennes, courant qui se développe en Toscane, en Ombrie et dans les Marches.

Une autre évolution de l'espace interne s'est produite pour des motifs symboliques, transformant l'église longitudinale en église en croix latine, avec l'invention du transept, tout d'abord contenu dans la largeur des nefs, puis toujours plus élargi amenant le plan de l'église jusqu'à celui de la croix grecque, en imitant, à plus grande échelle et avec plusieurs nefs, le modèle cruciforme des petits martyriums (Saint-Cyriaque à Ancône).

Cette invention du transept, de même hauteur que la nef centrale, pose le problème de la couverture à leur intersection; c'est pour le résoudre que fut introduit dans le roman italien l'usage de la coupole ou, plus tard, de la tour-lanterne qui sont illustrés par plusieurs exemples : d'un côté par les édifices de plan centré où la coupole est contenue dans un tambour polygonal, de l'autre par des exemples orientaux plus tardifs ou la surface extérieure de la coupole est apparente.

Il faut faire une autre observation au sujet de la lumière : les volumes élémentaires de l'architecture romaine tardive, légués à l'architecture paléochrétienne, étaient définis dans leur rigueur géométrique par la lumière, qui envahissait l'intérieur lui-même (et les mosaïques en bénéficiaient). Mais le désir de transformer l'espace en un intérieur a conduit à une «intériorisation» par la réduction progressive de la lumière et par suite des fenêtres (ce qui fait que l'on interprète les églises romanes en un sens positif comme des lieux d'un grand recueillement, ou bien dans un sens négatif comme ténébreuses, sans remonter jusqu'aux motifs d'une telle caractéristique).

B. Les édifices de plan centré

Le modèle suivi par ces édifices fut celui des rotondes de l'époque impériale (domus augustana, villa Adriana, Baia...).

Les baptistères étaient petits et le modèle pouvait être repris tel quel, pour des applications bien différentes, mais toutes réductibles à une même «catégorie».

C'est une histoire parallèle que celle des édifices circulaires avec déambulatoire. Il existe deux façons différentes de concevoir l'agencement de l'espace intérieur : dans l'un des cas, avec des niches qui accroissent l'espace central, dans l'autre en multipliant les plans et les ombres grâce à la colonnade intérieure.

L'histoire de ces édifices est trop bien connue pour qu'il soit nécessaire de la rappeler ici. Il me semble par contre nécessaire d'observer que, pour ces édifices, les architectes romans n'ont pas eu à chercher le sens d'une adaptation fonctionnelle ni la définition de l'espace, mais au plus des différences de dimension ou quelque innovation secondaire.

Il est arrivé que la réalisation de ces petits espaces, couverts d'une coupole, et de leurs formes élémentaires ait servi à acheminer vers leur forme définitive l'intérieur des basiliques, qui s'est en effet orienté vers la division en modules voûtés (presque une répétition de ces petits édifices), et vers la réduction de l'éclairage naturel. L'importance de cette influence a peut-être été jusqu'ici sous-évaluée.

Cette lecture à la base me semble novatrice, et fondamentale pour situer les édifices dans le temps et pour saisir leur qualité spatiale et les principes directeurs de l'architecture romane.

Seul Riedl a remarqué que les églises paléochrétiennes se présentaient comme des cours couvertes, mais s'occupant ensuite des «valeurs tactiles» de l'espace, il n'a pas développé le thème.

L'hypothèse ici présentée propose par contre une clé de lecture simple : l'analyse structurelle d'un édifice suffit pour le situer avec aisance dans le cours du temps, et pour distinguer les composantes générales de celles qui sont seulement locales. De même qu'il y a une différence entre une architecture romane du haut Moyen Âge ou paléochrétienne et le roman médiéval qui commence avec une division de l'espace en modules, remplaçant le monobloc paléochrétien, de même on ne devrait aussi appeler basilique que le modèle monobloc, et utiliser un autre terme pour l'édifice à modules, par exemple «église à voûtes» ou au moins «basilique à voûtes».

4. LES TYPES DE CONSTRUCTION PRÉSENTS DANS LES MARCHES

A. Les premières basiliques

Les premiers édifices romans sont des églises basilicales du haut Moyen Âge de l'école ravennate, par l'intermédiaire des pièves de Romagne. L'appartenance de la partie Nord des Marches à l'exarchat a laissé une marque claire.

La plus ancienne basilique est San Gervasio di Bulgaria (VIe siècle ?), aujourd'hui à l'abandon, qui, dans la mesure où on peut la déchiffrer, a des colonnes et des chapiteaux de remploi. Ensuite la piève de San Leo (IXe), restaurée (même si je ne suis pas d'accord sur certains critères de restauration), San Marone (IXe siècle) à Civitanova Marche, qui a été reconstruite (XIXe siècle) à l'imitation de l'église primitive, Santa Croce all'Ete (IXe siècle) dans la mesure où on peut la déchiffrer car elle aussi est abandonnée et transformée, et San Marco di Ponzano, dans sa structure originelle. Ce sont des églises d'origines diverses : paroissiale (San Leo), abbatiale (Santa Croce), rattachée à une grange (Ponzano), ce qui confirme la diffusion du modèle.

Le plan est à trois nefs, avec colonnes : on trouve quelques piliers à San Leo (ceux de Ponzano sont l'œuvre de la reconstruction.) Le nombre des travées est variable. La nef centrale est deux fois plus large que les latérales, la couverture, à deux versants, est en charpente apparente.

L'abside centrale est très profonde : à San Gervasio, elle est polygonale à l'extérieur, ce qui en confirme à nouveau l'origine ravennate.

Les façades (toutes très transformées) étaient à rampants interrompus. Les murs sont scandés de lésènes. Il y a des arcatures aveugles à Santa Croce. les fenêtres ont un double ébrasement.

Le sanctuaire surélevé, lorsqu'il existe, doit être le résultat d'une transformation, et de toute façon occupe une partie très réduite des nefs.

Mais les églises paléochrétiennes étaient nombreuses : il en reste des vestiges à l'église des Saints Decenzio et Germano à Pesaro, de San Lorenzo à San Lorenzo in Campo, de Santa Maria del Piano près de Corinaldo, de San Pietro in Episcopio à Fano.

B. Les églises bénédictines

L'ordre de Saint-Benoît a été le premier grand ordre religieux propagé dans la région, à partir du haut Moyen Age. Il s'agit là d'une extension ramifiée et coordonnée. D'autres ordres religieux sans organisation centralisée ont existé dans la région de façon sporadique et peu significative (comme les communautés qui se sont regroupées au XIIIe siècle au sein de l'ordre des Augustins).

Les bénédictins firent leur entrée dans les Marches aux VIIIe et IXe siècles venant de Nursie, lieu de naissance de saint Benoît, et de Farfa, l'un de leurs établissements les plus importants, l'un et l'autre lieux voisins des frontières de la région.

La règle des bénédictins, résumée dans la formule populaire «ora et labora», (que pourtant saint Benoît n'a pas écrite telle quelle), demandait la fondation de monastères qui, permettant la vie conventuelle et l'évangélisation, soient en lien avec la vie rurale et la culture paysanne, alors la plus répandue.

Aussi les bénédictins construisirent églises et monastères sur tout le territoire, remontant les très nombreuses vallées fluviales qui de l'Adriatique s'enfoncent dans les Apennins et caractérisent les Marches. L'emplacement des monastères est presque toujours proche des voies de pénétration : dans quelques cas seulement ils en sont éloignés (Apiro, Montespino).

La ferveur de l'évangélisation, le respect de la règle l'emportèrent sur la recherche de modèles de construction novateurs.

Les bénédictins étaient en effet porteurs d'une culture datant de l'antiquité tardive, et c'est pourquoi le schéma utilisé pour les églises fut toujours le schéma basilical, adapté aux exigences de la liturgie. La multiplication des bénédictins avec leurs églises basilicales peut se comparer à ce qui arriva au XIIIe siècle avec les franciscains et leurs églises sur le modèle de l'église-grange. A ce groupe bénédictin appartiennent San Tommaso in Foglia, Sant'Angelo a Montespino, San Vincenzo al Furlo (transformée ensuite), San Michele a Lamoli, Santi Ruffino e Vitale à Amandola, Sant'Urbano ad Apiro, San Fermano a Montelupone, San Biagio a Piobbico, et d'autres de moindre importance. Ce groupe subsiste parmi les si nombreuses églises dont on peut retrouver les listes dans les écrits d'Amatori, de Prete, d'Allevi et de Pacini. Les constructions sont toutes des Xe-XIe siècles : mais elles ont souvent été l'objet de réfections (aussi sont-elles parfois recensées à des dates différentes).

Les églises des bénédictins sont toutes à trois nefs, avec trois absides semicirculaires, dont celle du milieu est particulièrement allongée. Le sanctuaire – réservé aux frères – est très surélevé et occupe presque la moitié de la nef, au-dessus d'une crypte fort étendue (à l'exception de San Tommaso, sans crypte, parce qu'on l'a supprimée, je suppose).

Les églises sont orientées. Toutes ont des dimensions assez modestes.

Certaines sont encore divisées par des piliers, comme Sant'Angelo, San Vicenzo, San Michele et la partie basse des Saints Rufin et Vital : c'est une marque de la tradition primitive en matière de construction.

Elles sont en pierre, pour la plupart taillée en petits blocs laissés visibles.

Les façades sont simples, à rampants interrompus. Les couvertures sont en charpente apparente. Seule l'église d'Apiro offre une couverture en voûtes, résultant d'une transformation.

Le décor est réduit au minimum : lésènes et arceaux ornent les murs externes dans une indépendance totale par rapport aux divisions de l'intérieur.

L'agencement des cryptes est naturellement plus complexe : colonnettes portant de petites voûtes, cinq nefs dont trois correspondent à la nef centrale de l'église.

C. Autres exemples basilicaux

Le modèle basilical est le plus répandu dans les Marches et se retrouve en bien d'autres exemples qui, à la différence des édifices bénédictins, sont à une seule abside et avec un sanctuaire peu surélevé (même quand il y a une crypte), parce que n'existent pas les exigences liturgiques d'un monastère où les frères étaient placés dans le sanctuaire surélevé.

A ceux-là ressemblent les nombreuses églises romanes d'Ascoli Piceno : il convient de mentionner San Vittore et Santi Vincenzo e Anastasio. Elles sont toutes deux orientées, avec une seule abside, avec piliers (la seconde) ou piliers et colonnes (la première), et une couverture en charpente apparente. Le matériau de construction est toujours la pierre, en petits blocs, ici de travertin, utilisés avec beaucoup d'habileté. l'une et l'autre ont souffert l'adjonction d'un clocher sur la première travée d'une nef latérale. On observe une particularité dans l'abside des Saints-Vincent et Anastase dont le périmètre extérieur est polygonal, trait repris à Ravenne, peut-être par l'intermédiaire des Abruzzes.

L'exemple basilical le plus tardif est celui de Santa Maria della Piazza à Ancône (p. 93 à 95), presque bien orientée et toute entière en pierre, avec trois nefs et une abside (dès l'origine) qui révèle l'époque tardive de la construction par ses piliers octogonaux raffinés (ainsi que par leurs bases et chapiteaux) qui semblent déjà prêts à recevoir des arcs brisés, comme c'est le cas ailleurs dans des édifices civils et religieux.

Les autres exemples basilicaux se rapprochent du modèle à supports alternés, colonnes et piliers, et à couverture voûtée.

San Pietro al Conero, bien orientée, présente une alternance de colonnes et de vastes piliers cruciformes, dans deux modules seulement parce qu'elle a été raccourcie; elle est encore en pierre et son sanctuaire est surélevé d'un petit nombre de marches : il ne devait y avoir qu'une seule abside. San Lorenzo in Doliolo, bien orientée, a des supports tous semblables et des voûtes en calotte sur toutes les travées : le sanctuaire est surélevé, comme il est naturel car c'était une église abbatiale, ici encore sans doute avec une seule abside.

La couverture en voûtes se trouve aussi dans quelques basiliques bénédictines : dans celle des Saints Rufin et Vital, les nefs latérales sont voûtées, et à Furlo dans la nef centrale une travée sur deux est couverte de voûtes.

A la même catégorie devait appartenir la cathédrale d'Osimo qui, même après la réfection des arcs en style gothique, apparaît comme une basilique avec voûtes et abside unique.

L'exemple le plus tardif d'une basilique voûtée est la cathédrale de San Leo (p. 279 à 285), qui utilise le schéma à trois nefs avec trois absides et est bien orientée. Les supports sont des colonnes et des piliers et de grands piliers polystyles à la croisée du transept. C'est en effet l'unique basilique des Marches qui présente un transept, quasi-contenu dans la largeur des nefs latérales. La couverture est faite de voûtes qui modulent l'espace : en berceau sur la nef centrale, tandis que les voûtes latérales sont en partie en berceau, en partie d'arêtes. L'évolution est parvenue à sa dernière phase car les voûtes ont même hauteur -nous voici arrivés à l'église-halle, la Hallenkirche, qu'élimine définitivement la hiérarchie entre la nef centrale et les nefs latérales (et donc l'aspect originel de la nef centrale comme cour couverte), parce que toute la largeur de l'église est maintenant utilisée pour la liturgie.

Le type de l'église-halle est également visible sous le décor baroque à Sant'Andrea a Petritoli, et a eu son succès dans les Marches à une époque plus tardive avec les églises gothiques à Fermo et à Ascoli.

Sur ce thème, je crois opportun de faire une autre réflexion : les quatre églises deutérobyzantines et l'église hors-cadre de Santa Maria di Portonovo sont elles aussi, dans leur genre, des églises-halles.

D. Églises clunisiennes

La réforme clunisienne parvint très rapidement en Italie par l'intermédiaire de l'ordre des bénédictins, qui était un véhicule d'informations très efficace et très rapide.

Il est aussi probable que certains moines aient été architectes et qu'ils aient dirigé les travaux dans de nombreux monastères.

Les exemples des Marches appartenant au courant franco-bourguignon sont au nombre de deux : Santa Maria a Piè di Chienti (p. 241 à 276) et Santa Maria di Portonovo (p. 197 à 237).

La première est la basilique typique avec les nefs latérales qui se continuaient dans un déambulatoire avec chapelles rayonnantes. L'exemple le plus semblable à Santa Maria est Sant'Antim près de Castelnuovo dell'Abate, qui est par ailleurs la plus déchiffrable en Italie. La cathédrale d'Averso (cf. *Campanie romane*, p. 243 à 250), celle d'Acerenza (cf. *Calabre romane*, p. 73 à 98), et l'agrandissement inachevé de la Santissima Trinità de Venosa (cf. *Calabre romane*, p. 57 à 70), sont les autres églises du même genre.

Les transformations de l'église du Chienti ont été nombreuses (Westwerk, division en deux de la nef centrale, raccourcissement probable de la façade,...) mais ne suppriment pas la possibilité d'en interpréter les caractéristiques originelles. A l'intérieur, c'est une basilique aux grandes lignes verticales, couverte d'une charpente apparente sur la nef centrale et de voûtes sur les nefs latérales ; elle a aussi la tribune, la seule des Marches. A l'extérieur l'agencement des volumes du chevet est l'élément novateur, par la riche superposition des volumes qui s'étendent de la haute abside centrale jusqu'aux petites absides rayonnantes, inaugurant cette forme d'enracinement graduel de l'édifice dans le terrain (qui conduit au gothique), remplaçant la juxtaposition au sol des volumes romans élémentaires.

Santa Maria di Portonovo est une église complexe car il n'y a pas correspondance entre le plan et l'élévation : c'est un édifice où convergent des éléments de diverses cultures, dont chacun peut servir de fil directeur à une interprétation. En plan, l'église est une reproduction exacte du sanctuaire présenté par Cluny II, qui se rencontre dans les églises bien connues de Bernay, Lessay, Cerisy-la-Forêt (cf. *Normandie romane 1*), toutes des débuts du XIe siècle, et qui en Italie se trouve à Vérone, dans l'église inférieure San Fermo et à San Lorenzo (XIIe siècle, cf. *Vénétie romane*, p. 255 à 258).

Le plan est clair, mais en élévation, c'est autre chose. La couverture des bras du transept est à deux versants parallèles à l'église au lieu de lui être perpendiculaires, et les deux corps deviennent presque deux chapelles rattachées au corps principal, tandis qu'au centre de la nef médiane se trouve une coupole qui semble suggérer d'interpréter le plan de l'église comme celui d'une croix grecque.

Il en résulte que l'espace interne, ainsi agencé, et éclairé de façon très mesurée, possède une grande qualité, tandis que l'extérieur est un peu désordonné (et ici plus qu'ailleurs serait opportun un examen de la maçonnerie pour discerner si tout ce que nous voyons aujourd'hui n'est pas le résultat de transformations des couvertures, survenues peut-être il y a seulement quelques siècles).

E. Les églises cisterciennes

Les cisterciens ont fondé dans les Marches le monastère de Chiaravalle di Fiastra (XIIe siècle) et d'autres édifices mineurs comme l'église de Santa Maria di Castagnola. L'implantation est celle, bien connue, de tous les monastères cisterciens, qu'il suffit de rappeler ici : un grand cloître carré, sur les côtés duquel sont disposés au Nord l'église (pour ne pas faire d'ombre), à l'Est la salle capitulaire, au Sud le réfectoire, à l'Ouest l'hôtellerie. Les cellules sont au premier étage, au moins sur les côtés Est et Sud.

L'église a des proportions toutes fondées sur des modules carrés, la nef centrale (inachevée) a deux fois la largeur des nefs latérales. Le transept offre cinq absides rectangulaires propres à la célébration par les frères de plusieurs messes en même temps.

L'église de référence est celle de la Chiaravalle milanaise (dont sont dérivées aussi chiaravalle della Colomba et Chiaravalle d'Ancône), tandis que l'agencement et la modulation spatiale sont repris à l'identique en d'innombrables exemples (de l'église de la Grangia di Rivalta Scrivia, semblable à Chiaravalle, jusqu'aux grandes églises abbatiales de Toscane et du Latium).

L'exemple de Fiastra a influencé la reconstruction (XIIe siècle), dans la même Vallesina, de l'église abbatiale de Santa Elena près de Serra San Quirico, où se retrouvent des voûtes d'arêtes et des supports à demi-colonnes adossées.

F. Autres types d'églises longitudinales

Il y a peu d'églises à nef unique : Santa Maria della Pieve à Gagliole, Santa Maria delle Donne à Ascoli Piceno et celle des Saints-Cyr-et-Julitte à Lapedona.

L'église de l'abbaye de San Salvatore in Valdicastro (XII-XIIIe siècles) est en croix latine (ou en T) : c'est aussi un modèle rare qui se présente en diverses circonstances dans différentes parties de l'Italie, des premières basiliques milanaises à la version originelle de Santa Sofia à Padoue (cf. *Vénétie romane*, p. 141 à 176), à San Daniele à Pedeserva, et finalement jusqu'à San Giovanni degli Eremiti à Palerne (cf. *Sicile romane*, p. 113 à 118).

G. Les édifices de plan centré

Les plans centrés sont de divers types. San Ciriaco à Ancône (p. 187 à 194), en croix grecque, le baptistère d'Ascoli (p. 141 à 146), octogonal, et San Giusto a San Maroto (p. 85 à 90), circulaire. Trois exemples seulement, tous les trois différents et situés dans des zones distinctes, ce qui confirme la multiplicité des courants culturels traversant la région.

Si les motifs qui ont guidé le choix d'Ancône et d'Ascoli Piceno sont assurément clairs et associés à la fonction des édifices, il est difficile de retrouver les raisons qui ont orienté un choix aussi peu ordinaire dans une petite localité à l'écart comme San Maroto.

Le type de plan en croix grecque non circonscrite se trouve appliqué dans les Marches à le seule église San Ciriaco à Ancône, lieu privilégié du commerce avec l'Orient, à la suite d'une transformation du XIIe siècle. Saint Cyriaque est un martyr et c'est pourquoi son église a le plan typique des martyria grecs. Ce modèle était répandu en Italie dès les Ve-VIe siècles dans les chapelles et les *sacella*.

San Ciriaco est l'église en croix grecque la plus importante d'Italie après Saint-Marc de Venise (cf. *Vénétie romane*, p. 46 à 62). Les autres exemples romans sont des églises plus petites (San Zeno à Bardolino, XIe siècle; San Lorenzo à Settimo Vittone, XIe siècle, San Salvatore à Iglesias, X^e-XIe siècle; Santa Maria à Cossoine).

L'emplacement de l'église, sur une colline qui domine le port d'Ancône et la mer Adriatique, très pittoresque, visible de tous les alentours, en a motivé elle aussi le plan centré.

Le lien avec l'Orient voisin se trouve également attesté à San Ciriaco par la présence de la coupole centrale, reposant sur un court tambour polygonal, creusé d'arcades aveugles de faible rayon (motif qui se trouve aussi à San Vittore). Mais à San Ciriaco tout décor oriental est absent, remplacé par les ornements lombards.

San Giusto à San Maroto possède une forme circulaire, avec quatre absides semi-cylindriques dans les directions Nord-Ouest, Nord-Est, Sud-Ouest, Sud-Est.

L'adoption d'un type de plan si insolite semble avoir été suggérée par le caractère même du site sur lequel, s'élève l'église et auquel elle s'adapte effectivement de façon exemplaire : le sommet d'une colline d'où il est possible d'embrasser circulairement tout l'espace d'alentour (comme dans le cas de San Ciriaco).

Un exemple analogue à celui des Marches s'offre en l'église de Montesiepi (fin du XIIe siècle) près de l'abbaye de San Galgano (Sienne)(cf. *Toscane romane*, p. 189 à 191), qui se différencie par la présence d'une seule abside semicirculaire.

La similitude résulte surtout de l'absence du déambulatoire annulaire intérieur, qui caractérise à l'inverse la plupart des églises circulaires de la période paléochrétienne et médiévale.

L'édifice de San Giusto semble plutôt se rattacher à un modèle puisé dans la tradition thermale romaine et appliqué dans un très petit nombre d'églises : San Teodoro à Rome (avant la VIe siècle), la rotonde de San Salvatore à Terni (IXe siècle, cf. *Ombrie romane*, p. 41) et l'église de Montesiepi elle-même.

Le lien du baptistère d'Ascoli avec les salles thermales romaines est encore plus évident. Mais il ne s'agit pas d'une nouvelle élaboration d'un modèle venant de Rome : sa particularité est dans son rattachement, si éloigné qu'il soit, au grand courant des baptistères de la vallée du Pô, exemple isolé d'un modèle architectural transplanté ici sans autres références régionales.

La partie inférieure est un octogone inscrit dans une enveloppe carrée, comme dans les baptistères primitifs de Brescia (cf. *Lombardie romane*, p. 347 à 353), Aquileia, Riva San Vitale et Fréjus (cf. *Alpes romanes*, p. 158 et 159)(tous très anciens, du Ve siècle).

Les autres schémas octogonaux de baptistères présentent des niches visibles à l'extérieur [Novara (cf. *Piémont Ligurie romans*, p. 47 et 48), Lomello (cf. *Lombardie romane*, p. 307 à 312),...] ou un simple plan octogonal.

Mais le plus semblable au baptistère d'Ascoli est celui d'Agrate Conturbia (XIe-XIIe siècles, cf. *Piémont Ligurie romans*, p. 33), qui s'en distingue seulement par les raccords d'angle.

H. Églises en croix grecque inscrite

Quatre églises – de petites dimensions – présentent le plan en croix grecque inscrite d'origine byzantine.

Trois sont situées dans la vallée d'Esino, à faible distance les unes des autres : San Vittorie alle Chiuse (p. 149 à 154), Santa Maria alle Moje et Santa Croce à Sassoferrato.

La quatrième dédiée à saint Claude, se trouve dans la vallée du Chienti (p. 157 à 183), en plaine, au pied de la colline de Macerata.

Le plan dit en croix grecque inscrite est carré, à trois travées et trois nefs, avec neuf compartiments égaux séparé seulement par quatre colonnes ou piliers. Ce type est répandu en Italie dans la Vénétie, les Pouilles, la Calabre et la Sicile, toutes régions côtières, dont le modèle est venu par mer du au monde gréco-byzantin, tel qu'il se trouvait en Dalmatie qui est la voisine des Marches sur l'autre rive de l'Adriatique. Le modèle de base présente – naturellement – une multitude de variantes, avec ou sans absides, une seule ou trois, avec des colonnes ou avec des piliers, avec une coupole centrale ou trois coupoles en file, ou cinq disposées soit en croix soit en quinconce, etc. Les quatre petites églises des Marches sont typiques en ce qu'elles ont trois absides du côté opposé à l'entrée et deux absides au milieu des faces latérales, toutes sensibles à l'extérieur; elles ont une seule coupole au centre, renfermée dans une tour-lanterne (modifiée aux Moje et non réalisée à San Claudio), et deux clochers cylindriques en façades (dont l'un est refait à San Vittore et aux Moje, mais tous les deux à Santa Croce, et qui sont bien en évidence à San Claudio).

Les couvertures à l'intérieur sont presque toutes des voûtes d'arêtes. Si le plan est byzantin, la structure dans son ensemble rassemble et unit des composants très variés : l'espace intérieur se développe en lignes verticales (sauf aux Moje) et du fait de la sveltesse des supports il s'étend sans obstacle dans les neuf compartiments. A l'extérieur, les murs sont ornés de lésènes et bordés de corniches et d'arceaux. Le volume des absides semble emprunté à une église lombarde, de même que la haute tour-lanterne de San Vittore est apparentée aux tours lombardes et aux baptistères octogonaux de la vallée du Pô.

Les clochers cylindriques de San Claudio sont pleinement ravennates, par leur plan, leurs proportions, leur type d'ouvertures, et tels devaient être aussi les autres, de même qu'est également ravennate la position des deux tours sur les côtés de l'atrium. Ainsi seul le plan demeure byzantin.

Cette complexité des apports fait dater tous ces édifices d'entre le XIe et le XIIe siècle, ce qui les situe au terme de l'évolution du modèle. San Vittore est considérée comme la plus ancienne des quatre églises : et c'est probable, car étant dédiée à un martyr elle a utilisé un plan typique, celui de la croix – la croix inscrite en l'occurrence : l'exemple aurait ensuite été repris dans les autres églises de la vallée de l'Esimo.

San Claudio se met à part du fait qu'il est à deux étages superposés dont l'inférieur n'est pas une crypte : cas assez rare (Montefiascone, San Flaviano ; Assise, San Francesco (cf. *Ombrie romane*, p. 315 à 326) ; Vérone, San Fermo (cf. *Vénétie romane*, p. 255 et 256), qui toutes sont des églises longitudinales.

Pour expliquer ce double niveau, les archéologues ont été chercher l'exemple des chapelles royales à deux étages, ou bien ont pensé que le compartiment central était découvert et que les autres servaient de tribunes, formulant bien d'autres hypothèses encore. Je penche pour une solution tout-à-fait différente : à savoir que l'église ait eu à l'origine un seul étage, comme le montreraient les proportions égales à celles de San Vittore et l'absence de divisions horizontales à l'extérieur ; la division en deux étages serait une réalisation plus tardive (comme dans l'église de Santa Maria voisine) en vue d'une meilleure utilisation, et à cette occasion auraient été ajoutés l'escalier extérieur et le portail au premier étage (qui est une évidente adaptation), les escaliers des deux tours étant insuffisants faute d'avoir été pensés pour desservir un deuxième étage.

La fonction originelle des tours en façades n'est pas claire : si à San Claudio elles ont une hauteur bien supérieure à celle de l'église, car elles servent aussi de clocher, à San Vittore la tour est si basse qu'elle ne donne même pas accès à la toiture : servait-elle seulement à atteindre la pièce au dessus de l'entrée (sorte de petit Westwerk) ? C'est une question légitime qui, se posant aussi dans d'autres églises, peut confirmer mon hypothèse pour San Claudio.

I. QUELQUES ÉLÉMENTS ARCHITECTURAUX

Les cryptes

Dans une région où une caractéristique très fréquente est la présence du sanctuaire surélevé, les cryptes sont naturellement fort nombreuses. Le type en est unique, à nefs séparées par des colonnettes et couvertes de voûtes ; à la nef centrale de l'église correspondent trois nefs dans la crypte.

Rares sont les cas où, comme à Valdicastro ou à l'église des saints Vincent et Anastase, la crypte est à deux nefs et deux travées couvertes de voûtes en berceau.

Dans de nombreux cas, la crypte est l'unique partie qui subsiste, l'église (Santa Maria di Rambona, Pievebovigliana, cathédrale d'Ascoli,...).

Les colonnettes des cryptes sont souvent celles qui portent les chapiteaux les plus riches et les plus intéressants : pour leur étude on renvoie à chacune des monographies.

Les façades

Les façades correspondant à l'église sont simples, tout au plus animées par des lésènes.

L'indépendance de la façade par rapport à la structure de l'église se fait plus visible avec le temps : sur ce point, les plus intéressantes sont celles d'Ascoli Piceno aux Saints-Vincent et Anastase et à San Vittore, et celle d'Ancône à Santa Maria della Piazza (pl. 20) où le jeu d'ombres et de lumières de la composition devient un agencement géométrique de lésènes et de corniches, toujours plus riche.

La façade dans ces cas, est presqu'un «décor», un fond pour l'espace extérieur, comme une «profondeur» du mur, qui le rend autonome de l'église. Cet agencement est typique de l'Italie centrale et, en dehors des Marches, on le retrouve à San Pietro de Spolète, à Santa Giusta de Bazzano, à San Rufino d'Assise (cf. *Ombrie romane*, pl. 129 à 136), sur la façade de la chapelle de San Giovenale à Narni.

Dans la simplicité des façades, rares sont aussi les portails monumentaux [Ancône : San Ciriaco (pl. 56) et Santa Maria della Piazza (pl. 20),...].

Clochers

Les clochers sont rares.

Ceux que nous avons déjà vus dans les églises deutérobyzantines sont cylindriques avec de petites fenêtres, de type tout à fait ravennate et joints à l'église.

Les autres sont de plan carré et le plus souvent à part : celui de San Marco à Ponzano et de San Lorenzo à Doliolo sont en façade, dans l'axe de l'église.

Quelques clochers sont pris sur la première travée latérale (Ascoli, Piceno),

La grande quantité de clochers-peigne est par contre un phénomène tardif, postérieur à la Contre-Réforme, pour remédier rapidement au manque de tours campanaires.

Coupoles et tours-lanternes

Les coupoles sont rares elles aussi, comme dans toute l'architecture romane italienne: elles se trouvent dans les églises quelque peu influencées par l'Orient, San Vittore (pl. 41) et Santa Croce, San Ciriaco et Santa Maria di Portonovo (pl. 76), où elles sont toujours situées au centre de l'édifice; la dernière de ces coupoles est de plan elliptique. Une autre coupole, d'origine lombarde, couvre le baptistère d'Ascoli (pl. 35).

Mobilier

Les églises des Marches n'ont pas de mobilier (ciboriums, ambons, cierges pascals,...), pourtant fréquent au Latium et dans les Abruzzes, à l'exclusion du ciborium de la Piève de San Leo (pl. 6).

5. NOTES FINALES

La présence de tant de modèles et d'écoles dans une période relativement brève montre que les Marches ont été, on l'a dit, une terre de frontière et de passage, très ouverte.

Mais l'architecture a un langage si déterminé qu'elle unifie avec aisance les divers types: langage que l'on a défini comme «lombard» mais qu'il semblerait plus opportun de considérer comme lombardo-ravennate, sur lequel se sont greffées des façons de faire locales.

Comme on l'a dit, à l'extérieur la construction est simple, faite de volumes élémentaires et clos: un développement ne se produit qu'avec les églises clunisiennes, qui acheminent vers l'architecture gothique, celle qui modifiera la façon de concevoir l'extérieur de l'édifice, le mettant en relation avec l'intérieur. La coque sans fissure de la maçonnerie à l'extérieur reste dessinée par la seule lumière ou presque, et l'on cherche à faire apparaître des ombres sur les murs (arceaux et plinthe), à les animer (lésènes) par des jeux discrets d'ombre et de lumière; avec le temps ceux-ci évoluent vers un approfondissement où ils sont remplacés par des galeries, des ouvertures en bouche-de-four, et enfin par des colonnes en saillie. Décor mural qui est indépendant de l'intérieur de l'église (noter par exemple que les lésènes extérieurs ne correspondent jamais aux travées).

L'autre recherche architecturale qui se développe en cette période est, on l'a dit aussi, d'organiser l'espace intérieur selon les modes présentés plus haut, tandis que le langage, à l'évidence, reste le même, enrichi d'éléments novateurs qui ne sont pas sensibles à l'extérieur, comme la voûte, le chapiteau, le pilier, la colonne. Langage qui utilise les rares matériaux disponibles pour ce qu'ils sont, les laissant apparents, et selon une technique de construction empirique qui, même lorsqu'elle en vient à faire usage des voûtes, maintient les poussées à la verticale seulement. Et c'est peut-être en raison précisément de cet aspect naturel et simple que l'architecture romane s'accorde au paysage et rencontre l'adhésion spontanée du public.

Les éléments de communication entre l'intérieur et l'extérieur sont donc peu nombreux : un portail et parfois une fenêtre en forme de rose, qui de ce fait sont particulièrement décorés. Les autres ouvertures sont très petites et ne servent qu'à fournir un faible éclairage : leur emplacement peut aussi être irrégulier et parfois arbitraire.

De cet exposé sur l'architecture découlent deux conséquences. La première est qu'elle est l'activité artistique dominante, «parce que fonctionnelle». La composante «pratique» de cette architecture, considérée à d'autres époques comme un obstacle à la liberté d'expression, est la raison même de sa place centrale : les autres arts (peinture et sculpture) sont «du décor» par rapport à elle et à son utilisation; cela ressort avec clarté de la façon dont ils sont appliqués dans les édifices romans (selon une relation entre les activités artistiques qui ne se modifiera qu'à la Renaissance).

L'autre conséquence est que l'architecture produit des modèles si simples, en référence à une culture ambiante, qu'il n'est pas besoin d'«architecte» (de fait on ne les connaît pas), mais qu'il suffit d'ouvriers qualifiés. Et même les réalisations extraordinaires (je pense à San Pietro de Tuscania [cf. *Rome et Latium romans*, p. 157 à 185]) semblent surgir d'un contexte qui les motive et qui immédiatement les fait connaître et les diffuse.

Les Marches, périphériques par rapport aux centres de création, sont un territoire où cela se produit normalement. Avec un phénomène particulier : il semble que dans certains cas se soit transmis seulement le plan du modèle, tandis que l'élévation a été réalisée selon d'autres modèles, ou selon des traditions architecturales et formelles appartenant à d'autres édifices (fait plus évident encore chaque fois que le modèle de référence est rare ou nouveau).

J'ai cherché en étudiant ces églises à découvrir s'il s'agissait de cas de «nombre» symbolique des parties (comme certains archéologues l'ont constaté même dans des édifices anciens, tel San Giovanni Rotondo à Rome) : je n'ai pas trouvé. Je peux seulement dire que dans la période plus tardive, l'architecture cistercienne prête une plus grande attention aux nombres (neuf nefs, trois travées, etc., emploi de carrés en plan et en élévation,...).

Il y a donc au sein de l'architecture romane des Marches une forme d'évolution qui va des basiliques post-ravennates à un groupe d'églises plus simples et plus primitives, pour ensuite s'orienter vers des édifices diversement agencés à l'intérieur et plus riches en décor, et aboutir à des églises construites selon des modules rigoureux.

Un ensemble de bâtiments si important et si riche qu'il a conditionné toutes les époques postérieures, barrant la route à l'architecture gothique internationale – lorsqu'on la trouve, elle pourrait se définir comme un roman-gothique – et qu'il a maintenu dans des limites très resserrées l'activité architecturale de toutes les autres époques, y compris la nôtre. De là il résulte d'une part que l'image de l'architecture dans sa forme la plus simple semble coïncider avec l'architecture romane, et d'autre part que s'est instaurée une relation d'affinité : usager – architecture romane, qui fait que l'on pourrait dire, en paraphrasant, «anima (en architecture) naturaliter romanica».

BIBLIOGRAPHIE SOMMAIRE

Livres

• Aspetti e problemi del monachesimo nelle Marche (ouvrage collectif), Fabriano 1982.
• *Ascoli e il suo territorio* (ouvrage collectif), Ascoli Piceno 1984.
• *Arte e cultura nella Provincia di Pesaro e Urbino dalle origini a oggi* (ouvrage collectif), Venise 1986.
• *I Benedettini nella Massa Trabaria* (ouvrage collectif), Atti del Convegno, Sestino 1980.
• *Pittura nel maceratese dal Duecento al tardo Gotico* (ouvrage collectif), Macerata 1971.
• Amatori A., *Le abazie e monasteri piceni*, Camerino 1870.
• *Annales camaldulenses*, tomo V°, Venise, 1760.
• Annibaldi G., *S.Benedetto a l'Esio*, Jesi 1880.
• Annibaldi G., *La traslazione di S.Romualdo e il suo culto nell'Esio*, Jesi 1881.
• Avarucci G., *Epigrafi medievali nella chiesa di S.Maria a Piè di Chienti*, Città di Castello 1976.
• Bedini G.B., *Le abbazie cistercensi in Italia*, Casamari 1964.
• Berlenghi A., *Dissertazioni della pontificia accademia romana di archeologia*, tomo IV°, Rome 1831.
• Bernacchia R., Esempi di Architettura Paleocristiana e bizantina lungo la valle del Cesano, estratto dal *I° Convegno sui beni culturali e ambientali delle Marche* (Numana, Maggio 1981), Rome 1982.
• Bojani G.C., *San Claudio al Chienti*, Florence 1971.
• Canti Polichetti M.L., *Santa Maria della Piazza*, Castelferretti 1981.
• Castagnari G., *Abbazie e castelli della comunità montana alta valle dell'Esino*, Recanati 1990.
• Ceccarelli D., *Clemente II° e la badia di S.Tommaso in Foglia*, Pesaro 1960.
• Cherubini A., *Arte Medievale nella Vallesina*, Ancône 1978.
• Claudi G.M., *San Vittore delle Chiuse*, Rome 1982.
• Claudi G.M., *Santa Maria di Portonovo*, Sassoferrato 1979.
• Compagnoni P., *Memorie istorico-critiche della chiesa e dei Vescovi di Osimo*, Rome 1782.
• Crema L., Precisazioni su Santa Maria di Portonovo, in Atti dell'*XI° Congresso di Storia dell'Architettura*, Rome 1965.
• Crocetti G., *San Claudio al Chienti*, Macerata 1985.
• Crocetti G. e Scoccia F., *Ponzano di Fermo-Storia ed Arte*, Ponzano di Fermo 1982.
• De Angelis d'Ossat G., *Le influenze bizantine nell'architettura romanica*, Rome 1942.
• Del Vecchio Z., *L'Abbadia di S.Tommaso in Foglia*, Pesaro 1980.
• Fammilume G., *La badia di Rambona*, Tolentino 1938.
• Flenghi A., *San Leo – L'antica Montefeltro*, Bologne 1978.
• Gentili O., *L'abbazia di S.Maria di Chiaravalle di Fiastra*, Rome 1978.
• Gorrieri U., *Il Duomo di San Leo*, Rimini 1980.
• Grillantini C., *Guida storico-artistica di Osimo*, Pinerolo 1962.
• Kroenig W., Nota sull'architettura religiosa medievale delle
• Marche, in *Atti dell'XI° Congresso di Storia dell'Architettura*, Rome 1965.
• Laureati F., *Storia ed Arte in Terra di Montecosaro*, Macerata 1969 (3e éd.).
• Lubin A., *Abbatiarum Italiae brevis notitia*, Rome 1693.
• Luzi E., Gli antichi monasteri benedettini in Ascoli Piceno, aggiunta al catalogo delle abazie e monasteri piceni di A.Amatori, in *«AN»: della Società Storico-Archeologica delle Marche in Fermo*, 1877.
• Marinelli M., *L'Architettura romanica in Ancona, con gli aggiornamenti di G.Annibaldi e A.Boni*, Ancône 1961 (2e éd.).
• Matteini N., *San Leo*, Saint-Marin 1972.
• Nestori A., *Rambona e la sua abbazia*, Rome 1984.

• Pacini R., Monumenti del periodo romanico nelle Marche, in *Atti dell'XI° Congresso di Storia dell'Architettura*, Rome 1965.
• Pagnani A., *Storia dell'Abbazia di S.Croce dei Conti in Sassoferrato*, Fabriano 1968.
• Pagnani G., Sarnano. *Lineamenti storici*, Teramo 1984.
• Palazzini P., S.Pier Damiani al centro delle riforme della chiesa marchigiana nel secolo XI°, in *S.Pier Damiani nel IX° centenario della morte (1072 – 1972)*, Cesena 1972.
• Perogalli C., *Architettura dell'Alto Medioevo occidentale*, Milan 1974.
• Pierucci C., *L'abbazia di S.Elena dell'Esino; Memorie storiche ed artistiche*, Jesi 1981.
• Re G., Montironi A., Mozzoni L., *Le Abbazie. Architettura abbaziale nelle Marche*, Ancône 1987.
• Ricci A., *Memorie storiche delle arti e degli artisti della Marca d'Ancona*, Ancône 1834.
• Romani R., L*a chiesa di S.Maria a Piè di Chienti da Sisto IV° concessa nel 1477 all'Ospedale di Camerino*, Camerino 1912.
• Rossi G., San Claudio al Chienti, in *Atti e memorie della R.Deputazione di Storia Patria per le Province delle Marche*, Vol. II°, 1896.
• Sacconi G., *Relazione dell'Ufficio regionale pei monumenti delle Marche e dell'Umbria*, Pérouse 1903.
• Serra L., *L'arte nelle Marche dalle origini cristiane alla fine del gotico*, Pesaro 1929.
• Stramucci A., *L'Arte nel Piceno. Guida di Turismo della provincia di Ascoli Piceno*, Ascoli Piceno, 1969.
• Toesca P., *Il Medioevo*, Turin 1927.
• Ughelli F., *Italia Sacra*, Rome 1964.
• Zampetti P., *La chiesa abbaziale di S.Elena*, Ancône 1940.

Revues

• I Benedettini nelle valli del Maceratese (ouvrage collectif), in *Studi Maceratesi*, 1966.
• Allevi F., I Benedettini nel Piceno e i loro centri di irradiazione, in *Studi Maceratesi*, 1966.
• Andreani A., Sculture romaniche nella cattedrale di Ancona, in *Rassegna Marchigiana*, 1922.
• Aurini G., Notizie delle Marche. La chiesa di S.Maria di Portonovo, in *l'Arte*, 1910.
• Aurini G., Notizie delle Marche. S.Maria di Piazza, in *l'Arte*, 1910.
• Aurini G., Chiesa di S.Maria a Piè di Chienti, in *Picenum*, 1913.
• Bigiaretti S., Il Santuario delle Macchie in Parrocchia di Porreto Municipio di Gagliole, in *Rivista Marchigiana Illustrata*, 1909.
• Bittarelli AA., Affreschi (inediti) a Piobbico di Sarnano, in *Esagono*, n. 31, 1986.
• Branca G., S.Marco di Ponzano, in *Picenum*, 1915.
• Buroni G., I monasteri benedettini del Metauro nell'archidiocesi di Urbino. Il Monastero di S.Vincenzo ad Petram Pertusam, in *Studia Picena*, 1940.
• Cadei A., Chiaravalle di Fiastra, in *Storia dell'Arte*, n. 38 (1978).
• Cardelli E., Una chiesetta del XII° secolo nelle Marche, in *Rassegna Marchigiana*, 1929.
• Cardelli E., La pieve di S.Leo, in *Rassegna Marchigiana*, 1934.
• Codognato C., Mazzuccato G., Zannini M., La chiesa di S.Claudio al Chienti, in *L'Architettura* XIII.
• Costantini C., Il Duomo di Osimo, in *Rassegna Marchigiana*, 1924.
• Costantini C., Porto Nuovo e la chiesa di Santa Maria, in *Rivista Marchigiana Illustrata*, 1906.
• Fagioli R., Un tesoro d'arte dimenticato nella Marca Fermana, in *Fra Crispino*, Anno IV° (1914) n. 2.
• Ferranti P., Pitture romaniche nella chiesa esterna dell'Abbadia di S.Ruffino in Amandola, in *Nuova Rivista Misena*, 1890.
• Fiocca L., La Cattedrale di S.Ciriaco in Ancona, in *Arte Cristiana*, 1917.
• Giachini P., L'abbazia di S.Fermano in Montelupone, in *Atti e memorie della Reale Deputazione di Storia Patria per le Marche*, XV (1937).
• Giovannelli G., L'Abbadia di S.Tommaso in Foglia nel millennio della fondazione (970-1970), in *Cronache di Provincia*, n. 1/2, 1968.
• Gordini G., S.Croce dei Conti. Chiesa e monastero presso Sassoferrato. Le origini della chiesa secondo uno scritto inedito di D.Giusto Gordini, in *Rivista Storica Benedettina*, Anno V°, vol. V°, 1910.
• Leonardi C., Di S.Vincenzo vescovo e martire di Bevagna e della chiesa di S.Vincenzo del Furlo, in *Bollettino della Deputazione di Storia Patria per l'Umbria*, vol. LXVII (1970).
• Marcante A., Scarso G., S.Vittore delle Chiuse presso Genga di Ancona, in *L'Architettura* VI.
• Mariotti C., La chiesa di S.Angelo in Montespino, in *Rassegna Marchigiana*, 1924.
• Motterle E.F., S.Maria di Portonuovo presso Ancona, in *L'Architettura* III.
• Pacini D., Possessi e chiese farfensi nelle valli picene del Tenna e dell'Aso (sec. VIII°-XII°), in *Atti e memorie della Deputazione di Storia Patria per la Marche*, n. 86 (1981).
• Pacini D., I monaci di Farfa nelle valli picene del Chienti e del Potenza, in *Studi Maceratesi*, n. 2 (1966).
• Pavan V., Pasotto T., S.Giusto di San Maroto, in L'*Architettura* IX.
• Prete S., I Monaci benedettini nella chiesa fermana, in *Studia Picena*, 1948.
• Sassi R., Intorno all'origine di S.Ansuino di Avacelli, in *Rassegna Marchigiana*, 1929.
• Sassi R., Due documenti capitali sulle origini del monastero di S.Vittore delle Chiuse, in *Rassegna Marchigiana*, 1930.

• Selvelli C., Note sul romanico e gotico a Fano, in *Studia Picena*, 1930.
• Sensi M., Due lastre istoriate a Montemonaco firmate dai maestri scultori Guitonio e Atto (1039-1050 ca.), in *Rivista dell'Istituto Nazionale d'Archeologia e Storia dell'Arte S. III*, VI-VII, 1983-84.
• Serra L., Chiese romaniche delle Marche. S.Maria della Piazza di Ancona, in *Rassegna Marchigiana*, 1925.
• Serra L., Monumenti cristiani del V° e VI° secolo scoperti in Ancona sotto la chiesa di S.Maria della Piazza, in *Rassegna Marchigiana*, 1929.
• Serra L., Riflessi bizantini nell'architettura romanica delle Marche, in *Architettura e Arti decorative*, n. V (1926).
• Serra L., Chiese romaniche delle Marche. La chiesa de "Le Moje", in *Rassegna Marchigiana*, 1923.
• Serra L., Chiese romaniche delle Marche. S.Vittore di Chiusi, in Rassegna Marchigiana, 1922.
• Vasina A. Aspetti e problemi di storia plebana nelle Marche (sec. XI-XIV), in *Studia Picena*, 1978.

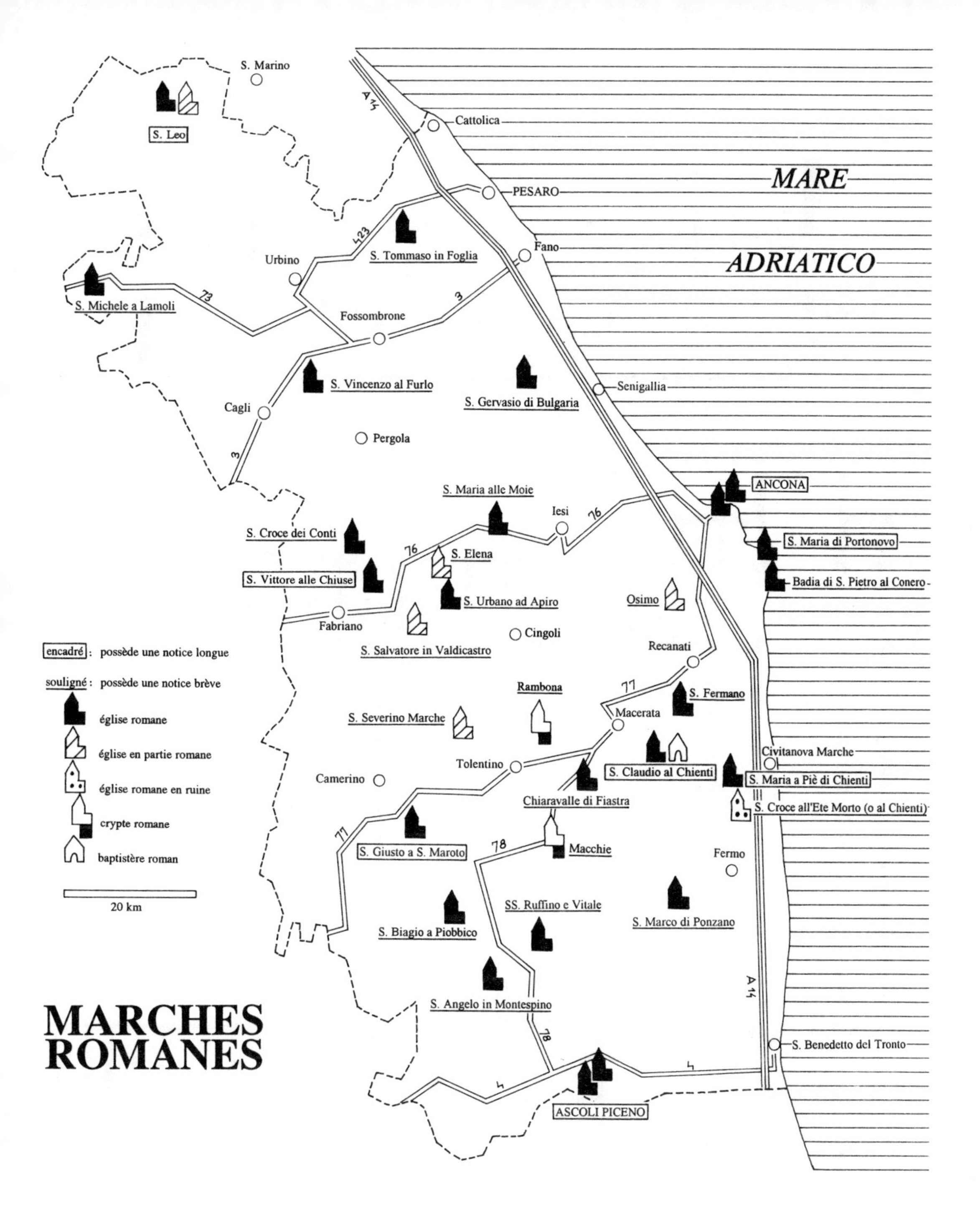
S. Marino
S. Leo
Cattolica
A 14
MARE
ADRIATICO
PESARO
Fano
423
S. Tommaso in Foglia
Urbino
S. Michele a Lamoli
73
3
Fossombrone
S. Vincenzo al Furlo
S. Gervasio di Bulgaria
Senigallia
Cagli
Pergola
S. Maria alle Moie
ANCONA
Iesi
76
S. Croce dei Conti
S. Maria di Portonovo
S. Elena
S. Vittore alle Chiuse
Badia di S. Pietro al Conero
S. Urbano ad Apiro
Osimo
Fabriano
Cingoli
S. Salvatore in Valdicastro
Recanati
encadré : possède une notice longue
souligné : possède une notice brève
église romane
église en partie romane
église romane en ruine
crypte romane
baptistère roman
20 km
Rambona
77
S. Fermano
S. Severino Marche
Macerata
Tolentino
S. Claudio al Chienti
Civitanova Marche
Camerino
S. Maria a Piè di Chienti
Chiaravalle di Fiastra
S. Croce all'Ete Morto (o al Chienti)
S. Giusto a S. Maroto
78
Macchie
Fermo
SS. Ruffino e Vitale
S. Marco di Ponzano
S. Biagio a Piobbico
S. Angelo in Montespino
MARCHES
ROMANES
S. Benedetto del Tronto
4
ASCOLI PICENO

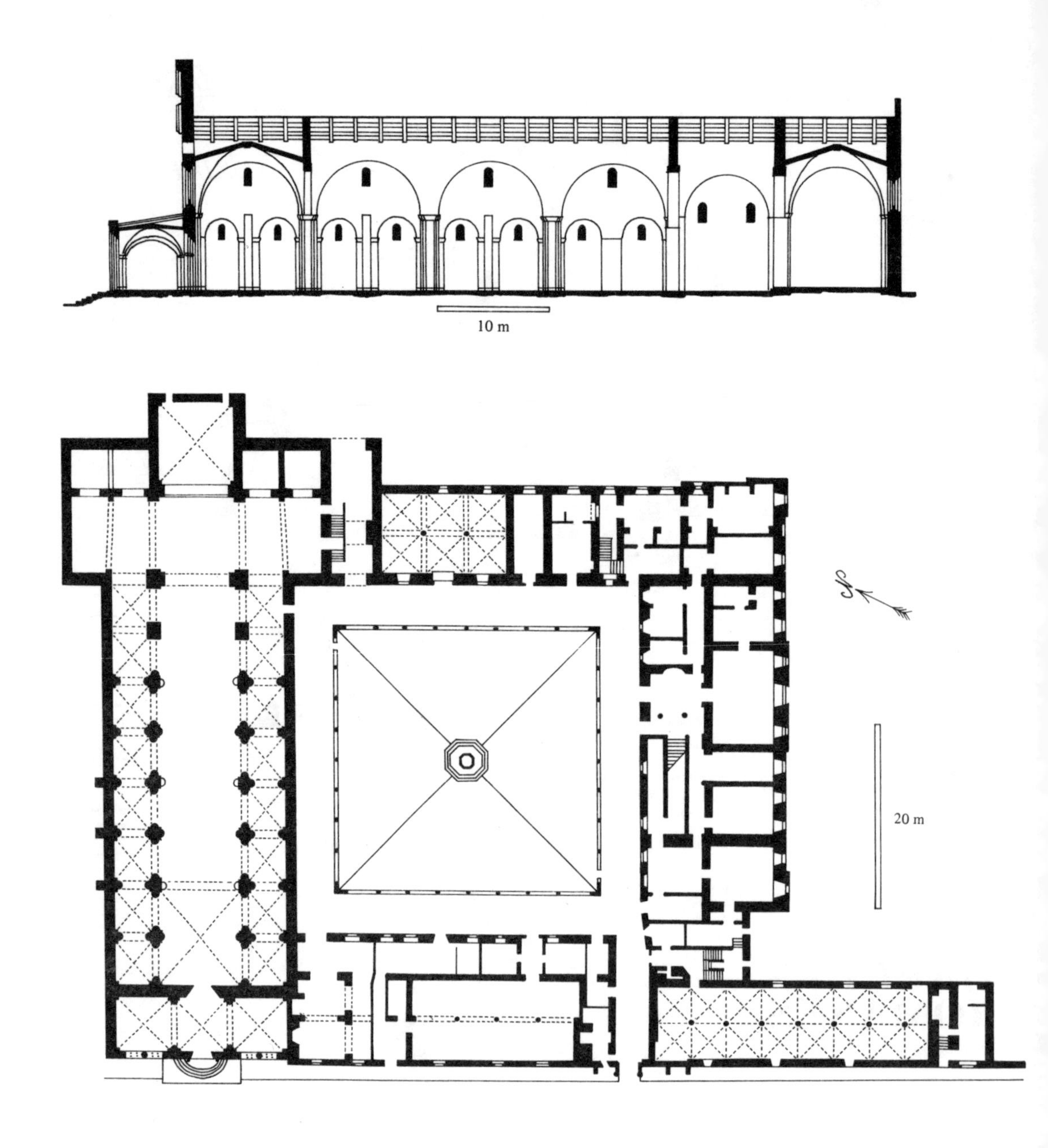

ABBAZIA DI FIASTRA
COUPE ET PLAN

NOTES SUR

QUELQUES ÉGLISES ROMANES DES MARCHES

1 *ABBAZIA DI FIASTRA. SANTA MARIA DI CHIARAVALLE DI* Fiastra a été l'une des abbayes les plus importantes des Marches et représente encore l'un des édifices majeurs de la région.

Avec le monastère de Sainte-Marie de Castagnola, elle constitue en outre un exemple de réalisation dans les Marches du programme cistercien, inspiré de la doctrine esthétique et philosophique de saint Bernard.

Le vaste ensemble, composé de l'église du monastère et du cloître (autour duquel s'ordonnent les bâtiments), s'élève dans la vallée du torrent Fiastra qui se jette dans le Chienti quelques kilomètres plus bas.

L'abbaye est pourvue d'une riche documentation aux Archives d'État de Rome (plus de 3000 «chartes de Fiastra») qui a permis une reconstitution précise de son histoire. Nous savons qu'elle a été fondée en 1142 à l'initiative de Guarnerius II – duc de Spolète et marquis d'Ancône – qui donna le terrain à bâtir à un groupe de moines cisterciens venant de l'abbaye mère de Chiaravalle près de Milan.

A l'emplacement du monastère existait déjà une petite église que, de l'avis de Pacini, on peut identifier comme celle de Saint-Benoît confiée par l'empereur Otton I à l'abbé Hildebrand, chassé en 971 de l'abbaye de Santa Vittoria in Matenano (issue de Farfa).

Monseigneur Otello Gentili («*L'abbazia di Chiaravalle di Fiastra*», 1978, p. 32) rapporte que «les récentes restaurations de l'édifice ont permis de retrouver le plan de cette église primitive, incorporée ensuite par les cisterciens dans le monument grandiose construit par eux. Elle devait être très petite, occupant une partie du sanctuaire et du transept de l'église actuelle».

La nouvelle église abbatiale fut construite selon les principes du style roman bourguignon, commun aux églises cisterciennes. Elle se réfère à l'évidence à l'édifice milanais (1135) dont est repris non seulement le plan – issu de modèles français (cf. Clairvaux) – mais aussi le décor et le matériau de construction (brique rouge), traditionnel dans le roman lombard.

La construction de l'église des Marches, où furent employés des matériaux provenant des ruines de l'antique Urbs Salvi, s'étendit sur au moins cinquante ans, comme il résulte d'un parchemin de 1196, par lequel un compromis était conclu entre les moines et le seigneur du château d'Urbisaglia pour régler le transfert des précieux restes de la ville romaine abandonnée.

Favorisée de privilèges et d'exemptions (l'abbé était l'unique autorité religieuse et civile du territoire qui lui était assujetti) et aussi enrichie de legs et de donations, les possessions de Sainte-Marie de Chiaravalle di Fiastra s'étendirent rapidement.

C'est ainsi que sur ce territoire s'élevèrent quelques forteresse de défense et de nombreuses «granges», petits établissements agricoles dépendant du monastère.

En 1422, l'abbaye fut impliquée dans la

guerre entre le seigneur de Fermo et le condottierre Braccioforte di Montone, lequel pour punir l'hostilité de l'abbaye qui tentait d'empêcher le passage vers Fermo, en pilla les bâtiments agricoles et en détruisit partiellement l'église (tour-lanterne, toits et cloître).

Les moines survivants et l'abbé se retirèrent et allèrent vivre dans une de leurs propriétés à Urbisaglia. A la suite de cet événement, Calixte III céda l'abbaye en commande à son neveu Rodrigo Borgia, ouvrant ainsi la longue série des cardinaux commendataires (de 1456 à 1581) qui s'employèrent à restaurer les bâtiments conventuels et l'église.

Au cours du XVe siècle, on répara le cloître et la couverture de l'église, on exécuta quelques fresques à l'intérieur et on adossa un narthex à la façade.

A la mort du dernier abbé commendataire, Grégoire XIII donna l'abbaye au collège romain des jésuites qui, à leur tour, apportèrent quelques modifications à l'édifice (superstructures baroques et crépissage général de l'église).

Après la suppression de la Compagnie de Jésus par les soins de Clément XIV (1773), l'ensemble tout entier fut vendu à des particuliers (famille Bandini).

La cession faisait obligation aux marquis Bandini de maintenir ouverte au public et desservie l'église, qui passa sous la dépendance de l'évêque de Macerata.

Cette église a été restaurée dans les années 1964-1965; à cette occasion on répara le toit et on supprima les crépis et les revêtements baroques. L'enlèvement de l'autel en bois du sanctuaire, remplacé par un autel païen précédemment utilisé comme bénitier, a aussi remis au jour une fresque représentant la Crucifixion, daté de 1473.

Rappelons enfin que, à l'initiative de la fondation Giustiniani-Bandini (héritière des biens de l'abbaye), les moines cisterciens occupent à nouveau Fiastra depuis 1985.

L'ensemble monastique, bien remis en état par la restauration, est entièrement entouré de bois et de prairies, rendus fertiles par les soins des moines qui ont su réhabiliter ce territoire, à l'origine marécageux et privé de cultures.

Du côté Ouest, l'abbaye est aujourd'hui flanquée d'une route nationale sur laquelle donne le porche de l'église.

Les liens étroits avec la Chiaravalle milanaise, fondée par saint Bernard et donc particulièrement fidèle à sa conception de la rationalité de la forme, expliquent la parfaite adhésion de la fondation de Fiastra aux idéaux architecturaux bernardins, basés sur le concept central d'une architecture construite comme une structure mathématique, c'est-à-dire une harmonie de proportions numériques.

Le programme esthétique cistercien visait en effet à dépasser la recherche d'une beauté sensible, liée aux objets «finis» (décor, couleurs, etc.), et poursuivait un type de beauté spirituelle, perceptible par un processus intellectuel.

D'où le parti d'établir un module pour servir de base à la composition et à la proportionnalité entre les divers éléments de l'édifice, module caractérisé par la figure géométrique du carré, qui (comme l'a remarqué Rosa Maria Albino Savini, «*L'Abbaziale Cistercense di S. Maria in Castagnola*» p. 39) «a pour fonction d'évoquer simultanément les quatre évangiles, les quatre fleuves de l'Eden, les quatre vertus cardinales, les quatre éléments dont est fait le monde et enfin les quatre dimensions du Dieu bernardin (longueur, largeur, hauteur, profondeur)».

Tous les éléments de l'ensemble monastique sont ainsi organisés autour du corps carré du cloître, et l'église résulte de la division et de la multiplication de la même figure.

Dans le cas de Fiastra, le bâtiment présente un plan en croix latine divisé en trois nefs par des piliers polystyles et terminé par un transept avec un chœur à fond plat et quatre absidioles rectangulaires, de la largeur des travées des nefs latérales. La largeur interne du transept est celle du cloître du côté cour et est égale à six fois la mesure du côté des absidioles.

Le nombre élevé des absidioles (5 ou 7), présentes dans chaque église cistercienne, est justifiée par la Règle elle-même qui impose à chaque moine la célébration quotidienne de la Sainte Messe. L'abside centrale, de plus grandes dimensions, est réservée à la célébration plus solennelle de l'abbé.

Même la distribution des locaux monastiques est codifiée et répond à un critère fonctionnel précis, basé sur e programme établi par l'Ordre.

L'église, orientée, est toujours située au Nord de l'ensemble, pour ne pas projeter d'ombre sur les autres bâtiments de l'abbaye; près du sanctuaire, du côté Est se trouve la salle capitulaire, et à l'étage supérieur les cellules des moines : le dortoir est relié au sanctuaire par un escalier pour faciliter l'accès à l'église aux vigiles nocturnes; les deux réfectoires (des moines et des convers) se situent enfin du côté du monastère tourné vers le midi et sont séparés par des pièces affectées à la cuisine et à la dépense.

Après le suppression des crépis, l'élévation de l'église de Fiastra est réapparue avec son parement de brique rouge, allégé par l'insertion d'éléments en marbre.

Le porche du XVe siècle (rénové en 1904) est composé de trois espaces voûtés d'arêtes et éclairés par des paires de fenêtres triples. Ses lignes architecturales s'harmonisent avec la façade à rampants interrompus et en accusent l'agencement essentiellement horizontal.

Le décor de la façade est confié à une série de petits arcs brisés qui forment une légère saillie à la hauteur des rampants du toit. Au milieu du fronton, la surface unie de la maçonnerie est interrompue par une grande rose en marbre, au cercle polylobé, aux rayons faits de douze colonnettes.

Une fenêtre analogue, en forme de roue avec huit colonnettes, est placée au centre de la face postérieure dont on ne peut apprécier l'agencement originel des volumes par suite de l'adjonction ultérieure de quelques corps de bâtiment. Sur les flancs de l'église, percés de fenêtres cintrées (celles de la nef centrale plus hautes et plus étroites), on retrouve la frise de petits arcs brisés qui suit le bord supérieur de la nef centrale.

L'intérieur de l'édifice, auquel on accède par un riche portail ébrasé et revêtu de marbres polychromes, présente un agencement spatial de type encore roman par le ferme caractère plastique des membrures qui définissent clairement le volume dans ses valeurs dimensionnelles et géométriques.

Le parement en brique offre des effets chromatiques très étudiés, fruit de la différence de ton entre la brique et la pierre qui constitue les bases et les chapiteaux des piliers, ainsi que le rouleau interne des arcs.

La nef centrale se compose de quatre travées auxquelles correspondent huit petites travées dans les nefs latérales.

Deux types différents de supports polylobés sont en alternance, assurant l'équilibre de la composition de l'espace intérieur: les piliers qui supportent les quatre voûtes en croisée d'ogives de la nef principale (dont seule la première a été reconstruite, les autre étant remplacées par une charpente apparente) présentent du côté de la nef centrale une demi colonne interrompue à 2 m 40 du sol, tandis que les supports intermédiaires sont caractérisés, de ce même côté, par des demi-colonnes partant du sol et coupées à une hauteur légèrement supérieure à celle du sommet des arcades.

Les nefs latérales conservent intactes les petites voûtes d'arêtes originelles, séparées par des arcs transversaux en plein cintre qui retombent sur des demi-colonnes adossées aux murs gouttereaux et aux piliers.

Les deux derniers supports sont des piliers carrés en maçonnerie que Caraceni («*L'abbazia di Santa Maria di Fiastra*», p. 64) attribue à l'église bénédictine antérieure.

Dans sa recherche, typiquement romane, d'un dépassement progressif de la structure basilicale conçue comme une masse monolithique et unifiée, l'intérieur de l'église de Fiastra répond donc à l'intention de construire un organisme de type modulaire, formé de la juxtaposition d'unités spatiales individuelles. L'agencement du mur comporte, en conséquence, une différenciation des supports qui deviennent des faisceaux polylobés au lieu des piliers carrés, cependant que le rythme de l'espace devient plus intense et plus complexe.

A la croisé du transept devait s'élever la tour-lanterne, détruite en 1422 et jamais reconstruite.

C'est par contre une couverture en voûte d'arêtes que présente l'abside carrée, dont le fond est orné de fresques.

Des fragments de fresques demeurent aussi dans les quatre chapelles terminales voûtées en berceau. Comme on l'a dit, ces peintures appartiennent à l'époque des cardinaux commendataires, car elles sont incompatibles avec l'esthétique cistercienne qui refusait toute représentation imagée.

Même les sculptures des chapiteaux – seuls éléments proprement décoratifs à l'intérieur de la basilique – représente uniquement des motifs végétaux (feuilles, rameau, etc.) stylisés jusqu'à une totale géométrisation des formes.

Pour en revenir aux fresques, précisons que seules celles au centre du sanctuaire sont datées (1473), même si plusieurs ressemblances stylistiques incitent à estimer que certaines des peintures des chapelles appartiennent à la même école (Giovanni Boccati da Camerino?)

Sur le fond de l'abside carrée se trouve une Crucifixion entourée d'un cadre peint et flanquée de figures de saints (saint Benoît et saint Bernard) dans des niches où à l'origine s'ouvraient deux fenêtres. A côté est figuré le cardinal commanditaire, Latino Orsini. La fresque au côté droit de l'abside (saint Jérôme pénitent) est attribuée au XVIIe siècle.

La première chapelle dans le bras gauche du transept présente une petite Annonciation, au dessus des personnages de saint Pierre et de sainte Catherine, qui semblent contemporains de la Crucifixion mentionnée plus haut.

Les chapelles à droite du sanctuaire conservent de plus vastes surfaces peintes: la translation de la Santa Casa (XVIIe siècle) et l'histoire des saints moines Antoine et Paul (XVe siècle).

D'autres fresques enfin sont conservées vers le milieu de la nef latérale de droite (Vierge avec des saints, 1539), sur le quatrième pilier de gauche (saint Amicus, 1539) et sur le dernier pilier de gauche (Vierge à l'Enfant, fin XIVe siècle).

2 APIRO. SANT'URBANO. L'ABBAYE SAINT-URBAIN S'ÉLÈVE ISOLÉE *sur la rive gauche du torrent Esinante, affluent du fleuve Esino.*

Le monastère bénédictin est mentionné pour la première fois dans une convention de 1033, conclue avec l'abbé de San Vittore alle Chiuse. La fondation de l'établissement monastique est donc antérieur à cette

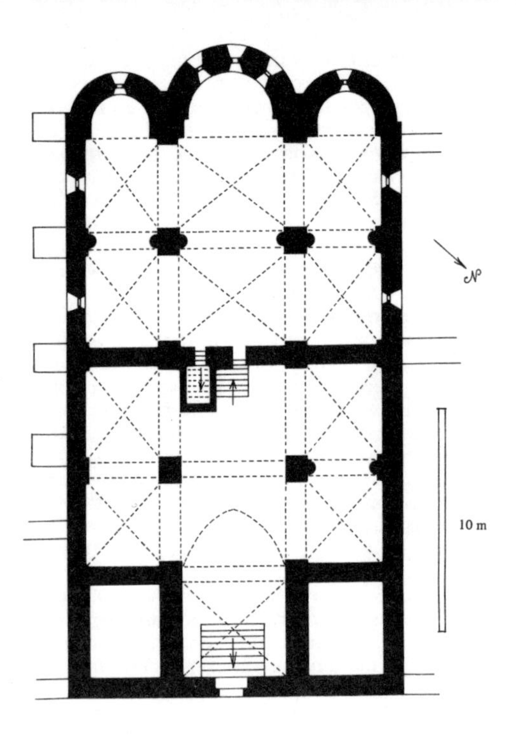

APIRO

date et peut se situer entre le X*e* *et le* XI*e* *siècle, époque à laquelle le monachisme bénédictin se développa et se répandit dans la vallée de l'Esino.*

Amatori («Le Abbazie e Monasteri Piceni», p. 19 et 20) affirme que l'église Saint-Urbain fut consacrée par l'évêque Camerte Hugone en 1008 et il énumère les biens du monastère: les châteaux de Radossa et de la Fajeta, la ferme de San Giovanni, ainsi que de nombreuses églises et prieurés sous sa dépendance. Dans la première moitié du XIII*e* *siècle, le monastère entra dans un violent conflit avec la commune d'Apiro voisine, qui avait l'intention d'étendre son autorité sur le château de Saint-Urbain.*

Malgré la protection de la commune de Jesi, à laquelle l'abbaye s'était volontairement soumise en 1219, les forces militaires d'Apiro causèrent de graves dommages à l'église et au monastère (1224).

A la suite de ces événements, l'ensemble monastique fut partiellement reconstruit et agrandi.

En 1442, le monastère, désormais en décadence, fut incorporé à l'abbaye de Valdicastro jusqu'à ce que, en 1810, il devienne propriété privée.

L'église abbatiale Saint-Urbain présente un plan à trois nefs séparées par des piliers, et est partiellement prise dans un ensemble de bâtiments agricoles adossés à ses flancs.

Les murs sont faits de pierre et de brique et présentent des anomalies dues à des interventions d'époques diverses qui rendent bien difficile de retrouver la forme ancienne de l'église.

La façade n'est conservée que dans la partie centrale, qui reprend le schéma habituel des églises bénédictines des X*e* *et* XI*e* *siècles, avec un portail central à ressauts et un arc de décharge.*

Deux fenêtres rectangulaires, en tout semblables à celles des locaux agricoles voisins, ont été percées dans la partie supérieure de la façade, fortement surélevée. Sur le rampant de droite enfin on a ajouté un clocher peigne. Ces modifications tardives rendent difficilement reconnaissable l'aspect originel de la façade qui devait présenter des rampants interrompus et être renforcée par des lésènes (en partie conservées).

Le flanc droit de l'édifice est totalement englobé dans les constructions postérieures. Sur le côté opposé, en grande partie visible, demeure au niveau des deux dernières travées un décor d'arceaux et de colonnettes en pierre claire qui contraste avec la tonalité dorée du mur en brique. Des bordures en pierre relèvent aussi les quelques fenêtres qui subsistent. Le mur de ce flanc est renforcé par quatre robustes contreforts et laisse voir la nette surélévation de la première travée de l'église et le rehaussement plus faible des deux dernières.

Des ouvrages de maçonnerie ajoutés sur le côté gauche modifient également le mur à rampants interrompus de la face postérieure. Sur les trois absides semi-circulaires qui y sont adossées fait retour le décor de fines colonnes en pierre et d'arceaux, avec en plus une corniche dentelée le long du bord supérieur de l'abside majeure.

Du portail d'entrée un court escalier descend dans la partie centrale de la première travée, réduite à une sorte de vestibule d'entrée à l'église.

L'intérieur, basilical, est rigoureusement divisé en deux zones par un mur élevé jusqu'au plafond, à l'extrémité de la troisième travée.

De robustes piliers carrés et des arcs de passage en plein cintre répartissent l'espace de la partie antérieure (destinée aux fidèles) en trois nefs. Les latérales sont couvertes de voûtes d'arêtes, tandis que la nef centrale présente une voûte en berceau brisé renforcé par un arc transversal qui retombe sur des pilastres dans le prolongement des piliers situés au dessous.

Les pilastres et les arcs transversaux des nefs latérales devaient retomber sur des demi-colonnes adossées aux supports carrés et aux murs gouttereaux, comme on peut le voir dans la nef de droite.

Contre le mur de séparation, sur la gauche de la nef centrale, est placé une chaire en maçonnerie sous laquelle descend un escalier d'accès à la crypte enterrée.

Toujours dans la nef centrale, à côté de la chaire se trouve un escalier qui mène la zone surélevée du sanctuaire de l'église, par une petite porte cintrée percée dans ce mur de clôture.

Il est superflu de faire remarquer qu'une telle structure de séparation, allégée dans sa partie centrale supérieure par deux grandes fenêtres au cintre brisé, est le fruit d'un aménagement, comme en témoignent quelques incohérences architecturales, tel le décentre-

ment de l'accès au sanctuaire et les irrégularités de la maçonnerie.

Au XIVe siècle, le mur fût partiellement revêtu de fresques dont subsistent de larges fragments: une représentation de saint Urbain sur un trône, flanqué d'anges (du côté droit de la porte cintrée) et une Crucifixion (à l'extrémité de la nef latérale de droite).

A la même époque remonte la Vierge à l'Enfant, peinte à la fresque sur la porte d'entrée de la crypte.

La zone du sanctuaire de l'église constitue un espace à part conçu pour l'usage exclusif des moines et composé lui aussi de deux travées divisées en trois nefs. Les nefs latérales sont de style roman, basses et couvertes de voûtes d'arêtes retombant sur des arcs en plein cintre; la nef centrale par contre est fortement rehaussée par des voûtes en croisée d'ogives.

L'agencement rythmique résultant d'éléments verticaux (colonnettes) et horizontaux (arceaux) observé à l'extérieur est repris aussi dans la vaste cavité de l'abside moyenne, où se trouvent trois grandes fenêtres.

Les arêtes des voûtes retombent sur des piliers carrés, avec demi-colonnes aux faces tournées vers les nefs.

Il convient d'accorder un traitement à part au corpus des chapiteaux, dont l'un se trouve sur le pilier de droite de la zone antérieure de l'église, cinq dans le sanctuaire et deux engagés au revers de la façade.

Les chapiteaux présentent un décor de motifs humains et animaux à côté d'entrelacs géométriques et floraux ou de motifs d'arceaux. Le genre de technique en méplat et les sujets représentés renvoient au XIe-XIIe siècle en raison de la ressemblance avec les exemples de la salle capitulaire de l'abbaye de Valdicastro et de l'église de Saint'Ansovino (Avacelli).

La crypte de Saint-Urbain, attribuée par Serra au XIIIe siècle, se compose de trois espaces séparés par des murs et correspondant aux nefs du sanctuaire au dessus.

L'espace central est, comme il arrive souvent, encore divisé en trois par huit colonnes polygonales (quatre de chaque côté), sur des bases de types divers, avec des chapiteaux chanfreinés aux angles et des colliers torsadés.

Dans l'ensemble, le remaniements de l'édifice ont amené des altérations de la structure primitive qui ne permettent pas toujours une restitution assurée de la situation de départ.

Les superpositions stylistiques, présentes aussi bien à l'extérieur qu'à l'intérieur de l'église, nous donnent toutefois la possibilité de formuler au moins des hypothèses sur son histoire architecturale.

La nette différence entre la zone antérieure, sévère et massive, et la zone postérieure du sanctuaire, fort élancée, nous conduisent à repérer dans les trois premières travées le noyau qui subsiste de l'église primitive (XIe siècle) qui ne devait guère être différente du prototype bénédictin de cette époque (cf. San Vincenzo al Furlo, Sant'Angelo in Montespino) avec trois nefs absidées séparées par des piliers carrés, une couverture en charpente apparente, un haut sanctuaire construit au dessus de la crypte et raccordé à la nef par un petit escalier central.

Après les dévastations du XIIIe siècle, l'église fut largement reconstruite, selon le modèle de l'église abbatiale voisine, Sainte-Hélène près de Serra San Quirico (fin du XIIe siècle), dont l'édifice semble reprendre l'élan gothique et le plan à quatre travées couvertes de voûtes.

A cette intervention devait en effet remonter l'obturation partielle de la première travée, la couverture de la zone antérieure par une voûte en berceau centrale et des voûtes d'arêtes latérales, (retombant sur des demi-colonnes adossées aux piliers) ainsi que le remaniement de la zone du sanctuaire (y compris la crypte au dessous), et aussi le rehaussement du toit de la nef centrale et la construction des voûtes.

Le mur de séparation entre les deux moitiés de l'église fut probablement surélevé pour recevoir les poussées de la nouvelle couverture, et ensuite allégée par des ouvertures qui permettent une vue partielle du sanctuaire.

A une époque plus tardive mais impossible à préciser, on rapporte enfin le rehaussement du corps de façade, l'adossement des bâtiments agricoles et les diverses adjonctions architecturales visibles à l'extérieur.

APSELLA (COMMUNE DE MONTELABBATE). SAN TOMMASO IN FO- **3** glia. A l'écart dans la plaine, près du torrent Apsella, presque à son confluent avec le Foglia, se dresse l'église Saint-Thomas l'Apôtre, unique vestige d'un ensemble abbatial.

Une bulle de Clément I (1188) la dit fondée par l'évêque de Pesaro, Albert, connu vers 980, et donc une année seulement après la reconnaissance de la règle de Cluny, qui fut à la base d'une nouvelle floraison monastique.

Son emplacement, sur la route reliant Rimini à Urbino, du côté de la Via Flaminia conduisant à Rome, en fait une étape importante.

En 1047, le 9 octobre, y mourut le pape Clément II – élu depuis moins d'un an – venu là à la demande de son conseiller saint Pierre Damien, pour visiter les diocèses de Pesaro et Fano.

En 1137 y séjourna aussi l'empereur Lothaire III. Trois siècles plus tard, plusieurs guerres locales et la décadence des édifices amenèrent la suppression de l'abbaye, décrétée par Nicolas V en 1437 et entérinée en 1451. En 1870, ses biens furent l'objet d'une expropriation par l'État et vendus aux enchères : de l'église reste en service la nef centrale, tandis que les latérales séparées par des cloisons en briques, furent utilisées en partie comme résidence et en partie comme bâtiments agricoles.

Revenue à la paroisse en 1971, l'église a été restaurée de 1972 à 1980.

Il s'agit d'un édifice basilical à trois nefs, avec une seule abside, construite en pierre grise apparente, tirée de carrières voisines, parfois gravée de fines stries en arête de poisson.

La façade à rampants interrompus est

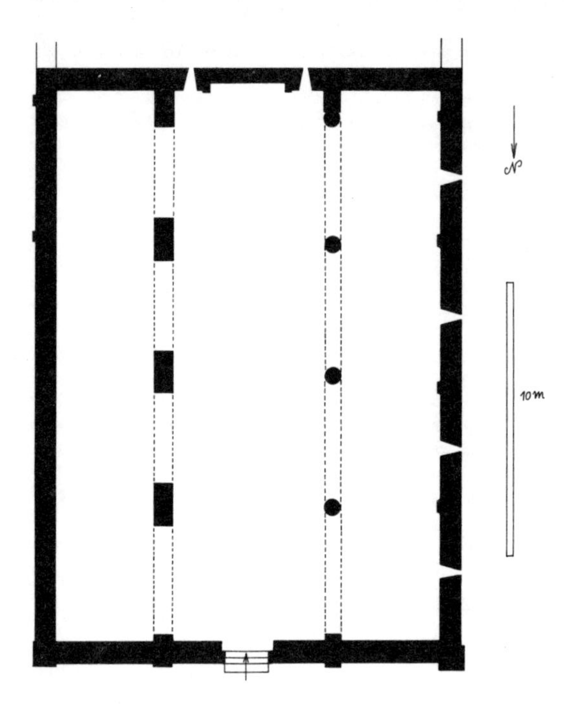

APSELLA

scandée de lésènes selon l'usage lombard avec à la base un bahut qui fait retour sur les côtés; l'unique porte est surmontée d'un linteau et d'un tympan; dans le haut s'ouvre une fenêtre double avec colonnette médiane. Sur la porte sont sculptées en relief trois croix sur une base triangulaire (symbole non déchiffré), placées là à l'occasion de la mort de Clément II, selon Olivieri.

Le flanc gauche présente une autre entrée qui donnait peut-être accès à la chapelle abritant la tombe du pape; la porte est surmontée d'un arc en plein cintre. Le voussoir à la clé est gravé d'une croix formée de bandeaux entrelacés (nœud de Salomon?); au dessus de la porte est gravée une autre croix comme celle de la façade, à côté de laquelle est encastré un petit relief avec un animal.

Le flanc droit – très restauré – présente de petites fenêtres ébrasées.

L'abside, plus étroite que la nef centrale, est semi-circulaire. L'intérieur de l'édifice est à trois nefs et cinq travées, avec des grandes arcades en plein cintre, à droite sur des colonnes originelles, à gauche sur des piliers dus à la restauration, les colonnes s'étant écroulées du fait d'un tremblement de terre en 1781.

Le toit est en charpente apparente : la faible différence de hauteur entre les nefs ne permet pas l'ouverture de fenêtres dans la nef centrale. Le linteau de la porte d'entrée, lisse à l'extérieur, est par contre ici décoré de motifs végétaux : vigne et sarments. Les deux premières colonnes ont des chapiteaux du haut Moyen Age bas et carrés, décorés de quatre rangées de petits cubes en relief formant damier; les deux autres ont un simple dé comme base et un dé plus un tailloir comme chapiteau. La cinquième travée est incomplète : ce qui conduit à penser que le mur terminal résulte d'une modification ultérieure. L'hypothèse tirée de la description d'Olivieri est que l'abside était constituée d'un petit temple romain, écroulé ensuite : le fait que le devant de l'autel avec saint Thomas (XVIIe siècle), peint pour l'église, représente aussi une église à cinq colonnes suggère que cette dimension se soit conservée longtemps, peut-être même jusqu'au tremblement de terre de 1781 et que l'abside soit donc le résultat d'un aménagement.

Au delà des hypothèses, on a retrouvé sur place de nombreux vestiges, soit romains parmi lesquels justement un fragment de corniche de temple, soit du haut Moyen Age; on en conserve quelques-uns dans l'église : on y remarque un chapiteau avec des masques barbares, l'un avec un double visage (le premier visible d'en haut, le second d'en bas).

Autour de l'église se trouvaient les bâtiments monastiques, tous disparus, que défendaient des fossés creusés par le torrent : une gravure du XVIIIe siècle en montre les derniers restes en même temps que l'état alors transformé de l'église.

ASCOLI PICENO. SANTI VINCENZO E ANASTASIO. SITUÉE 4

dans la partie Nord du centre d'Ascoli Piceno datant du haut Moyen Age, l'église des Saints Vincent et Anastase donne sur une place où, comme l'a fait remarquer G. Troli («Ascoli e il suo territorio» p. 181), se concentrèrent les activités sociales et commerciales avec d'indéniables conséquences sur les remaniements subis par l'église».

L'église originelle, fondée au XIe siècle sur une crypte pré-existante, était en effet bien différente de l'édifice monumental que l'on voit aujourd'hui : elle n'avait qu'une seule nef, plus courte que l'actuelle, et elle était séparées du clocher de base carré.

En 1389 fut achevé l'agrandissement de l'édifice, rappelé par une inscription fixée à gauche du portail latéral de droite :

hoc op fcm fiut – tp/venerabil viri
DNI SALLADINI MATEI POR ECC S.
ANESTA XII SUB AN D.M.CCC/LXXXVIII
TPV/RBAI P.P. VI XI IND.

A cette intervention on doit la disposition de l'église en trois nefs et sa prolongation jusqu'à englober le clocher.

L'intégration du clocher est évidente tant à l'extérieur qu'à l'intérieur de l'édifice du fait du raccord mal agencé de la maçonnerie et de la présence d'une fenêtre donnant sur la nef centrale. Les caractères stylistiques de la tour, terminées dans le haut par quatre fenêtres doubles, ne laissent par ailleurs aucun doute sur la date ancienne de sa contruction (Xe / XIe siècle), car ils rappellent un modèle qui s'est développé en milieu lombard à partir du IXe siècle (cf. le clocher des Moines près de Saint-Ambroise de Milan).

La basilique des saints Vincent et Anastase, bien orientée, se compose de trois nefs et d'une abside à l'extrémité de l'allée centrale. Dans l'ensemble l'édifice suit le modèle des églises d'Ascoli, étant construit de petits blocs rectangulaires de travertin soigneusement appareillés, et caractérisés par des façades qui se terminent à l'horizontale et des portails au riche décor sculpté.

La comparaison s'impose immédiatement et spontanément avec les églises du roman tardif de l'Aquila, elles aussi unies par les mêmes éléments distinctifs (la façade horizontale, l'emploi du travertin et le caractère des portails ébrasés) et témoins de la persistance de la traditions romane à une époque très tardive (XIIIe-XIVe siècles).

Le lien avec le milieu abruzzain, en particulier celui de l'Aquila, est dans le cas présent encore plus marqué par la division de la façade en panneaux qui renvoie à l'église Saint Juste à Bazzano (au voisinage de l'Aquila): édifice élevé au XIIIe siècle sur des éléments préexistants, du haut Moyen Age.

D'autres exemples de quadrillage de la façade se rencontrent en Ombrie: rappelons-nous Saint-Rufin à Assise (avec des moulures en tout semblables à celles de l'église d'Ascoli) consacrée en 1253; Saint-Pierre à Spolète, avec des sculptures dans des panneaux des XIIe-XIIIe siècles; et la façade de la chapelle Saint-Juvénal à Narni, probablement refaite au XVe siècle.

Sur la façade de la basilique d'Ascoli, un réseau de moulures donne naissance à un damier de soixante quatre carrés (fresqués à l'origine), interrompus au milieu par un grand portail. Le haut de la façade se trouve affecté d'un manque de cohérence par l'insertion, le long du couronnement horizontal, d'une saillie en pignon, décentrée par rapport à l'axe médian et constituée de petits blocs irréguliers assemblés par des couches de mortier.

Le portail central, datable du XIVe siècle, présente une voussure de rameaux feuillus à l'extérieur du triple ébrasement, et des colonnettes torses adossées aux encoignures des piédroits, comme dans une grande partie des églises d'Ascoli.

Les petites statues en ronde bosse, encastrées dans le tympan, sont attribuables à la même période et représentent la Vierge en majesté entre les deux saints auxquels est dédiée l'église.

Autour du tympan se déploie une inscription avec la date de 1036, certainement reprise du portail de l'église précédente.

C'est aussi du XIVe siècle que paraissent les fenêtres ouvertes dans la nef majeure et le dessin des portails latéraux.

La face postérieure, à rampants interrompus, est caractérisée par une abside polygonale: élément d'origine byzantine qui renvoie encore au roman de L'Aquila.

A l'intérieur l'église est divisée en trois nefs par quatre grandes arcades de chaque côté, dont la dernière à gauche est brisée.

Les arcs retombent sur de simples piliers rectangulaires, marqués de moulures linéaires à la place des chapiteaux.

Les murs sont construits de pierre en bossage et la couverture est en charpente apparente.

Le sanctuaire est peu surélevé par rapport à la nef (quatre marches) malgré la présence de la crypte au dessous de lui.

Cette dernière est datée du VIe siècle, sauf par Serra qui l'estime contemporaine de l'église primitive. Sa structure s'écarte, en réalité, du modèle de la crypte au IXe siècle, car elle se présente comme un espace rectangulaire, perpendiculaire à l'axe de l'église et couvert d'un plafond à double pente.

Contre le mur du fond elle conserve une cuve baptismale de forme carrée et à la voûte des traces de fresque du XIVe siècle.

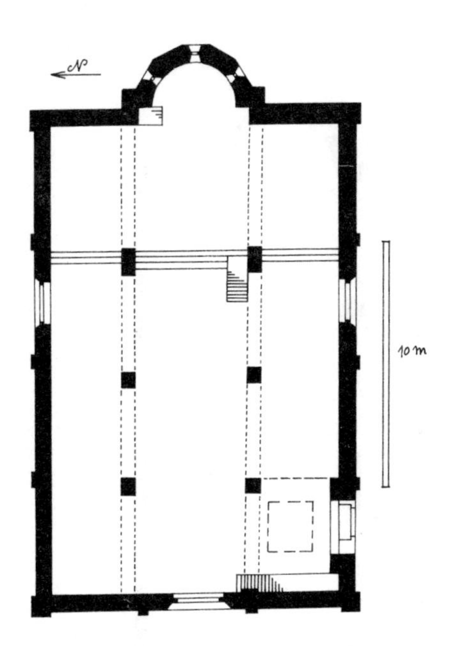

ASCOLI PICENO
SS. VINCENZO E ANASTASIO

5 *ASCOLI PICENO. SAN VITTORE.*

*L'ÉGLISE SAINT-VICTOR EST SI*tuée dans la partie Sud du centre historique d'Ascoli Piceno, à proximité de l'enceinte.

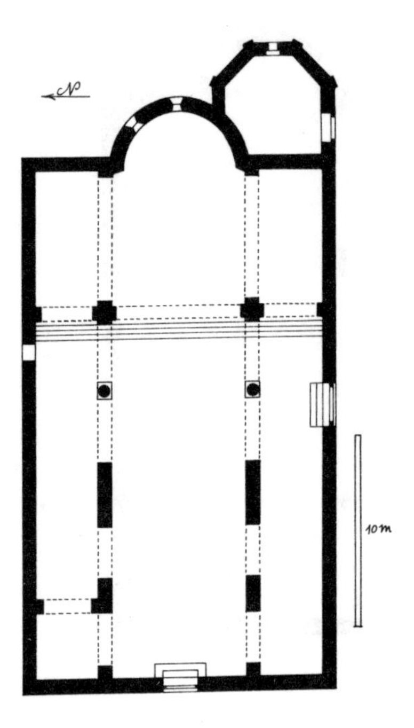

ASCOLI PICENO
SAN VITTORE

Son origine remonte au haut Moyen Age, comme l'a noté Carducci (*«Su le memorie e i documenti di Ascoli»*, Fermo 1853), prouvant par ces documents son existence dès 966, mais l'édifice actuel a été construit entre le XIIe et le XIIIe siècle.

Au XIVe siècle remonte l'adjonction de la sacristie polygonale, située au chevet, adossée au demi-cylindre de l'abside, formant comme une seconde abside.

A cette même époque les murs et les piliers de l'intérieur basilical furent décorés de fresques, qui en recouvrent partiellemement d'autres du XIIIe siècle (certaines fresques ont été décollées et sont aujourd'hui conservées au Musée diocésain).

Une autre série de peintures (Vie de saint Eustache) fut exécutée au XVe siècle sur les murs de la crypte au dessous de la sacristie.

A partir de 1923, on a entrepris la restauration de l'église afin d'éliminer les superstructures ajoutées au cours des siècles et de remettre en état les parties endommagées de l'édifice (comme la rose en façade).

La basilique, bien orientée, présente un parement constitué de petits blocs rectangulaires de travertin, qui la rapproche d'autres édifices romans de la ville. Autres traits communs: l'emploi de la rose en façade, l'alternance de piliers et de colonnes (cf. Santa Maria Intervineas, XIIe-XIIIe siècles) et la présence de la coupole au dessus du sanctuaire, aujourd'hui disparue mais vraisemblablement analogue à la coupole octogonale de Santa Maria Intervineas.

Le plan de Saint-Victor est à trois nefs séparées par cinq arcs de chaque côté retombant sur quatre pilastres rectangulaires, deux fines colonnes et deux piliers cruciformes au niveau du sanctuaire. Une seule abside termine la nef centrale.

La façade, à rampants interrompus, est barrée d'une corniche rectiligne séparant les registres: à la place du rampant de gauche s'élève une clocher inachevé.

Le mur de cette façade n'est percé que de la rose (œuvre de la restauration) et du portail central cintré, bordé de simples moulures.

Un autre portail, de facture semblable, se trouve dans le mur de la nef latérale de droite où s'ouvrent par ailleurs quelques fenêtres à double ébrasement. Des fenêtres doublement ébrasées elles aussi s'ouvrent dans les deux murs hauts de la nef centrale.

A l'intérieur, l'église est caractérisée par son sanctuaire peu surélevé (trois marches de dénivellation seulement) et par son abside de faible hauteur, éclairée par trois fenêtres.

Dans la dernière travée, sur quatre arcs prenait appui la coupole qui devait donner au sanctuaire élan et luminosité.

Dans le mur au dessus de l'arc triomphal, légèrement brisé, s'ouvre une fenêtre double qui avait probablement pour fonction de laisser passer la lumière provenant de la lanterne.

L'intérieur basilical couvert en charpente apparente se trouve modifié par l'absence de cette lanterne; sa disparition a produit l'effet d'écrasement et d'obscurité dont souffre le sanctuaire.

FABRIANO. SAN SALVATORE IN VALDICASTRO. L'ABBAYE DE 6

San Salvatore in Valdicastro (ainsi appelée en raison de la présence d'un «castrum» au Haut Moyen Age) a représenté entre le XIe et le XIVe siècle le centre monastique le plus important de la Vallesina, étendant sa juridiction religieuse sur une centaine d'églises réparties entre la bande côtière de Senigallia à Fermo et la zone comprise entre Città di Castello, Pérouse et Spolète.

La fortune de l'abbaye s'explique par la personnalité charismatique de son fondateur, saint Romuald, qui comme l'écrit Pierre Damien s'établit en 1006 sur la terre de Valdicastro – à lui accordée par les comtes feudataires de la région – pour y édifier son propre ermitage.

Dans un court laps de temps le centre religieux se développa, devenant un ensemble abbatial impor-

tant: legs et donations accrurent la zone d'influence du monastère qui, au commencement du XIIIe siècle, en vint à contrecarrer l'expansion territoriale de la commune de Fabriano.

Après une période d'âpres dissensions, la querelle avec Fabriano se trouva réglée par un accord selon lequel l'abbaye concédait au patrimoine communal un grand nombre de terrains et de bois, en échange d'une protection militaire et d'une contribution importante à la restauration du monastère.

A la suite de la résolution de ce différend politique, l'abbé Marino entreprit la reconstruction de l'église abbatiale, désormais indigne du prestige croissant de l'ensemble monastique, confiant le projet à un certain Maître Tebaldo (Rat. Dec. n° 5297), qui en commença la réalisation en 1262.

En 1350 prirent fin les travaux, qui comportaient aussi l'agrandissement et la fortification du monastère.

Le développement de l'abbaye se prolongea encore pour quelque temps: appauvri par les disettes et les pillages, le monastère de Valdicastro fut réuni en 1427 à celui de Saint-Blaise à Fabriano puis concédé en commende pour devenir plus tard totalement dépendant de l'abbaye de Fabriano (1652).

A la fin du XVIIIe siècle, l'église Saint-Sauveur subit une grave mutilation, par la faute d'un tremblement de terre qui entraîna l'écroulement des deux premières travées.

Devenue propriété privée après les suppressions napoléoniennes (1810), elle fut restaurée au début de ce siècle (par le propriétaire d'alors le marquis Serafini) et encore récemment.

L'abbaye de Valdicastro se présente comme un petit ensemble d'édifices, disposés autour de l'espace carré du cloître et surmontés d'une tour de garde à l'angle Sud-Ouest de l'ensemble.

Au côté Nord s'élève l'église, reconstruite en 1262 dans le style romano-gothique, au dessus d'une crypte remontant à la fondation de saint Romuald (XIe siècle). L'édifice réduit en dimension par la perte des deux premières travées présente un plan rare en croix latine (ou en tau) qui fait écho à un modèle iconographique d'origine paléochrétienne (cf. la Basilica Virginum – aujourd'hui Saint-Simplicien – à Milan, Les églises des Saints-Apôtres – aujourd'hui Sant'Abondio – à Come et l'église Saint-Étienne à Vérone), bien différent du type basilical courant dans les édifices bénédictins des Marches.

Le modèle en croix latine est d'ailleurs utilisé par les bénédictins (surtout les camaldules) en diverses régions, dans la mesure où son plan offre une image anthropomorphe qui a certainement influé sur la diffusion de ce modèle.

Le plan en tau, dont nous avons un exemple à Saint-Paul de Peltuino (XIIe-XIIIe siècle) dans les Abruzzes, ne constitue pas, d'ailleurs, un cas isolé dans la Vallesina, car il trouve une autre application dans l'église bénédictine de Santa Maria delle Stelle (Sainte-Marie des Étoiles, XIIIe siècle) près de Serra San Quirico) qui se distingue par la présence d'une seule abside terminale.

A Saint-Sauveur de Valdicastro le transept est doté de trois absides; l'usage de plusieurs absides ré-

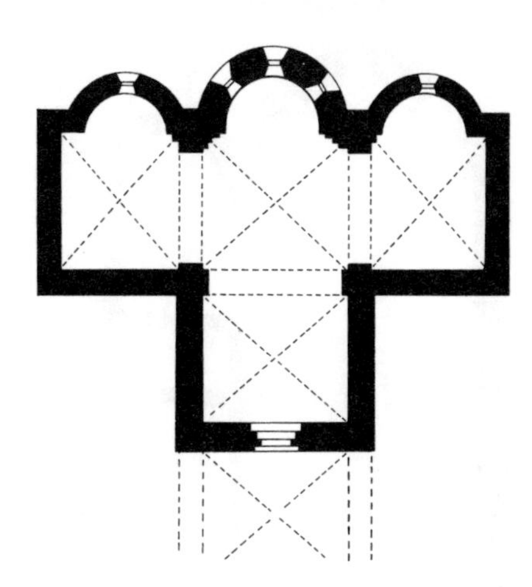

FABRIANO

pondait à la nécessité pour les moines de célébrer plus d'une messe à la fois.

En Italie centrale, un exemple illustre est celui de Sainte-Marie à Farneta (fin du Xe siècle, bénédictine) qui outre les trois absides terminales en possédait deux autres sur les murs du fond du transept. Du même type sont l'église des Saints-Tiburce et Suzanne à Badia a Ruoti (camaldule, XIIe-XIIIe siècles) et de Saint-Sauveur à Castelnuovo Berardenga (camaldule, XIIe-XIIIe siècles), toutes deux dotées d'une seule abside. Appartiennent à la même époque Sainte-Agathe à Asciano, avec nef centrale prolongée d'un espace précédant l'abside, et la collégiale de San Quirico d'Orcia qui possédait trois absides polygonales (celle du milieu transformée).

L'édifice de Valdicastro est construit de petits blocs de calcaire blanc, soigneusement assemblés par de fines couches de mortier.

La façade, reculée d'environ dix-huit mètres du fait de la disparition des deux premières travées, reprend le dessin homogène et simple des murs qui délimitent l'abbaye. A l'extérieur, le groupe des absides représente l'élément architectural le plus intéressant, car il retrouve la tradition formelle propre à l'art roman: un bandeau ornemental fragmentaire, à motifs géométriques, le long du couronnement de l'abside majeure et de singulières fenêtres doubles cruciformes (conservées seulement dans les absidioles) en allègent la masse imposante.

Le toit qui couvre le transept n'a qu'un seul versant: c'est peut-être la conséquence d'une reconstruction.

A l'intérieur, l'église présente un caractère nettement gothique par les grandes arcades brisées qui séparent les travées, couvertes elles aussi de voûtes en croisée d'ogives.

Une légère surélévation – plus marquée à l'origine – distingue la travée subsistante de la nef des trois travées du transept sur lesquelles s'ouvrent les absides en plein cintre.

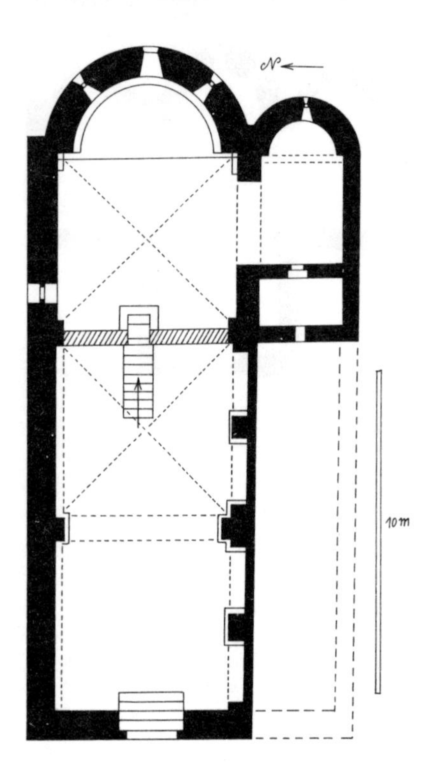

FURLO

Des moulures géométriques, déployées le long des piliers fasciculés, et les nervures des croisées contribuent à donner une cohésion formelle à l'espace, soulignant en même temps les divisions de la maçonnerie.

Sur l'arc transversal de l'église est gravée une inscription qui rappelle l'œuvre de Maître Tebaldo: IT NOIE DNI NRI IHU XPI BEATEQ. VIRGINIS MARIE ET BEATI ROMUALDI. SOPHYE NUMEN PRESETI LOCO COLENDU POSTCRIS (TUM). SIGNAMUS UT HIIS MAIORA SEQUATUR. DIRUTU H. OPUS RESTAURAT GRAXPI DECORE PRESTATIUS. QUOND NO SINE MAGNO LABORE.

TPE COFICITUR URBANI PSULIS QUARTI. GUIDOIS EP ABBATIS DONNI MARINI ANNO MILLENO DUCENTENO BISQU TRICENO. IUNTIS HIIS DUOBUS INDICTIONE QUINTA. DUCITUR AD METAS MANIBUS MAGISTRI TEBALDI. DEO GRAS AM.

*Au côté gauche de l'entrée sont conservées de grands panneaux fresqués avec des figures de saints, parmi lesquelles trône saint Christophe, gigantesque comme le voulait la tradition populaire. Les fresques sont attribuées aux XIV*e*-XV*e *siècles, sur la base de comparaison avec la peinture populaire ombrienne de cette période.*

Sous la travée centrale du transept se trouve la crypte, qui présente un plan rectangulaire, divisé en trois nefs par des piliers en maçonnerie mixte et par deux colonnes au voisinage de l'autel, à l'extrémité de la nef centrale.

L'abside est prise dans l'épaisseur du mur et percée d'une fenêtre ébrasée intérieurement.

L'espace est couvert de trois voûtes en berceau correspondant aux trois nefs. Ce type de couverture ainsi que l'aspect primitif et grossier des supports carrés et des colonnes surmontées d'un coussinet parallélépipédique sans décor, invitent à reporter la crypte à la période du haut Moyen Age et de façon précise aux premières années après l'an mil, lorsque saint Romuald fonda le monastère.

*C'est également du XI*e *siècle que l'on peut dater les chapiteaux qui surmontent les piliers polygonaux de la salle capitulaire attenante à l'église.*

*Leur corbeille en forme de cloche renversée aux angles arrondis – revêtus de feuilles lancéolées – et les ornements végétaux géométriques avec des représentations d'animaux (lions, colombes, etc.) rappellent en particulier certaines pièces de la crypte de Rambona (XI*e *siècle).*

7 FURLO (COMMUNE D'ACQUALAGNA. SAN VINCENZO AL

Furlo. Autrefois le monastère Saint-Vincent était qualifié de «ad petram pertusam» (c'est-à-dire pierre percée) par allusion à son emplacement au voisinage du Passo del Furlo, que l'empereur Vespasien avait fait creuser pour permettre le passage de la Via Flaminia.

Au portail de l'église abbatiale bénédictine figure une inscription qui semble écarter tout doute sur la datation de l'édifice: «A.D. MCCLXXI ECCLESIA VACANTE ET IMPERIO NULLO EXISTENTE BONAVENTURA ABS S. VINCENTII. OPUS FIERI FECIT» c'est-à-dire «L'abbé de Saint-Vincent, Bonaventure, fit réaliser cette œuvre en 1271, alors que le siège papal était vacant (après la mort du pape Clément IV) et que l'empire était dans une période d'interrègne (à la suite de la mort de Conrad IV)».

Par ailleurs la construction présente des éléments architecturaux attribuables à une époque antérieure et de nature à nous faire envisager l'opération de 1271 comme une restauration plutôt que comme une reconstruction entièrement nouvelle de l'église.

Une opinion répandue parmi les archéologues est que la fondation de l'abbaye San Vincenzo al Furlo doit remonter au VIe siècle.

On a hasardé l'hypothèse que l'ensemble se soit élevé sur les ruines d'un petit temple païen, et l'existence dans l'antiquité d'un bourg romain à brève distance ne l'exclut pas.

Il n'y a point d'appui dans les documents pour l'opinion de Baldi (1627) – comme l'a observé Buroni dans «I Monasteri benedettini del Metauro» – selon laquelle l'église Saint-Vincent fut fondée par le général byzantin Narsès, en reconnaissance pour la victoire remportée sur Totila, roi des Goths, en 552 (dans la plaine de Gualdo Tadino et non près du château de Pagino, comme il le croyait).

Est davantage significatif et révélateur le fait de la vente par le monastère des reliques de saint Vincent à l'évêque de Metz Théodoric I en l'année 970 (Vita Dedorici I, due à Sigebert de Gembloux).

En effet on a jadis relevé que cette cession suppose à cette date un état de décadence de l'abbaye et donc sa fondation à une époque plus ancienne.

Des documents publiés par Buroni il résulte que l'abbaye dans laquelle séjournèrent saint Romuald (1011) et saint Pierre Damien (1040) possédait plusieurs châteaux sur le territoire de la ville de Cagli. Au XIIIe siècle cette commune tenta plusieurs fois de ramener sous sa propre juridiction les châteaux, fidèles à l'abbé de Saint-Vincent, impliquant le monastère dans le conflit. Il est donc probable que c'est justement en conséquence des dévastations causées par les habitants de Cagli qu'ont été rendus nécessaires au monastère les travaux de restauration de 1271.

En 1439, Eugène IV réunit l'abbaye Saint-Vincent, où il n'y avait plus de moines, au chapitre des chanoines d'Urbino.

L'église a été restaurée en 1929. Au cours des travaux a été retrouvé un fragment portant une inscription gravée qui mentionne le municipe romain de Pitinum Mergentium, détruit au VIe siècle pendant la guerre des Goths.

Actuellement l'édifice, tourné vers l'orient, se compose d'une nef, qui était la nef centrale, pourvue d'une vaste abside, flanquée de l'absidiole qui reste de la nef latérale de droite.

Le parement de pierre a une texture assez régulière avec de petits blocs équarris, d'une pierre locale, assemblés en rangées sur des lits de mortier. Il n'y a guère de communication entre l'extérieur et les locaux intérieurs, clos de murs en maçonnerie continue où ne trouvent place que de rares ouvertures.

La baie d'entrée et une seule fenêtre centrale allègent le mur de la haute façade à pignon.

Le portail est à double ressaut et entoure un tympan où sont visibles des traces de fresques. Au linteau s'étend un décor de caractère géométrique avec des thèmes végétaux : cercles, fleurs en étoile, grappes et palmettes du répertoire ornemental bénédictin. Au bas du tympan, au dessus du décor décrit plus haut, est remployé un fort morceau d'entablement – avec des denticules, des oves et des petites feuilles d'une délicate facture classique – qui devait constituer pour l'artisan du portail un modèle décoratif, source d'émulation.

Au flanc droit de l'édifice sont visibles les

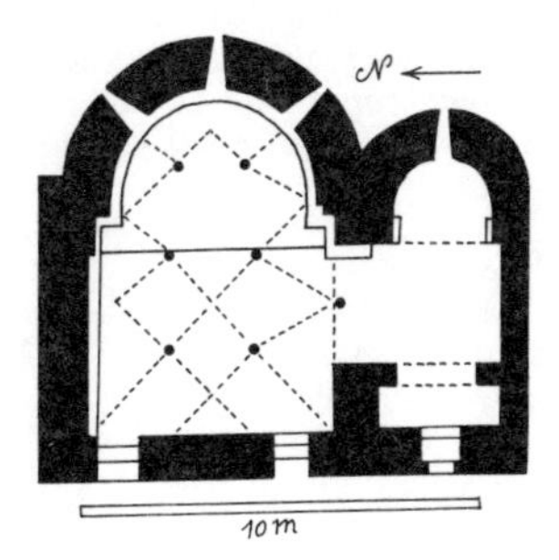

FURLO
CRYPTE

obturations en maçonnerie des quatre arcades sur piliers qui permettaient de passer dans la nef latérale adjacente.

Au dessus des arcades murées subsistent les trous des poutres de la couverture et une corniche en pierre fragmentaire qui servait de larmier au dessus du point d'insertion du versant du toit latéral dans la maçonnerie de la nef.

Nous ignorons si une nef latérale analogue fut aussi construite au côté gauche de l'édifice, faute de toute trace de son existence antérieure.

Il faut noter que la face latérale de gauche, sans aucun élément plastique, présente trois registres d'appareil différent : la zone inférieure est en effet constituée de fines assises de pierre percées des trous de boulin et d'une fenêtre double au niveau du sanctuaire, tandis que la dernière partie du mur, où s'ouvrent des fenêtres simples, est formée de pierres de plus grande dimension ; dans les deux dernières travées apparaît en outre avec évidence un rehaussement en brique correspondant à la construction des voûtes de l'intérieur.

Le large corps absidal de la nef majeur occupe presque entièrement le chevet et est décoré dans le haut d'un bandeau lisse en légère saillie. A son côté s'avance, minuscule, l'absidiole qui terminait la nef latérale de droite.

Les archères qui fendent les demi-cylindres pour éclairer la crypte remontent à la première implantation de l'église, à la différence des trois larges fenêtres de l'abside majeure (celle du centre offre un arc brisé).

Du fait de l'absence des nefs latérales, l'espace interne se trouve réduit à un local rectangulaire, animé par des restes de fresques sur les écoinçons des arcs murés du mur de droite.

Les fresques représentent des Vierges à l'Enfant et des saints et portent, outre les noms des donateurs, les dates d'exécution qui tournent autour de 1525.

La division de l'espace en trois travées est confiée aux grands pilastres qui reçoivent les arcs transversaux et aux fenêtres (une par travée) situées tout en haut des murs.

Le sanctuaire est très surélevé et est strictement séparé de la nef par un mur de clôture percé d'un raide escalier de raccord – légèrement décentré – et de deux petits arcs (celui de droite brisé) qui introduisent dans la crypte.

Au delà de ce mur s'étend le vaste cul-de-four absidal envahi par la lumière de la fenêtre centrale.

En harmonie avec les idéaux monastiques, l'intérieur de l'église produit une impression de parfaite sobriété, due surtout à l'usage exclusif de la pierre qui revêt en grandes dalles jusqu'au pavement.

Les voûtes d'arêtes sont évidemment le fait d'une reconstruction et donnent davantage d'air à la seconde et à la troisième travée; le première travée est couverte en charpente apparente : la voûte d'arêtes, certainement projetée sur cette portion de l'espace, comme l'attestent les marques dans la maçonnerie, ne fut pas réalisée, probablement parce que le rehaussement du toit consécutif aurait modifié l'équilibre des proportions de la façade.

Les piliers, visibles à droite, semblent reconstruits au même moment que les voûtes et selon une répartition différente de celle de l'origine : les arcades de passage ont en effet une égale amplitude bien que le pilastre correspondant à la nervure de la voûte soit plus gros.

Les fenêtres situées au dessus relèvent elles aussi de la même intervention, du fait que leur emplacement correspondant aux supports présuppose la présence des voûtes. Les piliers sont sans décor et présentent des impostes en pierre peu épaisses et en faibles saillie à la place des chapiteaux.

Les colonnes de diamètres divers qui supportent le voûtement de la crypte offrent par contre des ornements plus animés. Les chapiteaux en tronc de pyramide renversé sont sculptés de bas-reliefs portant des formes animales et végétales élémentaires.

A travers deux arcs, retombant sur une septième colonne, on accède à l'espace correspondant à l'absidiole de droite.

Le remploi de fragments romains et d'autres du haut Moyen Âge, ainsi que la couverture en voûte d'arêtes sans arcs doubleaux de séparation, suggèrent pour la crypte une datation située entre le Xe et le XIe siècle.

Il faut noter que le plan de cette chapelle où fait défaut l'absidiole de gauche est un élément en faveur de l'hypothèse selon laquelle la nef latérale de gauche n'a jamais été construite.

Sur la base des éléments architecturaux examinés, il est possible de déterminer trois phases essentielles de la construction de l'église.

Aux Xe-XIe siècles on peut attribuer l'implantation basilicale de l'édifice, avec la crypte sous le sanctuaire surélevé. Cette première église était couverte en charpente apparente et devait présenter une structure analogue à celle d'autres églises bénédictines des Marches à cette époque – par exemple Sant'Angelo in Montespino, San Michele de Lamoli – caractérisées par une structure de type élémentaire, exécutée entièrement en pierre et sans décor. Organisme architectural réduit à l'essentiel et conçu comme une simple enveloppe de l'intérieur, avec une façade à rampants interrompus, une large abside, un sanctuaire surélevé au dessus de la crypte et une nef centrale d'une largeur double de celle des latérales. Dans cette phase faisait encore défaut la recherche d'une division en travées, et les piliers carrés délimitaient le parallélépipède de l'espace central, conçu comme un bloc uniforme sans modulation.

Les bénédictins, porteurs d'une culture de l'antiquité tardive, reprenaient en somme dans ces édifices un modèle de lointaine origine romaine.

La division en trois travées de l'église Saint-Vincent doit être, quant à elle, attribuée à l'année 1271 où fut restaurée la construction réduite à l'état de ruine.

A cette occasion on rebâtit la nef latérale de droite (celle de gauche n'avait sans doute jamais été construite) avec des piliers et des arcs d'amplitude diverse, on ouvrit les fenêtres à l'aplomb des supports dans le mur haut de la nef et l'on aménagea l'église en vue de la couverture en voûtes d'arêtes, réalisée seulement sur la seconde et la troisième travées en surélevant le toit. Au cours de la restauration, on refit peut-être aussi l'entrée de la crypte du côté droit (arc brisé). Ultérieurement on ouvrit la fenêtre double dans la flanc gauche pour donner plus de lumière au sanctuaire.

Les dates des fresques, sur la maçonnerie obturant les arcades de passage à droite, constituent enfin le terminus ante quem pour la démolition de la nef latérale correspondante – au cours de l'année 1525 – et l'établissement de l'édifice dans sa forme actuelle.

Les fenêtres de l'abside centrale et celle de la façade (déjà reconnue par Serra comme «du XVe siècle au plus tôt») semblent par contre dues à une réfection tardive «dans le style».

8 LAMOLI (COMMUNE DE BORGO-PACE). SAN MICHELE ARCANGELO.

Près de l'agglomération de Lamoli, dans une vallée des Apennins parcourue par le torrent Meta, demeure une vieille abbaye bénédictine dédiée à l'archange Michel.

La fondation de l'ensemble est attribuée au VIIe siècle sur la foi d'une tradition rapportée par Muzi («Memorie ecclesiastiche», VI, pp. 117-126), selon laquelle «on veut que l'abbaye de Saint-Michel Ar-

change des Lamule et celle de Saint-Benoît de Sealocchio aient été fondées peu après la mort de saint Benoît et certainement pas plus tard qu'au début du VIIe siècle».

Nicolas Storti («I Benedettini nella Massa Trabaria» – Atti del convegno di Sestino 1980) a noté que «la Massa Trabaria avait eu dès l'antiquité des rapports étroits avec Rome pour la fourniture du bois nécessaire à la construction des grands édifices. Flottant sur le Tibre, les énormes troncs arrivaient dans la ville éternelle par voie fluviale.

En plus de la précieuse ressource de ses forêts majestueuses, la Massa Trabaria, située au centre de l'Italie, se trouvait dans une situation géographique de grand intérêt. De ces considérations historico-géographiques elles-mêmes, nous pouvons sans aucun doute tirer une hypothèse valable en faveur de l'antiquité de la fondation de l'abbaye bénédictine de Lamoli et d'autres abbayes analogues nées dans la Massa Trabaria».

A la richesse forestière s'ajoutaient encore les gisements de fer de la région qui durent contribuer de manière décisive à la croissance du centre monastique.

L'appauvrissement de ces ressources fut probablement une des causes déterminantes de la décadence progressive de l'abbaye.

Le départ des moines de Lamoli doit se placer entre la fin du XIVe siècle et les premières décennies du XVe.

La présence d'un abbé bénédictin au monastère de Lamoli est en effet attestée jusqu'en 1399 et, sur la base de documents d'archives recueillis par Lanciarini («Il Tiferno Metaurense»), nous savons qu'en 1442 le monastère avait déjà été cédé en commende à D. Antonio Stefanini de Mercatello sur le Métaure. Dans la suite l'abbaye devint l'objet d'une exploitation de la part des abbés commendataires, jusqu'à ce que, en 1848, elle soit supprimée par le Saint-Siège et transformée ensuite en paroisse.

L'église Saint-Michel, ainsi que le monastère, ont subi au cours des temps de lourdes interventions pour les transformer et les restaurer.

Un mémoire de D. Enea Bani (1587) rapporte que «les moines une fois partis, la chapelle (la crypte) fut remplie par les ruines de la voûte qui la couvrait, celle-ci ayant été détériorée pour soulever l'autel majeur et l'extraire par le plafond».

Entre 1750 et 1753 se déroula une importante opération de sauvegarde de l'église, tombée dans un grave état de délabrement du fait de l'écroulement de la nef de gauche, d'une partie de la façade et d'un pan de toit.

A cette occasion, l'édifice fut réduit à une seule nef par l'obturation des arcades de la nef latérale de droite et il fut en même temps raccourci et diminué en hauteur par le report de la façade à la deuxième arcade et la construction d'un plafond plat à la place de la charpente apparente.

Selon le goût de l'époque, les murs furent en outre recouverts de crépi.

Les restaurations de 1950-1954, dans l'intention de rétablir l'église en son aspect originel, se sont présentées sous la forme d'une opération tentant de restituer le «style roman» originel, avec des reconstructions et compléments abondants sur la base des éléments architecturaux encore en place, considérés comme points de référence. Les parties authentiquement romanes de l'édifice sont donc seulement: la nef latérale de droite, la nef centrale à partir de la deuxième arcade, la partie inférieure de l'abside et les morceaux de colonnettes à l'extérieur du demi-cylindre.

L'église, régulièrement orientée, se montre dépouillée et austère dans l'aspect bien calibré de ses volumes élémentaires qui se détachent sur le fond des collines des Apennins, dans un parfait accord entre architecture et paysage.

Un parement homogène fait de petits blocs de pierre apparents caractérise la structure basilicale à trois nefs (31 m 60 × 16 m 10), dont celle du milieu est le double des latérales.

La façade unie à rampants interrompus est simplement percée de la baie cintrée de l'entrée et d'un oculus central correspondant à la nef principale.

De la même manière, les flancs ne sont rythmés que de la fente verticale des fenêtres à double ébrasement, ouvertes tant dans la nef médiane que dans les nefs latérales.

L'abside semi-circulaire, au chevet, garde des portions de demi-colonnes décoratives et trois fenêtres qui éclairent le sanctuaire.

L'intérieur de l'édifice a pour supports de gros piliers carrés en pierre entre lesquels sont lancés sept arcs de chaque côté – de divers diamètres –, dissymétriques et doublés d'un sourcil en forme de croissant.

La huitième travée est occupée par le sanctuaire surélevé au dessus de la crypte, avec un escalier central de neuf marches dû à la restauration. Dans le vaste arrondi absidal, on peut repérer la partie originelle en pierre, flanquée des restes des colonnes d'angle (dont seuls demeurent les bases et un chapiteau).

Les piliers de la nef sont caractérisés par une solidité stéréométrique qui se trouve accentuée par l'absence d'éléments décoratifs: à la place des chapiteaux sont disposés des plaques de pierre, sans solution de continuité avec les murs au dessus. Sur certains des écoinçons apparaissent des ronds isolés en brique, tandis que sur les supports et sur les murs sont visibles des traces de fresque des XIVe et XVIe siècles, avec des figures de saints et des décors géométriques. La couverture de l'église, en charpente apparente comme à l'origine, est due à la reconstruction qui suivit la démolition du plafond plat du XVIIIe siècle.

Au dessus de la crypte, les restaurations ont par contre préféré construire un plafond en ciment armé. La couverture primitive de la chapelle devait très probablement se composer de voûtes d'arêtes, comme semblent l'indiquer les marques des arcs sur les murs.

Dans son ensemble, l'implantation de l'église abbatiale peut être attribuée aux Xe-XIe siècles, du fait de la reprise du schéma à nef rectangulaire absidée, avec sanctuaire surélevé au dessus de la crypte, et de la très grande simplicité des formes qui caractérise toute la construction.

Une constante stylistique de l'église est la recherche d'une cohésion de l'ensemble architectural qui se tra-

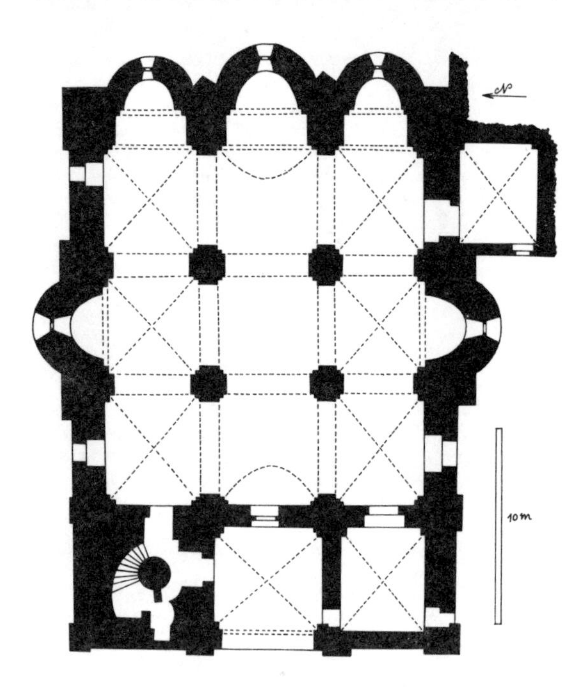

MOJE

duit, à l'extérieur, par un volume dépouillé où les pleins l'emportent sur les vides, et à l'intérieur par un espace central unifié, marqué par la ligne continue des piliers carrés.

La couverture à charpente apparente et l'asymétrie des supports soulignent l'indifférence des constructeurs pour la scansion spatiale en travées: élément courant dans les édifices romans de la maturité mais encore fondamentalement étranger aux conceptions architecturales des artisans bénédictins autour de l'an mil (cf. Sant'Angelo in Montespino et San Vincenzo al Furlo).

9 *MOJE (COMMUNE DE MAIOLATI SPONTINI). SANTA MARIA ALLE* Moje. Le document le plus ancien relatif à l'église (rapporté par Annibaldi) remonte à 1248. Cette date, ainsi que l'examen des voûtes en berceau et des arcs brisés, ont convaincu Serra («*L'arte...*») de dater l'édifice d'entre la fin du XIIe siècle et le début du XIIIe.

Cherubini («*L'Abbazia...*») estime, d'après un autre document, pouvoir remonter indirectement jusqu'à 1201, et pour cette raison il attribue l'église à la fin du XIIe siècle.

A notre avis, comme pour les autres églises de ce type deutéro-bysantin à croix grecque inscrite, il faut proposer une date plus ancienne faisant remonter l'édifice à la fin du XIe siècle ou aux débuts du XIIe.

Les moines bénédictins possédèrent l'église et le monastère jusqu'en 1456, date à laquelle l'ensemble passa à la cathédrale de Jesi.

Au XVIIe siècle, l'axe de l'église fut tournée de 180 degrés: l'entrée fut creusée dans l'abside centrale, tandis que le transept fut utilisé comme sacristie – resserre (au rez de chaussée) et comme habitation pour le prêtre (au premier étage).

On ne connaît pas les raisons de cette transformation mais on peut supposer qu'elles sont en relation avec l'abandon du monastère et la construction de la maison du prêtre dans le corps du narthex (1527).

C'est dans cet état qu'Amatori (1870) et Bevilacqua (1883) virent et décrirent l'église.

Les restaurations de 1924 l'ont rendu à son aspect originel, la débarrassant aussi de quelques édifices adossés plus tard qui cachaient l'abside de droite (en 1922 en effet Serra n'a pas pu la voir).

L'édifice, se dressant seul à l'origine dans la vallée de l'Esino, en bordure d'une forêt dite «sainte», se rattache au type des églises des Marches avec croix grecque inscrite dans un carré (cf. San Vittore alle Chiuse, Santa Croce à Sasso Ferrato, San Claudio al Chienti).

Ici aussi l'église est dotée d'un corps de narthex réparti en trois pièces: celle du milieu est utilisée comme atrium ouvert, celle de droite sert de sacristie tandis que celle de gauche constitue le soubassement du clocher, cylindrique à l'origine, avec un escalier en colimaçon.

L'édifice (20 m × 26 m) présente trois absides dans le mur terminal et deux autres au milieu des flancs.

La construction, en petits blocs équarris de pierre calcaire, semble exécutée de façon plutôt grossière – comme le révèlent surtout les voûtes – et a des proportions réduites, sans l'élan vertical de Saint Victor et de la Sainte-Croix. La division en travées par quatre roides piliers est elle-même ici plus marquée.

Extérieurement, l'église se présente comme une basilique à trois nefs, celle du milieu plus élevée, le mur du chevet plus élevé que la toiture et une construction adossée à la façade. Les absidioles latérales sont d'une hauteur inférieure à celle de l'abside majeure, accentuant ainsi cet aspect de petite église basilicale.

En façade, la tour cylindrique primitive a été remplacée par un modeste clocher parallélépipédique de plan carré: tout le corps du narthex est d'ailleurs le résultat de reconstructions et de surélévations.

L'atrium, ouvert sur l'extérieur, aboutit à un portail qui présente des piédroits à double ressaut et un tympan bordé de trois voussures: la première et la troisième sculptées de motifs floraux géométriques, très semblables à ceux de la Sainte-Croix. Le portail avait déjà été repéré sous l'enduit par Bevilacqua (1883) qui l'attribua au Xe siècle, sans pourtant étendre cette datation à l'église (dont il est certainement contemporain).

Sur les flancs demeurent, sous l'égout du toit, les frises incomplètes des arceaux, disparus par contre sur les absides, probablement à la suite des transformations tardives. Au flanc Sud, à un emplacement identique à celui de la Sainte-Croix, s'élevait le monastère (écroulé au XVIIIe siècle), dont il reste quelque vestige.

Les quatre supports centraux sont des piliers cruciformes, à base simple et sans chapiteau; seul le premier pilier de gauche est posé sur une large pierre.

Les couvertures des travées latérales sont des voûtes d'arêtes aux arcs en plein cintre; sur les travées centrales, la couverture est en berceau et les arcs – en deux couleurs – sont brisés: c'est le fruit d'une réfection relevée d'ailleurs par le seul Pacini («*Monumenti...*»), à la différence d'autres archéologues qui, les considérant comme un élément originel, les utilisèrent pour en tirer des considérations sur le modèle suivi ou sur la datation. Mais les voûtes contrastent par leur caractère spatial avec la structure simple de l'édifice.

On manque d'ailleurs de documents sur la date de ces interventions dans la partie centrale de l'église; si elles ont été réalisées «dans le style», elles pourraient remonter tout juste à la deuxième moitié du XVIIIe siècle.

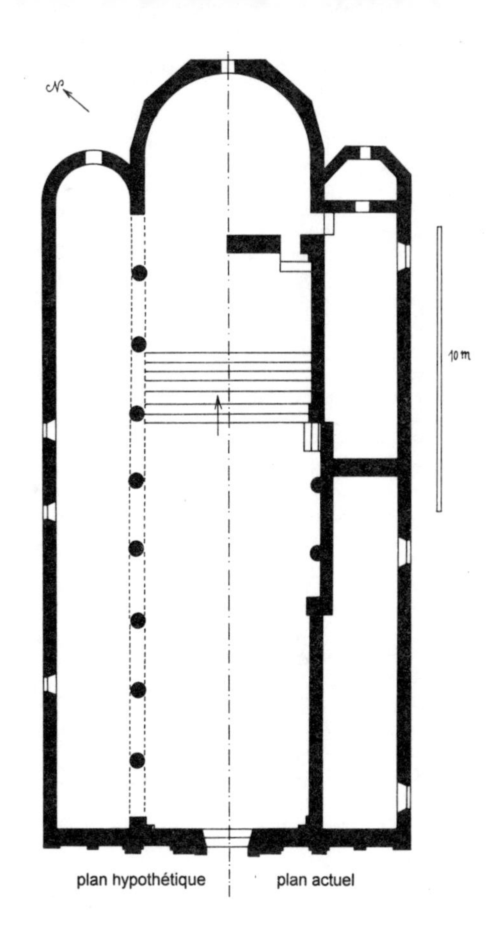

MONDOLFO

10 MONDOLFO (AUX ENVIRONS DE). SAN GERVASIO DI BULgaria.

L'église s'élève dans la vallée du fleuve Cesano, au bord de la route qui, venant de la mer, pénètre à l'intérieur (aujourd'hui au bord de la route nationale 424) à l'emplacement d'une agglomération peut-être habitée par les Gaulois sénonais, et identifiée comme le Pirum Filumeni de la Table de Peutinger. Au haut Moyen Age, il y eut là une piève monastique, dans une zone qui, en raison des immigrations de l'époque lombarde, prit le nom de bourg des Bulgares ou Bulgarie (comme beaucoup d'autres en Italie).

La piève commença à perdre son importance aux XIIe siècle, en devenant dépendante de l'abbaye bénédictine de San Gaudenzio, près de Senigallia.

Lorsque les habitants se retirèrent sur une colline, y construisant le centre médiéval de Mondolfo, le titre de piève fut transféré à la nouvelle église paroissiale Sainte-Justine, tandis que saint Gervais restait comme protecteur de la commune en souvenir de son lieu d'origine.

Au XVIIIe siècle furent construits des murs de séparation entre les nefs, pour isoler l'espace central – le seul à garder une utilisation religieuse – des nefs latérales qui, transformées en magasin, furent divisées horizontalement par un plancher.

Au moment de l'unité italienne, l'église fut enlevée par l'État à la congrégation de la Propagation de la Foi et vendu avec les terres d'alentour à des particuliers. Sort semblable à celui de Santa Croce all'Ete.

C'est encore propriété privée et l'édifice est utilisé comme dépôt.

L'église est implantée parallèlement à la rue, à un niveau sensiblement plus bas.

La place qui la précède est jonchée de fragments archéologiques.

La façade en pignon est à rampants interrompus, remaniée au XVIIe-XVIIIe siècles par l'adjonction de lésènes et la modification du portail.

Il est possible de reconstituer la structure originelle malgré les transformations internes qui la rendent peu lisible à première vue. Il s'agit d'un édifice basilical (13 m × 28 m) à trois nefs et neuf travées, avec des colonnes pour supports, des grandes arcades en plein cintre, trois absides et une crypte. Il est couvert d'un toit à double pente avec charpente apparente. Les trois dernières travées correspondent au sanctuaire.

Quelques colonnes sont visibles dans la nef latérale de gauche; il s'agit d'éléments remployés de divers types: la plus en vue est cannelée et a un splendide chapiteau corinthien. D'autres sont en marbre oriental. Bernacchia affirme également l'existence de fondations romaines en béton.

La crypte présente en son centre une colonne faite du tambour terminal d'une colonne romaine en marbre cipolin, avec une base retournée en guise de chapiteau et un tailloir constitué d'une dalle de travertin (elle aussi retournée avec une inscription en grec «nul n'est immortel») et d'une autre pierre carrée aux faces gravées de triglyphes, sur laquelle retombent les arcs doubleaux de la voûte. Les murs sont ornés d'arcs aveugles qui entourent eux-mêmes des fenêtres doubles aveugles.

Le sanctuaire est surélevé au dessus de la crypte et pourvue d'un escalier d'accès en son milieu. Les absides sont au nombre de trois, l'abside majeure au centre et deux absidioles, toutes polygonales à l'extérieur et semi-circulaires à l'intérieur.

Dans l'église sont conservés des fonts baptismaux avec vasque, sculptés dans une seule pierre, en forme de tronc de pyramide renversé, aux faces décorées de motifs ornementaux, tandis qu'aux arêtes sont sculptés quatre visages primitifs (œuvre de l'époque lombarde, VIIIe siècle, sans doute).

Dans la crypte se trouve un sarcophage de type ravennate avec en façade un bas-relief représentant deux paons disposés symétriquement par rapport à la croix.

L'édifice, ignoré de Serra et de tous les textes principaux sur l'architecture romane dans les Marches, a depuis peu fait l'objet d'études.

L'époque à laquelle on l'attribue est le début du VIe siècle, avant donc la guerre des Goths (536-553), en se basant sur le fait qu'il est contemporain du sarcophage et sur la quantité d'éléments ravennates: schéma général et absides polygonales.

En confirmation de cette date, on peut aussi invoquer d'autres considérations, comme la situation dans une vallée – qui est certainement du haut Moyen Age – et le fait que l'église soit presque exactement orientée vers l'Est.

Je m'arrêterais aussi un instant sur la dédicace: saint Gervais est considéré comme un saint local, sans plus de précision sur son identité, homonyme du plus célèbre martyr milanais; je crois qu'il faudrait tenir compte davantage du fait que celui-ci était le fils de saint Vital: il pourrait donc s'agir d'un titre de provenance ravennate lui aussi.

On se trouverait donc en face d'un exemple encore inexploré d'une architecture en descendance directe de Ravenne, constituée de matériau remployé et intégralement conservée sous les transformations: une restauration scientifique, qui s'impose en raison de l'importance de son objet, la rétablirait facilement, j'en suis convaincu, dans son aspect originel.

Dans l'impossibilité d'une analyse de la maçonnerie de l'édifice, je crois devoir poser une question au sujet de la datation: celle de la présence du sanctuaire surélevé qui n'existe pas dans les églises ravennates. Lors de la restauration, il sera nécessaire de mettre au clair s'il s'agit d'un élément originel (et donc l'église est plus tardive) ou s'il s'agit d'une modification et l'église est alors ravennate (comme je le crois dans l'état actuel de mes connaissances).

MONTEFORTINO. SANT'ANGELO IN MONTESPINO. L'ÉGLISE 11

Sant'Angelo in Montespino s'élève dans une localité isolée au sommet d'une colline, en marge d'une route secondaire.

Il saute aux yeux que l'édifice est le résultat de plusieurs campagnes de construction, mais du fait du caractère fragmentaire de la documentation, il est fort difficile de reconstituer son histoire de façon sûre.

En ce qui concerne la date, les inventaires des curés du XVIIIe siècle rapportent que «l'année de la construction de cette église Saint-Ange n'est pas et ne peut pas être connue de façon précise. On la croit cependant bâtie entre le VIe et le VIIe siècle par les Lombards, très dévots à l'archange saint Michel, qui est le protecteur principal de ce lieu.»

La datation proposée par Serra (XIe siècle) et par Mariottti (X^e-XIe) est confirmée par une inscription lapidaire en latin à droite de l'autel, avec la date de 1064.

Des documents sûrs attestent que jusqu'au XIIIe siècle y résidaient, avec le curé, les chanoines grâce aux prébendes canoniales à eux concédées par ledit curé.

Des inventaires déjà mentionnés il résulte qu'au XVIIIe siècle la nef latérale de gauche s'était déjà écroulée et que dans l'abside Ouest s'ouvrait l'entrée principale de l'église.

Ces renseignements ne diffèrent pas substantiellement de ceux fournis en 1925 par Mariotti qui rapporte en outre qu'à l'église étaient adossées des constructions rustiques utilisées par les paysans.

La restauration souhaitée par lui a été réalisée dans les années 60, en vue de supprimer les constructions rurales surajoutées et de consolider les maçonneries en mauvais état.

L'église, bien orientée, ne conserve du plan basilical à trois nefs que la nef centrale et la nef latérale de droite.

Les arcs de séparation (six de chaque côté) reçus par des piliers, ont été obturés, sauf ceux qui correspondent à l'entrée latérale (la seule de l'édifice), située au flanc droit et ornée d'un linteau et d'une archivolte en tuf.

Chaque nef se termine par une abside semicirculaire à l'Est: celle du milieu, de plus grandes dimensions, est plus saillante en raison de la prolongation de la nef.

Un autre corps absidé occupe la face Ouest. A sa droite se trouve une puissante tour carrée, surmontée d'un clocher-peigne plus tardif. Sa position par rapport à la face latérale et la jonction irrégulière avec la nef font supposer qu'elle a été réaménagée.

L'édifice est constitué d'un matériau mixte: grès grisâtre et calcaire rougeâtre laissés apparents.

L'extérieur est sans décor à l'exception de l'abside majeure à l'Est, ornée d'un couronnement d'arceaux (incomplet) et d'une série de lésènes, appuyées sur une plinthe correspondant à la crypte située au dessous.

L'intérieur de l'église, couvert d'une charpente apparente, est partiellement revêtu d'un enduit blanc détérioré, qui supprime l'effet rustique de la pierre constaté à l'extérieur.

Le pavement était d'environ cinquante centimètres plus haut que l'actuel : en effet les fondations des piliers ne sont plus couvertes.

L'espace interne de l'abside Ouest et de la première travée présente plusieurs particularités : le pavement est cinquante centimètres plus bas que celui des nefs ; la travée est en outre divisée en deux étages, dont celui du bas est réparti en trois petites nefs par des colonnes cylindriques en brique qui supportent une couverture en petites voûtes. L'étage supérieur se présente actuellement comme une sorte de tribune (inaccessible). Cette zone semble donc avoir été auparavant celle d'un sanctuaire au dessus d'une crypte.

La nef centrale avait pour supports des piliers, renforcés du côté des nefs latérales par des pilastres auxquels correspondent encore sur le mur gouttereau des pilastres ou des demi-colonnes (la cinquième est faite en partie d'un remploi).

Le sanctuaire, compris dans les sixième et septième travées, est surélevé d'une dizaine de marches pour ménager l'espace d'une crypte, selon un schéma typique des églises des Marches.

Dans l'arrondi de l'abside centrale demeurent des vestiges d'une fresque datée de 1371.

L'escalier central est flanqué de deux petits escaliers qui, par deux portes cintrées, introduisent dans la crypte, qui correspond uniquement à la nef centrale.

Cette crypte, entièrement couverte de voûtes, est divisée en trois petites nefs par des supports fragmentaires, remplois d'éléments romains provenant de plusieurs édifices : en témoigne leur diversité de facture, de dimensions et de matériau (marbre rouge, marbre vert de Grèce, granit, pierre, brique).

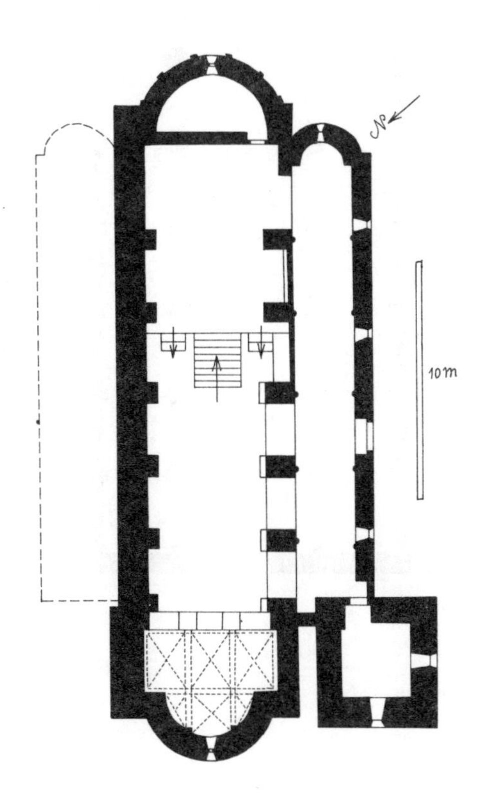

MONTESPINO
PLAN ET COUPE

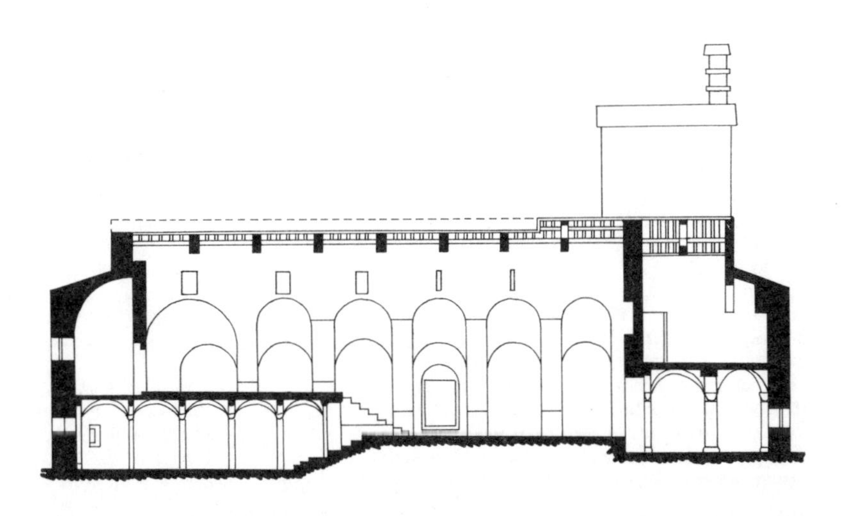

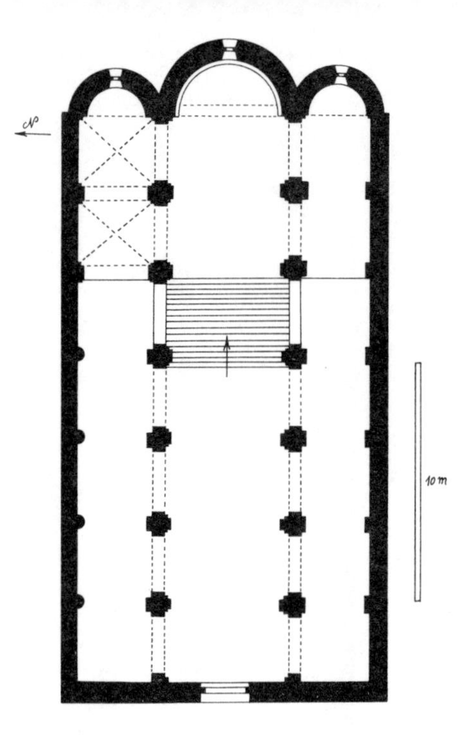

MONTELUPONE

De l'examen de l'état actuel de l'édifice ressortent certains éléments qui suggèrent de supposer que l'église ait été primitivement à une seule nef, flanquée de la tour séparée et appartenant peut-être à un ensemble d'édifices, ces éléments sont :

1. Le fait que la tour paraisse comme «englobée» dans l'église à la suite d'adaptation; ne s'expliquerait pas, dans le cas contraire, sa saillie dans l'espace interne, et la présence sur chacun de ses quatre côtés d'une base avec socle et corniche;

2. La différence entre la nef centrale et les latérales quant à la taille des matériaux et à la texture des murs.

Le corps absidé à l'Ouest pourrait donc être le sanctuaire de cette église primitive faite d'une seule nef selon un schéma qui eut une certaine fortune à l'époque paléochrétienne et transformée, au XIe siècle, en église basilicale à trois nefs avec crypte (sous le sanctuaire surélevé) et orientée différemment.

A une intervention de l'époque baroque doivent être attribués : le rehaussement du pavement presque jusqu'au niveau du sanctuaire; la fermeture des nefs latérales; la construction de deux nouvelles séries d'arcades plus hautes que les romanes et pour cette raison aveugles, en vue de soutenir une voûte (sans doute jamais réalisée); l'élargissement des piliers vers l'intérieur; la construction d'un mur de séparation face à l'abside orientale pour y appuyer l'autel majeur; le crépissage des murs internes.

MONTELUPONE. SAN FERMANO. 12

L'ÉGLISE DE SAN FERMANO, *bien orientée, se trouve sur la rive droite du fleuve Potenza à quelques kilomètres de la mer.*

L'abbaye bénédictine à laquelle elle appartenait fut fondée par les soins d'un feudataire du lieu (probablement un Grimaldi) et, comme le rapporte Amatori, dédiée originellement à saint Jean-Baptiste.

Saint Fermanus fut le premier abbé qui présida aux destinées du monastère, étant entré en charge en 986, comme le note le biographe du saint – Teodorico Monaco – qui indique ainsi l'année de la fondation de l'ensemble.

Au XIIIe *siècle, l'abbaye fut impliquée dans la lutte entre Guelfes et Gibelins et subit l'assaut des troupes du vicaire impérial pour les Marches, Robert de Castiglione, qui endommagea gravement l'église et le monastère.*

Huit ans plus tard, le pape Innocent IV obtint des forces gibelines la réparation des dommages causés au monastère: c'est donc en 1256 que l'on peut situer la reconstruction de l'église, en accord avec l'analyse stylistique de l'édifice qui présente des éléments structurels de la période de transition entre le roman et le gothique.

On sait que pendant les travaux de reconstruction furent retrouvées les reliques de saint Fermanus, conservées ensuite dans la crypte construite pour cela sous le sanctuaire. En effet, comme il a été relevé dans la récente publication de Re, Montironi et Mozzoni («Architettura abbaziale nelle Marche»), les caractères stylistiques de cette crypte, la faible profondeur de son enfouissement dans le sol et par suite la surélévation marquée du sanctuaire invitent à considérer la construction de la crypte comme contemporaine de la reconstruction de l'église.

Le type du plan de l'édifice rentre dans la catégorie basilicale à trois nefs avec absides, courante dans les constructions bénédictines à partir des Xe-XIe siècles. (cf. San Vincenzo al Furlo et Sant'Angelo in Montespino).

Il semble évident que la reconstruction du XIIIe *siècle a dû se greffer sur les fondements de l'église précédente dont elle a repris le plan.*

La façade n'est que partiellement visible à cause d'un bâtiment qui s'y adosse; l'unique élément digne d'être relevé est le portail en pierre doté d'un tympan à fonction de décharge sur lequel trouvent place cinq figures en haut relief, regroupées en une seule composition: dans la partie inférieure est représentée la Vierge à l'Enfant, flanquée d'un moine où l'on peut reconnaître saint Fermanus, tandis que dans la partie supérieure est sculpté un Christ en croix entre la Vierge et saint Jean, ces derniers probablement d'une époque postérieure au XIIIe *siècle.*

L'élévation de l'édifice est exécutée en brique et partiellement restaurée; les supports sont douze piliers cruciformes (six par côté) qui divisent l'espace en sept travées.

Le sanctuaire, fortement surélevé pour laisser sa place à la crypte au dessous, est raccordé à la nef par un escalier de dix-sept marches qui occupe toute la cinquième travée de la nef centrale.

La forme des supports, constitués d'un pilier carré avec pilastres adossés, manifeste l'intention primitive de couvrir la basilique tout entière d'un système de voûtes d'arêtes, jamais réalisées et remplacées par une couverture en charpente apparente (les deux voûtes d'arêtes sur la nef latérale de gauche du sanctuaire sont l'œuvre de la restauration).

Une telle hypothèse se trouve confirmée par la présence de demi-colonnes (à gauche) et de pilastres (à droite) le long des murs gouttereaux des nefs latérales, sur lesquels auraient du retomber les arêtes de la couverture.

Les fenêtres elles-mêmes, ouvertes exclusivement dans la nef centrale et partiellement refaites à des époques diverses, cadrent mal avec la couverture en bois, car elles se trouvent trop rapprochées des poutres.

Les arcades sont en plein cintre, sauf au sanctuaire et à l'entrée de l'abside centrale où apparaît l'arc brisé de type gothique.

La crypte, aussi grande que le sanctuaire au dessus, est divisée en cinq nefs dont les trois du milieu correspondent à la largeur de la nef centrale de l'église.

L'espace de la crypte est couvert de voûtes d'arêtes aux arcs brisés retombant sur des piliers en briques et des tambours de colonnes romaines remployées, sans doute déjà réutilisées dans la construction précédente.

Aux chapiteaux de type cubique avec arrondis aux angles, s'ajoute quelque exemplaire corinthien remployé.

13 *OSIMO. LA CATHÉDRALE.* *LA CATHÉDRALE D'OSIMO, DONT* l'origine se situe dans le haut Moyen Age, a une histoire architecturale faite de nombreuses campagnes de construction qui ont inévitablement nuit à la cohérence stylistique de l'édifice.

Ce qui prévaut toutefois dans l'édifice, ce sont les lignes architecturales du roman tardif, justifiant l'inclusion de la cathédrale d'Osimo dans le présent volume : surtout pour le corps du transept et les sculptures de la crypte.

La tradition attribue la fondation de l'église à saint Léopardus (Ve siècle), premier évêque d'Osimo qui l'aurait élevée sur les ruines d'un temple païen.

Dans le domaine de la tradition historique sans fondement écrit possible, il nous reste aussi l'information que saint Vitalianus la reconstruisit dans la deuxième moitié du VIIIe siècle, mais il ne subsiste rien dans l'édifice actuel que l'on puisse dater de cette époque, sinon l'épitaphe du saint, encastrée dans la crypte.

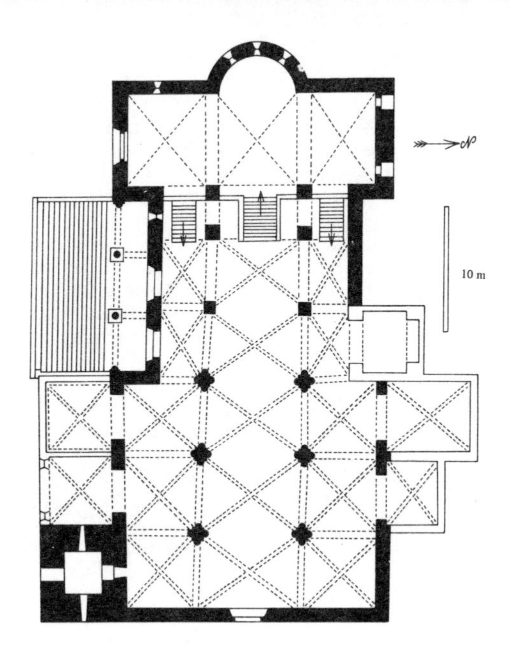

OSIMO
CATHÉDRALE

Par contre les restes du pavement en mosaïque du sanctuaire et les chapiteaux de la crypte (datables des XIe-XIIe siècles) confirment le souvenir rapporté par l'évêque Gaspare Zacchi («Auximates ecclesiae descriptio facta MCCCCLXXII par Gasparem Zacchi Volterranum Episcopum Auximatem») qui attribue à l'évêque Gentile (1177-1205) l'agrandissement de l'église par la construction du sanctuaire et de la chapelle au dessous.

Sur cette structure architecturale eut lieu à la fin du XIIIe siècle l'intervention de l'évêque Beato Giovanni qui voulut rénover la cathédrale en y introduisant des éléments et des tracés gothique encore bien visibles dans l'édifice.

En 1383 l'église subit un grave incendie qui entraîna l'écroulement partiel du toit et de la sacristie, ainsi que la perte de précieux documents d'archives.

A la fin du siècle suivant (1488), l'église se trouva prise dans l'enceinte défensive que la pape fit construire à la suite de la révolte de Buccolino, mais l'évêque Ugolini-Sinibaldi obtint la démolition de cette partie de la muraille, rendant la cathédrale au culte.

A cette époque débuta la construction des voûtes qui, comme l'a dit Costantini, «dissimulent le poutrage du toit, carré et peint en partie, et une frise peinte qui faisait le tour du sanctuaire dont on voit aujourd'hui quelques traces dans les combles».

En 1589 l'évêque Florenzi fit ouvrir le portail du côté de l'évêché, et c'est vraisemblablement à son intervention que remonte aussi la création du grand escalier central intérieur qui assure le lien avec le sanctuaire.

Au XVIIe siècle on revêtit les murs de crépi, on refit le pavement et l'on installa de nouveaux autels dans les nefs latérales.

Plus complexe encore est l'histoire des restaurations de l'église, comme il ressort des articles publiés dans la revue «Rassegna Marchigiana» (1924-1925) par C. Costantini, qui prit une part active aux travaux de remise en état.

La restauration commença en 1878 selon un projet de Edoardo Mella qui, comme le notait Costantini, «visait davantage à embellir notre église qu'à lui rendre son caractère primitif» (selon les critères de travail de la période éclectique).

Dans la première moitié du XIXe siècle avaient déjà été construites les chapelles de la Sainte-Épine et de saint Joseph. Mella supprima les escaliers qui de l'extrémité des nefs latérales montaient au sanctuaire et descendaient à la crypte, ferma les arcades qui communiquaient avec le transept et y adossa les autels, tandis que l'escalier pour la crypte était creusé sous l'avancée du sanctuaire. Furent ensuite construites les chapelles du Très saint Crucifix et de Notre-Dame du Rosaire à droite, avec en conséquence le déplacement de la sacristie. Ayant supprimé les autels latéraux de l'église et les médaillons avec les portraits des évêques, le restaurateur fit enfin renforcer les voûtes par des nervures et réaménager la façade du côté de l'évêché.

Dans la suite, au temps de l'évêque Egidio Mauri (1888-1893), on démolit l'escalier central d'accès au sanctuaire, soit parce qu'il était trop encombrant, soit pour «contenter le désir qu'on toujours eu les fidèles de pouvoir voir la crypte; désir encore plus vif après les restaurations de Mella, par suite desquelles l'église inférieure n'apparaissait pour ainsi dire plus, sauf à ceux qui en connaissaient déjà l'existence» (Costantini). Sous la direction de Costantini, on construisit à l'extrémité de chaque nef un escalier de largeur proportionnée; par les deux escaliers latéraux on montait au sanctuaire, tandis que de l'escalier central on descendait à la crypte, rendue ainsi partiellement visible.

A la même époque on y ajouta la chapelle du Très Saint Sacrement.

Après une suspension des travaux de maçonnerie (pendant laquelle les chapelles et l'abside furent décorées de peintures de Virginio Monti de Rome), en 1915 on reprit les restaurations dans l'intention d'améliorer l'utilisation de l'espace pour les fonctions pontificales.

On rétablit ainsi les escaliers plus petits pour les deux nefs latérales, et l'on construisit un escalier central d'accès au sanctuaire, flanqué de deux petites fenêtres latérales.

En 1956 enfin furent supprimés les crépis qui revêtaient entièrement les murs intérieurs de la cathédrale.

La cathédrale d'Osimo est située sur une petite terrasse naturelle, dans la zone urbaine de la plus lointaine origine. Son plan se caractérise par une forme inhabituelle, issue des innombrables vicissitudes de construction que la cathédrale, en tant que présence significative au sein de la cité, a subies au cours des siècles pour s'adapter aux exigences croissantes de la liturgie et de son caractère représentatif.

Le plan basilical à trois nefs apparaît ainsi agrandi par l'adjonction du transept et par l'élargissement des trois premières travées des nefs latérales, encore accentué plus tard par l'englobement des chapelles latérales.

On peut ainsi assimiler ce plan à une croix latine qui se rétrécit dans la zone médiane de l'édifice formant dans la maçonnerie un renforcement où vient se loger au Sud le porche en haut d'un escalier.

Ce côté constitue la face principale de l'église, la véritable façade (du côté oriental) donnant sur la cour intérieure de l'évêché. Dans l'ensemble, la physionomie du flanc méridional est attribuable à l'époque du Bienheureux Giovanni (XIIe siècle), mais les réfections et les adjonctions en gâtent l'unité: ce qui est particulièrement mal venu et étranger à l'ensemble architectural, c'est l'extérieur de la chapelle – dans le style néogothique – qui flanquait à droite le porche à trois passages, lui-même à son tour, semble-t-il, «retouché» à l'époque de la Renaissance.

En effet, comme l'a observé Serra, les chapiteaux qui coiffent les colonnes sur lesquelles prend appui la galerie «semblent renvoyer au XVe siècle: surtout les deux du milieu; avec une tête d'enfant émergeant des feuillages, le dernier avec des bucranes au milieu des feuilles».

C'est par contre de style gothique que sont les deux entrées au cintre brisé à l'intérieur de la galerie: celle du milieu avec des lions stylophores et des piédroits ornés de frises florales et celle de droite caractérisée par un feston ondulant qui s'enroule à la base en grandes volutes.

A côté de cette entrée est encastré le tympan d'un portail roman antérieur où s'alignent de façon rigide de petites figures humaines.

Le mur de fond du bras gauche du transept, avec la grande rose centrale entourée de bizarres masques de bêtes féroces sculptés en ronde basse dans la pierre, est fort intéressant par les rappels du roman des Pouilles, et à cause de la grande fenêtre (aujourd'hui murée) placée à l'angle des rampants du toit.

Au XIIIe siècle on peut aussi attribuer la face postérieure, où l'appareil en pierre claire laisse voir quelques rapiéçages en brique.

Au milieu du mur, pourvue d'un couronnement horizontal avec arceaux, se déploie le grand demi-cylindre absidal, marqué d'une corniche qui fait le tour de tout le transept.

Au dessus de la corniche s'ouvrent trois fenêtres soulignées par un décor léger et séparées par des colonnettes en forme de tresses. D'autres fenêtres, privées de décor, se trouvent sur la plinthe qui revêt le bas du transept et correspondent à la crypte.

On peut actuellement passer sous silence, dans le cadre de cette étude, la façade orientale de la cathédrale, refaite au XVe siècle et remaniée encore à la fin du XIe siècle. A son côté gauche est adossé le clocher, fait de briques dans sa moitié supérieure, tandis que du côté droit se raccrochent diverses constructions qui ne permettent pas une vision d'ensemble du flanc Nord de la cathédrale.

A l'intérieur de la cathédrale est également prépondérant un langage formel attribuable au XIIIe siècle, époque où sur la souche de la tradition romane commencèrent à se greffer les traits de l'architecture gothique. Mais si à l'extérieur de l'édifice le style roman se perpétue nettement, dans le caractère plastique des sculptures de la rose ou dans le mode de composition du chevet, à l'intérieur de la cathédrale les restaurations, effectuées à partir du XVe siècle, ont accentué l'élan gothique, construisant sur des arcs brisés du XIIIe siècle une série de voûtes en calotte.

Six piliers de chaque côté soutiennent ce système de voûtes qui, dans la nef centrale, retombent sur des pilastres séparant les arcades.

Dans les trois premières travées les supports sont renforcés par quatre demi-colonnes qui donnent un pilier de section quadrilobée, au lieu des piliers carrés qui caractérisent la deuxième moitié de l'édifice.

On remarquera le rétrécissement des dernières arcades de la nef, due probablement à l'établissement du transept et à la reconstruction du chœur surélevé (XIIIe siècle).

La réfection du XIIe siècle a touché également la crypte, divisée en sept petites nefs séparées par des arcs brisés. Dans cette chapelle ont été réutilisés des tambours de colonnes d'origine romaine et d'intéressants chapiteaux sculptés, datables du XIe-XIIe siècle.

On peut regrouper ces derniers en divers types qui rassemblent des éléments du répertoire décoratif classique et médiéval :
- le type corinthien;
- le type ionique;
- le type décoré de feuilles raides et géométriques;
- le type en entonnoir ou en cloche retournée, sans aucun décor;
- le type à motifs végétaux serrés, semblables à des arbres minuscules.

En résumé, retenons que l'on peut attribuer la rénovation de l'église, à partir d'une implantation basilicale antérieure, à l'intervention du Bienheureux Giovanni (XIIe siècle).

Cette datation est en effet confirmée tant par l'emploi des arcs brisés que par les survivances romanes telles que l'appareil de l'extérieur et l'emploi de la rose du type des Pouilles (cf. les cathédrales de Trani, XIIIe siècle, de Bitonto, 1175-1200, de Bari, 1170-1292).

Au XIIIe siècle on peut ainsi attribuer tout le corps du transept, avec la reconstruction de la crypte, l'édification du porche latéral et vraisemblablement aussi l'agrandissement des trois premières travées des nefs secondaires. Le porche en effet, en plus de conférer un caractère monumental à l'entrée Sud, devait servir de raccord entre la saillie du transept et celle de la nef élargie.

PIOBBICO, COMMUNE DE SARNANO. SAN BIAGIO. ISOLÉE 14

dans une cuvette de verdure au voisinage de Piobbico, l'église Saint-Blaise représente ce qui reste d'une abbaye bénédictine fondée en 1030 et consacrée en 1059.

Entourée jadis de deux cours d'eau, dont le tracé est encore signalé par des rangées d'arbre aux côtés de l'édifice, l'abbaye était appelée «Sainte-Marie d'entre les torrents», titre remplacé en 1400 par celui de Saint-Blaise, saint auquel était déjà dédiée la crypte.

Dans l'état actuel, l'église manque d'unité à cause des adaptations et des transformations qui ont altéré le modèle auquel se conformait l'édifice; nous ne savons pas si la construction avait jamais reproduit complètement le type basilical à trois nefs dont, pense-t-on, elle devait s'inspirer et qui ne fut peut-être réalisé qu'en partie. Des traces de l'existence de la nef latérale de droite manquent en effet, tandis que du côté opposé sont encore visible (tant à l'intérieur qu'à l'extérieur) les marques des arcades qui séparaient la nef latérale gauche de la centrale.

En 1117 (date gravée sur le montant du portail d'entrée), l'église fut réduite en longueur et la façade, à la suite de cela, reconstruite plus en arrière.

Au XVe siècle remontent les fresques conservées à l'intérieur de l'édifice, le long du mur de droite et dans l'abside carrée, dont la construction doit donc être estimée antérieure à la réalisation du décor pictural, comme le confirment la forme même de l'abside et la présence de deux fenêtres trilobées en cet endroit.

Il est plus difficile de déterminer l'époque du rehaussement du toit au dessus du sanctuaire (vraisemblablement celle de la reconstruction de l'abside) et des diverses reprises de la maçonnerie, dont certaines sont dues à des restaurations récentes.

Au XVIIIe siècle, la nef latérale de gauche fut démolie et les grandes arcades correspondantes entièrement murées.

POLLENZA
COUPE

Les modifications considérables subies par l'église ont entraîné le tracé d'un plan irrégulier, qui ne nous permet pas de déterminer avec certitude l'implantation originelle de l'édifice.

Extérieurement la construction parait formée par l'imbrication de corps carrés, de hauteur et dimensions différentes : sur le tronc parallélépipédique de la nef unique se greffe le bloc du sanctuaire au toit légèrement surélevé et à l'abside carré peu profonde; à ses flancs sont accrochés deux petits bâtiments aux toits en appentis, l'un d'eux (à gauche) surmonté d'un clocher-peigne; au côté gauche de la nef s'adosse enfin une chapelle (au toit à deux versants), construite après la démolition de la nef latérale correspondante.

A cause des diverses reconstructions font complètement défaut ces détails ornementaux qui caractérisent généralement les édifices romans (corniche avec arceaux, lésènes, fenêtres simples, etc.).

Des liens plus visibles avec la tradition romane des Marches se manifestent à l'intérieur de l'église, dans l'extrême simplicité des murs constitués de pierres en bossage irrégulier laissées apparentes, dans l'aspect du sanctuaire surélevé de neuf marches et dans le mode d'accès à la crypte au dessous, à travers deux arcades percées dans le mur soutenant l'avancée du sanctuaire (cf. San Vincenzo al Furlo).

La couverture en charpente apparente est interrompue par un arc transversal qui marque la limite du rehaussement du toit au dessus du sanctuaire, tandis que dans le mur de gauche apparaissent nettement des obturations des arcs qui donnaient accès à la nef latérale.

Sur le fond plat de l'abside (aux côtés des deux fenêtres trilobées) et le long du mur de droite, se font suite des panneaux fresqués avec des figures de saints et une scène plus développée de l'Adoration des Mages. Les peintures peuvent être attribuées à deux artistes de la première moitié du XVe siècle: un peintre provenant du milieu ombrien – peut-être Giovanni de Corraduccio – est l'auteur des panneaux du sanctuaire, tandis que les fresques de la nef sont attribuées à un peintre des Marches, Matteo di Gualdo.

La crypte est à trois nefs séparées par des colonnes en tuf et en pierre, dont deux sont octogonales. Sur les chapiteaux, de facture grossière, retombent les voûtes d'arêtes qui couvrent l'espace.

Cette crypte semble être l'unique partie entièrement conservée de la construction originelle qui, encore une fois, avec cependant les modifications notés plus haut, confirme la diffusion dans les Marches d'un modèle architectural – le modèle basilical avec abside surélevée – accueilli par les bénédictins comme une solution d'une efficacité éprouvée.

15

*POLLENZA. SANTA MARIA DI RAMBONA. L'ÉGLISE ABBA-*tiale Sainte-Marie de Rambona se trouve dans la vallée de la rivière Potenza, près de l'agglomération de Pollenza.

Le monastère bénédictin auquel appartenait l'église fut fondé par la reine lombarde Ageltrude (fin du IXe siècle) à l'emplacement d'un temple païen dédié à la Bonne Déesse dont le souvenir subsiste dans le nom de Rambona (Ara Bona).

Deux documents nous rapportent la fondation par Ageltrude :

– l'inscription figurant sur un diptyque d'ivoire conservé actuellement au Museo Sacro de la bibliothèque vaticane;

– un diplôme de Béranger I (daté de 898) par lequel le roi confirme l'institution du monastère, dédié initialement à saint Flavien.

Dans l'histoire du monastère, un événement déterminant fut la dévastation perpétrée par les troupes de Francesco Sforza qui dans la première moitié du XVe siècle détruisirent le monastère et une partie de l'église.

Cette dernière fut ensuite utilisée comme villa de maître puis comme maison paroissiale, après la transformation de l'abbaye en paroisse (1819). A cette occasion le sanctuaire de l'édifice fut réadapté aux fonctions liturgiques, perdant définitivement tout caractère roman.

De la période qui nous concerne ne restent donc que l'extérieur des absides et la crypte, qui d'ailleurs constitue un témoin de grand intérêt en raison de son parfait état de conservation.

Cette crypte était primitivement reliée à un bassin souterrain mis au jour par de récentes fouilles archéologiques et reconnu comme faisant partie du temple païen hypogé. Le rapport existant entre l'aire consacrée à la Bonne Déesse et l'église bénédictine confirme que «sur l'aire du sanctuaire (païen) le monastère se substituait au sanctuaire lui-même» (Febo Allevi, «I Benedettini nel Piceno...» in *I Benedettini nelle valli del Maceratese*, Actes du IIe congrès du *Centro di Studi Storici Maceratesi*, 1966) dans l'intention de neutraliser la résistance tenace des cultes anciens en les recouvrant d'un contenu chrétien.

La datation de la crypte de Rambona fait l'objet de discussion entre les archéologues : Re, Montironi et Mozzoni l'attribuent à l'époque de la fondation (IXe siècle), Serra et Pacini y discernent des éléments stylistiques propres au XIe siècle.

Cette dernière hypothèse nous parait la plus probable, en s'appuyant sur la comparaison avec d'autres cryptes qui, nous le verrons, offrent les mêmes caractéristiques spatiales et décoratives.

Par les structures encore en place, on peut aujourd'hui retrouver le tracé originel du plan de l'église, qui reprenait l'implantation basilicale traditionnelle à trois nefs absidées, utilisée par les bénédictins.

Les murs devaient être constitués de petits blocs de grès doré et d'assises de brique rouge, comme il ressort de la maçonnerie des trois absides tournées vers l'orient.

Les trois demi-cylindres conservent de fines colonnes en pierre grise qui, partant de la plinthe, divisent l'arrondi en panneaux étroits, offrant une solution semblable à celle observable à Sant'Urbano ad Apiro (XIe siècle). Parenté dans le traitement de la pierre et le goût pour les contrastes de couleur qui a suggéré, dans l'un et l'autre cas, le recours à l'insertion d'un matériau plus clair, surtout autour des fenêtres.

Il est probable qu'à Rambona comme à Apiro le décor de l'abside devait s'achever à son couronnement par une frise d'arceaux, aujourd'hui disparus.

Vraisemblablement contemporaine des absides, la crypte sous le sanctuaire est divisée en cinq petites nefs longitudinales – deux sous les nefs latérales et trois sous la nef centrale – couvertes de voûtes d'arêtes. Le système des voûtes est soutenu par des colonnes d'une

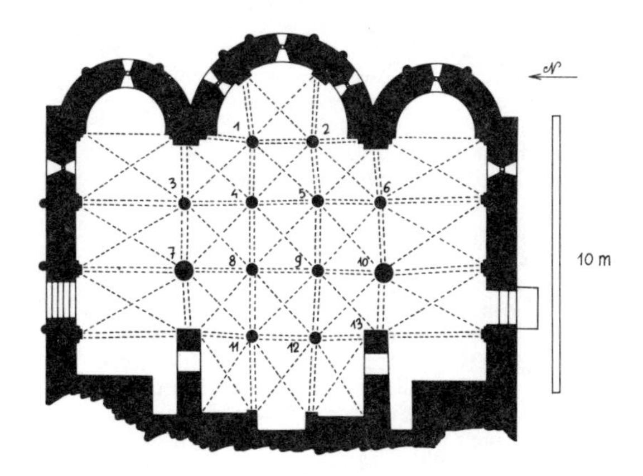

POLLENZA
CRYPTE

extrême variété du fait qu'elles proviennent d'édifices romains différents.

Les fûts de marbre (en granit ou en marbre de Paros) sont coiffés de chapiteaux en grès que l'on peut regrouper selon trois modèles :

– le type à feuilles dentelées sur le chanfrein des angles et aux représentations schématiques tirées du répertoire des formes animales et végétales (oiseaux, rameaux, fleurs) sur les faces de la corbeille;

– le type constitué de deux ou trois couronnes de feuilles en saillie très prononcée;

– le type revêtu d'un réseau de losanges à l'intérieur desquels se trouvent des palmettes au faible relief, rappelant le modèle du chapiteau ajouré de Saint-Vital à Ravenne.

Dans l'ensemble, la qualité du modèle renvoie aux chapiteaux de la crypte du Saint-Sauveur ou de Sainte-Marie en l'Ile (fondée en 1009), où se retrouve aussi le motif de la feuille dentelée avec volutes à la base.

Analogue aussi la distribution de l'espace en de nombreuses nefs, couvertes de voûtes d'arêtes, sur des arcs légèrement surhaussés : éléments qui, avec un large usage de pièces romaines remployées, sont communs aux cryptes bénédictines après l'an mil.

En accord avec les traits stylistiques des absides, les caractéristiques spatiales et décoratives de la crypte semblent donc suggérer une datation au XIe siècle, ce qui conduit à formuler l'hypothèse selon laquelle l'église, avec la crypte au dessous, aurait été entièrement reconstruite deux siècles après sa fondation.

Les chapiteaux

Les chapiteaux de la crypte, riches en décor et en symboles, témoignent des multiples influences culturelles de l'époque. Œuvre de plusieurs sculpteurs, moines de l'abbaye selon Fammilume, ils reprennent les jeux d'ombre et de lumière de la sculpture romane, (chapiteaux 1, 2, 3, 6), ou la richesse et la préciosité de l'art byzantin (chapiteaux 4, 5, 7, 8, 9, 10).

1. Chapiteau constitué de deux rangées de feuilles, séparées l'une de l'autre, en saillie et d'une grande épaisseur.

2. Chapiteau semblable au précédent, à trois rangées de feuilles avec des représentations d'animaux sur les arêtes.

3. Chapiteau à double rangée de feuilles; l'une d'elles sur l'arête a la forme d'une main.

4. Chapiteau cubique à faces semi-circulaires décorées de motifs végétaux et animaux.

5. Chapiteau cubique à faces semi-circulaires avec un décor de motifs byzantins sur chaque face.

6. Chapiteau à double rangée de feuilles en forme de palme.

7. Chapiteau cubique à faces semi-circulaires décoré de motifs végétaux et de formes animales (pélican et loup).

8. Chapiteau de plus grandes dimensions que le fût de la colonne; il présente un décor de palmettes et d'animaux.

9. Chapiteau de type byzantin au décor constitué de motifs géométriques.

10. Chapiteau cubique à faces semi-circulaires décoré de motifs végétaux et de formes d'animaux.

11 et 12. Chapiteaux en tronc de cône dépourvus de décor.

16 PONZANO DI FERMO. SAN MARCO. L'ÉGLISE SAINT-MARC, *dédiée d'abord à Santa Maria Mater Domini, se dresse à l'écart sur une petite éminence, à faible distance de l'agglomération de Ponzano.*

On ne connaît pas avec précision l'année de la fondation, mais il est certain qu'elle se situe à une période du haut Moyen Age, puisqu'une «Curtis Santae Mariae Domini» dans le comté de Fermo est mentionnée par les sources de Farfa dès le VIIIe et le IXe siècles.

Des documents il ressort qu'il ne s'agissait pas d'un monastère mais plutôt d'une «grange» – une ferme – dirigée par les moines.

Sur la base d'un acte de donation de 1059, tiré du Codex 1030 (Donation de Longin dit Brictulus, à l'évêque Uldéric de cent arpents de terre avec des hameaux sur le territoire de Ponzano), G. Crocetti et F. Scoccia («Ponzano di Fermo», 1982) affirment que «depuis le milieu du XIe siècle semble claire l'institution d'un piève de Santa Maria Mater Domini dépendant de l'évêque de Fermo».

Interprétant également l'inscription d'un fragment sculpté (venu au jour au cours des restaurations de 1923) comme une dédicace faite par l'évêque Liberatus (ou Libertus) – qui gouverna l'église de Fermo de 1128 à 1148 –, les mêmes auteurs soutiennent que l'église a du être reconstruite dans un laps de temps antérieur à cette période et proposent la deuxième moitié du XIe siècle. Cette datation serait à leur avis confirmée par l'étude du traitement et du décor de certaines pierres, en particulier de quelques chapiteaux. Ainsi se trouve avancée de presque un siècle la datation établie par Serra pour l'édifice actuel (milieu du XIIe siècle) et approuvée par de nombreux archéologues.

C'est certainement au XIIIe siècle que l'on peut attribuer l'adjonction du clocher en façade: en témoignent l'inscription d'une cloche datée de 1290 et la ligne brisée de l'arc intérieur qui supporte ce clocher.

Sur l'un des piliers de cet arc il y avait une pierre gravée (cf. Serra, San Marco di Ponzano, dans Rassegna Marchigiana 1923-1924) dérobée ensuite qui rappelait un travail de restauration de la tour:

ANNO DNI M CCCC LII TPE DNI IOHANNIS BONANNIS DE MORISCHO CANONICI FIRMANI AC PLEBIS ECC^E^ SCE M^E^ PLEBANR HONESTISIM^R^, c'est-à-dire «L'an du Seigneur 1452, du temps de D. Giovanni Bonanni de Moresco, chanoine de Fermo et très honnête curé de la piève de Santa Maria».

Une deuxième restauration, étendue à tout l'édifice, fut effectuée en 1583, attestée elle aussi par une inscription sur le soubassement de la tour à gauche:

D.O.M.

BR^S^ TORNABONUS DE PETRITULO PLEBANUS CASTRI PONTIANI IN MELIOREM FORMAM HANC ORNAVIT ECCLIAM MDLXXXIII

Pour reconstituer l'histoire de la construction de l'édifice, une précieuse source de renseignements est apparue dans le fonds des visites pastorales et des inventaires (ASAF), étudié attentivement par Crocetti et Scoccia déjà cités. Parmi les divers documents se sont en effet révélés particulièrement intéressants deux témoignages:

– le compte rendu de la visite pastoral du Cardinal Rinuccini en 1627, grâce auquel nous savons qu'à cette époque la façade était dotée d'une galerie, d'ailleurs à l'état de ruines;

– l'inventaire de 1727 par les soins du curé D. Amontio Gherardi, qui non seulement nous fait connaître le mobilier de l'église, mais rapporte aussi qu'en 1717 furent percées quelques fenêtres et «restaurés» l'intérieur de la basilique et les autels.

Les années suivantes, les Inventaires notent seulement des opérations d'entretien, la dernière ayant été demandée par le cardinal Ferretti en 1838. Par la suite, l'église tomba dans un état d'abandon.

A ce sujet sont significatifs les articles de Raffaele Fagioli («Fra Crispino», 4e année 1914, n° 2) et de Giuseppe Branca qui en 1915 («San Marco di Ponzano», sur Picenum – Rivista Marchigiana illustrata) écrivait: «les fenêtres de l'ancienne basilique sont partiellement envahie de lierre qui couvre de son abondant feuillage l'extérieur de l'abside... La porte principale, au dessin élégant, est recouverte de nids de taons, durs comme de la pierre... Lorsqu'on franchit le seuil, quel spectacle s'offre aux yeux! Des impostes disloquées, des barres cassées, le toit de la nef centrale en partie écroulé, en partie sur le point de tomber: au dessous un amas de ferrailles et une famille de plantes dispersées... Dans les nefs latérales

les voûtes sont toutes crevassées, disjointes, proches de la ruine.»

Pour remédier à cet état de dégradation de l'église, on entreprit en 1923 un premier travail destiné à consolider le soubassement de l'édifice et à renforcer les murs par des tirants de fer.

Plus tard, entre 1962 et 1966, on procéda à la véritable restauration de l'édifice, par rejointement des murs, suppression des restes des structures baroques et réfection du pavement et de la couverture qui fut reconstruite en charpente apparente, même sur les nefs latérales vu l'impossibilité de remettre en état les voûtes d'arêtes alors délabrées et en partie écroulées.

Le monument est le fruit de plusieurs campagnes de construction que l'on ne peut pas toujours séparer et dater avec précision.

A titre d'hypothèse, nous sommes enclins à dater l'implantation de l'église des VIIIe-IXe siècles, à l'époque de la «cour» de Farfa.

Le plan à trois nefs, dépourvu de crypte et du sanctuaire surélevé – qui deviendra par contre un élément typique du roman des Marches au siècle suivant – avec une abside centrale très profonde, la rattache en effet à un petit groupe d'églises fondées avant l'an mil: Santa Croce al Chienti, San Marone à Civita Nova Marche (reconstruite) et la piève de San Leo (dont le sanctuaire surélevé semble être le résultat d'une réfection postérieure).

Sur cette première fondation, à laquelle pourrait appartenir un vestige de maçonnerie (aux caractéristiques très anciennes) à la base du flanc gauche, fut construit l'édifice proprement «roman», au cours des XIe et XIIe siècles: à cette époque sont attribuables les murs à lésènes et arceaux, les chapiteaux de part et d'autre de l'abside et les voûtes d'arêtes des nefs latérales. On ne peut exclure que cette campagne se soit déroulée sur une longue période, ce qui rendrait compte, par exemple, de la diversité des fenêtres absidales et de la présence, dans la zone postérieure des flancs de la nef centrale, de quelques arceaux à un niveau inférieur.

On a déjà mentionné les interventions ultérieures: la façade à rampants interrompus fut radicalement modifiée au XIIIe siècle par l'adjonction du clocher (certainement reconstruit ultérieurement) et plus tard par la greffe d'un porche (qui s'est écroulé ensuite).

L'œuvre d'embellissement du XVIe siècle a du être importante et s'appliquer probablement au clocher et aux portails.

Enfin aux XVIIe et XVIIIe siècles, l'église fut enrichie de stucs, de crépis et d'autels, supprimés ensuite par les restaurateurs du siècle en cours.

L'église Sainte-Marie ou Saint-Marc de Ponzano a une structure basilicale simple à trois nefs de six travées, séparées par des piliers carrés (sauf les derniers à section circulaire) et terminées à l'Est par trois absides dont la centrale très large et très profonde.

L'orientation de l'église et le caractère de sa structure architecturale exécutée en brique semblent justifier, après ce premier contact avec le monument, une datation fort précoce.

La face Ouest se compose du clocher-porche et du premier registre de la façade: il saute aux yeux que la tour est due à une reconstruction tardive, cependant elle s'intègre dans la façade, engendrant une unité formelle bien caractérisée.

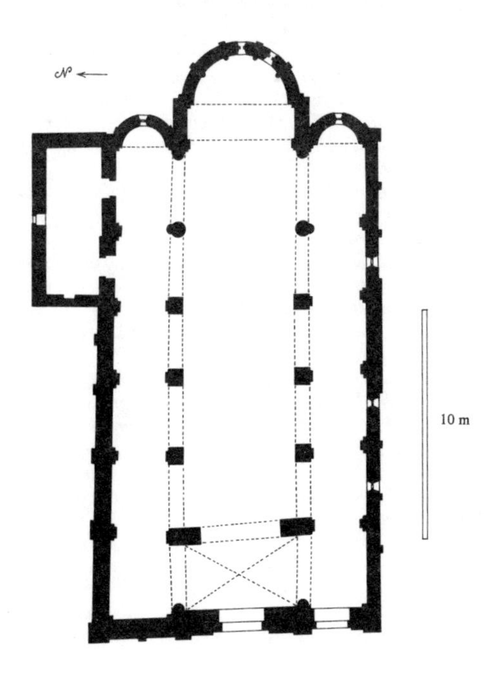

PONZANO DI FERMO

La zone inférieure conserve une division verticale par lésènes et, sous l'égout du toit de la nef latérale de droite, une brève section d'arceaux; ceux-ci devaient se poursuivre sur le côté opposé, le long du couronnement de la nef de gauche qui aujourd'hui se trouve rabaissé et tronqué juste à l'endroit de la corniche d'arceaux.

En façade s'ouvrent deux portails, en brique à double ressaut, qui introduisent dans la nef centrale et dans celle de droite.

L'entrée centrale présente la particularité d'une architrave en cintre surbaissé avec colonnettes torses (toujours en brique) aux angles des montants. Au dessus de la deuxième porte, on peut encore voir les trous pour l'encrage des poutres sur lesquelles prenait appui le toit de la galerie.

La masse du clocher carré à la partie basse duquel s'ouvre une fenêtre ronde est vraiment imposante par rapport à la façade.

La tour campanaire appartient à l'époque de la Renaissance (XVIe siècle), comme l'attestent les lignes de la corniche terminale et des quatres grandes fenêtres, à double ressaut et fort semblables au petit portail de la façade.

Une autre entrée d'aspect analogue est située sur le flanc méridional, à la hauteur de la quatrième travée. Ce côté de l'église est lui aussi divisé par une série de lésènes et bordé d'arceaux sous l'égout du toit. L'espace qui sépare la ligne des arcades supérieures et le versant de la couverture met en évidence le rehaussement du toit au dessus de la nef centrale. De plus fait défaut sous l'égout du toit la corniche dentelée que l'on peut voir par contre le long du couronnement de la nef latérale.

Cette dernière a été à son tour modifiée par l'introduction de fenêtres triples (XVe siècle?) qui interrompent le rythme des arceaux.

C'est à une restauration récente qu'il faut attribuer les trois fenêtres ouvertes dans la nef centrale: une photographie de 1906 montre en effet, à leur emplacement, des fenêtres rectangulaires, remontant peut-être aux travaux de 1717.

Deux autres fenêtres, de facture identique, se trouvent sur le flanc opposé de l'église qui, dans la zone inférieure, est enserré dans une maçonnerie massive dépourvue d'ouvertures et reconstruite sur de grandes longueurs. L'abaissement du toit de la nef de gauche, déjà relevé en étudiant la façade, a entraîné la perte de la corniche dentelée et d'une partie des arceaux; les lésènes ont été refaites plus larges et selon un rythme différent de celui de la nef centrale et de la face latérale de droite; à la hauteur de la dernière travée, enfin, a été ajouté le corps rectangulaire de la sacristie, entièrement privé de décor et éclairé par deux étroites fenêtres rectangulaires.

Il faut noter que les deux flancs de l'église présentent une particularité: quelques arceaux dans la partie postérieure de la nef centrale semblent indiquer l'existence d'une rangée plus basse qui, selon Crocetti et Scoccia (op. cit.) marque «le départ du toit d'une église plus ancienne, peut-être celle de la cour de Farfa.»

La face postérieure de l'édifice est à rampants interrompus et présente trois absides. Le motif des lésènes verticaux réunis dans le haut par la frise d'arceaux se retrouve sur l'abside majeure, haute et vaste. Cependant, malgré l'identité du thème décoratif, des différences manifestes apparaissent dans le traitement et dans les dimensions des arceaux, ce qui incite à les attribuer à une reconstruction.

Au dessus de l'abside centrale, le mur a été rehaussé et allégé par une fenêtre due à la restauration au point de jonction des rampants, au dessus d'une frise d'arcades horizontales.

Les absidioles qui ne conservent aucun décor laissent voir elles aussi beaucoup de reprises. Par contre semblent authentiques toutes les fenêtres, plus ou moins grandes, percées dans les trois demi-cylindres et caractérisées par un double ébrasement.

L'intérieur basilical est conçu comme un espace d'un seul tenant assez vigoureux et assez sec. Six arcades de chaque côté (en plein cintre) percent les murs de séparation dans lesquels se fondent les piliers carrés, en formant une seule structure de brique.

Absence totale de détails ornementaux (bases, chapiteaux, corniches) permettant de repérer les divers membres de l'édifice que consolident des tirants en fer au point de départ des arcs.

Cet effet de masse de maçonnerie indifférenciée se tempère dans les nefs latérales ou des lésènes plates et des moignons de mur révèlent la présence antérieure de travées couvertes de voûtes d'arêtes qui divisaient les nefs latérales en cellules spatiales reliées rythmiquement.

La couverture tout entière, due à la restauration, est actuellement constituée d'une charpente apparente, à l'exception de la première travée où, à l'époque de l'érection de la tour, a été construite une voûte en croisée d'ogives, retombant sur deux pilastres à section carrée adossés aux piliers originels.

Un timide essai décoratif apparaît à l'intérieur de l'abside majeure, divisée en cinq panneaux par de fines nervures et flanquée de deux demi-colonnes, dont les chapiteaux présentent un décor élémentaire attribuable au XIe siècle: il s'agit de fines incisions dessinant des motifs végétaux géométriques où s'insèrent la figure d'un petit cheval (à gauche) et une esquisse de visage humain (à droite).

Au dessus du sanctuaire, dans la portion d'espace délimitée par les deux arcs triomphaux qui précèdent l'abside, demeurent des restes de fresques attribuées au XIIe siècle.

Malgré le mauvais état de conservation, on peut y repérer quelques scènes bibliques et un Christ Pantocrator entouré d'une mandorle. D'autres fresques sont visibles dans l'absidiole de gauche (figure de saint Marc, du XVIIe siècle) et sur certains piliers (peintures votives du XVe siècle).

SANT'ELPIDIO A MARE (HAMEAU DE CASETTE D'ETE): 17

Santa Croce al Ete Morto (ou Al Chienti)

Non loin du point de rencontre des vallées de L'Ete Morto et du Chienti, s'élève l'église de la Sainte-Croix, jadis annexée à un monastère bénédictin et depuis la fin du XVIIIe siècle transformée en bâtiment rural.

Sa fondation remonte au IXe siècle, comme en témoignent certains documents qui en attribuent la construction à l'initiative de l'empereur Charles III le Gros:

– un diplôme de 884 par lequel l'empereur accorde sa protection et d'importantes donations à l'abbaye;

– un diplôme de 887 (sur l'authenticité duquel on a cependant émis quelques doutes) qui nous apprend la consécration de l'église en 886, en présence d' l'évêque Théodose – rédacteur du document – et de l'empereur Charles le Gros lui-même.

La décadence précoce du monastère bénédictin dont l'église faisait partie entraîna, au XIIIe siècle, l'abandon total de l'édifice de la part des moines qui se retirèrent près de l'abbaye de Chiaravalle del Chienti.

Restaurée en 1749 comme le rappelle une inscription lapidaire à l'intérieur de l'église, la basilique fut en partie affectée à un usage agricole en 1790.

Elle est aujourd'hui à l'abandon et attend une restauration qui la rende à l'attention du public comme l'un des documents les plus intéressants de l'architecture préromane et romane de la région.

Au delà de l'attrait qu'exerce encore le site et l'architecture, l'édifice présente actuellement un aspect d'abandon et parait comme «enfoncé» du fait de la montée du sol qui l'entoure, faussant les proportions, surtout celles de la façade.

L'édifice se présente en cet état à cause de sa transformation prolongée en ferme et de son abandon ultérieur. Il est coupé horizontalement par un plancher dans la nef centrale formant une sorte de grenier auquel on accède par l'escalier extérieur qui mène au-dessus du porche de la façade. Les nefs latérales sont elles aussi coupées horizontalement par des planchers légèrement différents l'un de l'autre, et réunies par une dalle qui occupe la dernière travée de la nef centrale, étage utilisé comme habitation. On y accède par le petit escalier ajouté à l'extérieur de la nef centrale. La dernière travée de cette nef se trouve ainsi divisée en trois étages : celui du pavement originel, celui de l'habitation et celui du grenier.

Verticalement, les nefs sont séparées par des murs et une cloison coupe transversalement l'église entre l'avant-dernière et la dernière travée.

Les adjonctions dues à l'utilisation agricole ne sont cependant qu'un élément, le plus visible et le plus disparate, mais aussi celui qui gêne le moins l'interprétation d'une structure, fruit d'une évolution architecturale très complexe et guère facile à reconstituer.

Dépouillée de ces superstructures, l'église se présente comme un corps à trois nefs et trois absides de type basilical. Les arcades sont au nombre de cinq : les trois premières, de faible amplitude, sont portées par des colonnes en pierre et brique.

La quatrième colonne est un doublage de la troisième à un peu plus d'un mètre; sur elle prend appui un quatrième arc dont le chapiteau est à un niveau très inférieur à celui des premiers, et l'arc est beaucoup plus ample. Le cinquième arc dont le point de départ est au même niveau que celui du quatrième est cependant plus ample encore. Le mur qui raccorde la dernière travée à l'abside centrale est particulièrement long, ce qui fait que cette abside est en forte saillie par rapport aux deux absides latérales.

Les chapiteaux sur les premières colonnes sont fort simples, à corbeille arrondie aux angles avec une astragale. Un seul, à gauche, présente un décor primitif, sorte de chapiteau ionique stylisé, comme c'est aussi le cas ailleurs (je l'attribue au IXe siècle).

Les nefs latérales sont toutes deux surhaussées.

Dans celle de gauche, la chose est plus manifeste, du fait d'un tronçon de mur élevé au dessus du décor d'arceaux qui marque la hauteur originelle.

A l'intérieur on peut voir les marques du

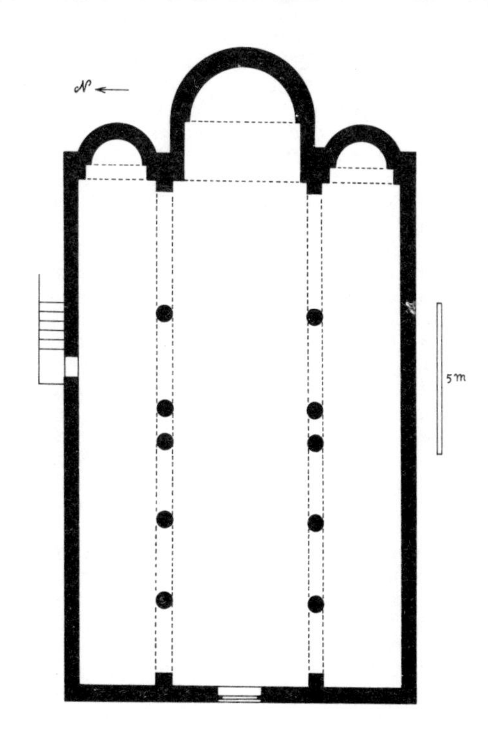

SANT'ELPIDIO
(plan originel)

départ de la première couverture en bois, et sur le mur de séparation au dessus des trois premières arcades, une série de trois baies triples : peut-être des fenêtres – murées par la suite – qui donnaient de la lumière à la nef centrale (maintenant elles se trouvent à la hauteur de la nouvelle couverture), ou bien simplement des arcades creusées dans la maçonnerie selon un style décoratif dans l'esprit de Ravenne.

Dans la nef latérale de droite demeurent les mêmes éléments, mais moins visibles en raison de couches de crépi et d'adjonctions.

Cette opération a dû comporter aussi une surélévation de la nef centrale, qu'on ne peut fonder directement sur des documents, mais conséquence directe des autres interventions (la dentelure aux parois qui fait le tour du «grenier» marque-t-elle le sommet de l'ancien mur?).

La façade elle-même est le résultat de multiples transformation. Indépendamment de l'adjonction du «porche», qui est seulement un avant-corps supportant l'escalier pour le grenier, la façade originelle était à rampants interrompus.

On en a les marques dans la façade des deux nefs latérales et son revers.

La façade actuelle est à pignon pour la nef

centrale (peut-être rehaussée) avec deux contreforts qui ne correspondent pas à la division interne et qui ont du être ajoutés en même temps que l'avant-corps. Les nefs latérales se terminent par une ligne horizontale avec arceaux au dessus de laquelle se trouve une volute du baroque tardif. Entre la nef de gauche et celle du milieu a été ajouté un clocher-peigne.

Sur cette façade sont dues à la restauration la partie centrale (XVIIIe siècle), la partie latérale de gauche et sa fenêtre en archère. Les autres ouvertures sont des transformations. Bien significatives sont les deux petites fenêtres carrées flanquant la porte centrale, typiques des transformations post-conciliaires.

Le flanc de gauche est divisé en six travées par des lésènes plates sommées d'arceaux, mais au dessus de ces derniers il y a un ressaut qui se termine par une petite corniche sous l'égout du toit.

Les fenêtres en archères verticales terminées par un arc sont au nombre de cinq : les trois premières sont centrées dans leurs travées respectives. Les deux autres sont placées à la fin de la quatrième et au début de la sixième travée pour correspondre à l'axe des quatrième et cinquième arcades de l'intérieur.

Les absides sont toutes subdivisées par des lésènes, interrompues dans le haut là où devait se trouver la corniche originelle, remplacée par une surélévation du mur. Seule l'abside de droite garde sa fenêtre centrale originelle.

Toute l'église est faite de briques et de pierres régulièrement équarries, plus visibles à certains endroits (arêtes). Les parties ajoutées sont seulement en brique.

Certaines fenêtres sont à double ébrasement.

Je crois que l'histoire de la construction peut en principe être ramenée à quatre phases : ce que je propose est évidemment une hypothèse en fonction des éléments encore déchiffrables.

La première église était une basilique à trois nefs dont il reste les trois premiers arcs, la partie basse de la façade et celle des flancs. Une basilique très semblable aux piėves ravennates, toutes en brique, avec des fenêtres à double ébrasement, les nefs latérales ayant la moitié de la largeur de la nef centrale. Un édifice très simple, avec nef centrale scandée soit d'une série de baies triples, correspondants aux arcades, peut-être séparées par des colonnettes (disparues), soit par des fenêtres ouvertes dans les arcatures. Organisme aux caractéristiques très anciennes, datables sans aucun doute du IXe siècle (c'est aussi l'époque indiquée par les sources) : c'est pourquoi je considère comme d'une importance extraordinaire cette partie de l'édifice qui, restaurée, constituerait un repère préroman dans les Marches. Surtout il faudrait vérifier à cause de sa rareté, l'existence ou la non existence des baies triples et le rapport aux basiliques primitives (c'est-à-dire qu'il faudrait voir si c'était des fenêtres fermées par des claustras ou des plaques d'albâtre,

ou bien seulement des arcatures aveugles).

Quelle longueur avait cette église, il n'est pas possible, à l'heure actuelle, de le déterminer.

Une deuxième phase de la construction a comporté l'allongement de l'église par les deux nouvelles arcades. Pour ce faire on a dressé une colonne – support qui double la troisième à faible distance : comme on a muré le bref espace entre la troisième et la quatrième colonnes on ne peut voir leur lien. Il est certain que le mur correspondant dans l'un et l'autre flanc est complètement coupé à la verticale.

La différence entre les deux arcs suivants ne me parait pas avoir d'importance. Il me semble par contre que l'on a voulu obtenir un espace plus grand pour le sanctuaire, comme on le faisait dans les églises des Marches. Et il serait intéressant – une fois l'église débarrassée de ses ajouts – de vérifier s'il n'y a pas eu ici aussi un sanctuaire surélevé et une crypte. A la même période devrait appartenir le flanc gauche et les absides (il est difficile de parler du flanc droit car il est aujourd'hui indéchiffrable).

Cette transformation a dû se produire à l'époque «romane», donc entre le XIe et le XIIe siècle.

La troisième transformation est celle du XVIIIe siècle et concerne la surélévation des nefs et des absides, avec la suppression des corniches des absides, l'obturation des fenêtres de la nef centrale et la transformation de la façade.

Sur celle-ci on a plaqué une frise d'arceaux horizontale à un niveau bien plus élevé que celui des arceaux latéraux, comme si on devait faire une façade de type abruzzain, sauf que l'on a ajouté ensuite les volutes de raccord. Mais en façade fait défaut tout principe de composition qui en règle le dessin. Le prolongement maçonné entre les grandes arcades et l'abside était couvert d'une courte voûte en berceau, encore visible dans le grenier. A disparu par contre le cul-de-four de l'abside majeure, mais la trace de l'obturation est encore visible.

La dernière phase est celle de la transformation en ferme, où cependant on maintint une église correspondant aux quatre premières arcades, en transformant à l'intérieur la quatrième pour la rendre semblable aux trois autres.

Une seule observation pour finir : la structure est saine et les adjonctions faciles à supprimer; espérons une restauration. Du point de vue de l'histoire de l'architecture dans les Marches, c'est un point de repère primordial.

18 SAN GINESIO. SANTA MARIA DELLE MACCHIE. INTÉGRÉE À *la petite agglomération de Macchie où la vallée du Fiastrella se rétrécit, l'antique Santa Maria Macularum appartenait à une abbaye bénédictine dont l'origine est généralement située aux alentours de l'an mil.*

Bien que fort altéré par des transformations tardives, l'édifice conserve une intéressante crypte romane et des fragments romains récupérés dans l'antique Urbs Salvia voisine, dont il reste encore aujourd'hui des restes significatifs.

Le premier document relatif à l'église est un parchemin des Archives de la cathédrale de San Severino qui atteste son existence en 1171.

Un recueil de notices de l'abbé bénédictin Alberico Amotori (1870) nous fait savoir aussi que, vers le milieu du XVIe siècle, abbé et moines bénédictins demeuraient encore au monastère à côté de l'église.

En 1658, le cardinal Giovanni Battista Pallotta entreprit la restauration de tout l'ensemble qui comporta la réfection presque totale de l'église et une restructuration complète de l'abbaye.

Actuellement donc la crypte, bien conservée, est seule à exprimer les valeurs stylistiques propres à l'architecture romane.

La façade principale de l'église (XVIIe siècle) allongée de façon à former un haut parallélépipède percé de fenêtres rectangulaires et surmonté d'un fronton, ne garde de la construction romane que le cintre du portail.

L'intérieur de l'édifice se compose aujourd'hui d'une seule nef, couverte de voûtes en arc de cloître.

Le sanctuaire surélevé, accessible par un escalier de neuf marches, est divisé en trois par deux grands arcs en plein cintre. Au dessous se trouve la crypte à laquelle on accède par deux petits escaliers latéraux.

Cet espace, absidé, se compose de sept petites nefs couvertes de voûtes d'arêtes au cintre légèrement surhaussé, qui retombent sur des supports cylindriques. Quatre de ceux-ci, entourant l'autel, sont constitués de morceaux de colonnes romaines en marbre, récupérés dans les édifices antiques, comme le suggérait la coutume répandue dans tous les chantiers médiévaux situés au voisinage de centres romains abandonnés.

L'un des supports romains remployés est une pierre milliaire qui conserve une inscription relative à l'empereur Constance II (334-361 ap. J.C.).

Quatre chapiteaux proviennent également de construction romaines: trois d'entre eux, de facture raffinée, appartiennent à l'ordre composite, avec de larges volutes et des motifs de feuillage; le quatrième (devant l'autel, à droite) est fait d'une base de colonne renversée.

Les autres colonnes de la crypte sont en brique et présentent des chapiteaux en tronc de pyramide renversé, aux arêtes arrondies et avec un astragale à la base. Certains de ceux-ci, que Serra a attribué au XIIe siècle, sont caractérisés par des ébauches primitives de motif végétal ou figuratif.

L'emploi des briques apparentes (d'ailleurs répandu dans la région) et la réutilisation de pièces romaines récupérées incitent à anticiper la datation de la crypte au XIe siècle.

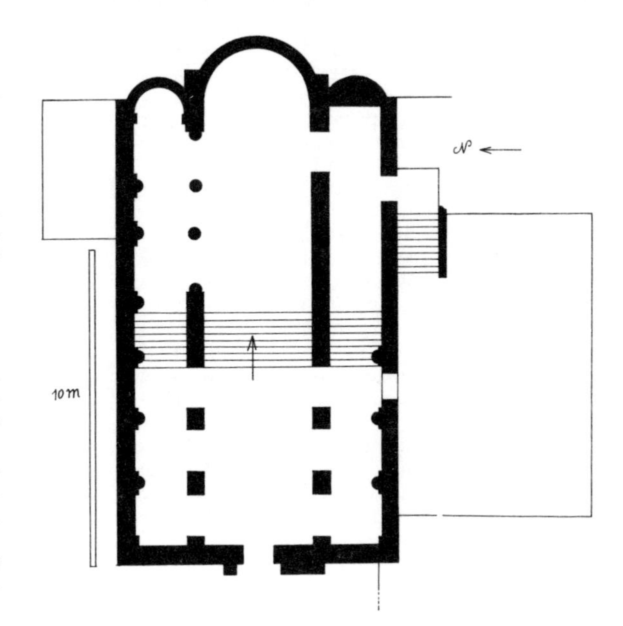

SAN RUFFINO

Le type de cette crypte, avec de nombreuses nefs et des travées couvertes de petites voûtes d'arêtes qui supportent le sanctuaire surélevé, est un élément typique de l'architecture bénédictine dans les Marches après l'an mil.

La datation proposée est confirmée par la comparaison avec la crypte voisine de Saint-Sauveur ou de Sainte-Marie in Insula près de Cessapalombo, considérée comme l'unique partie subsistant d'une abbaye fondée par saint Romuald en 1009.

On peut y trouver des analogies évidentes dans la répartition de l'espace en travées et dans le traitement en maçonnerie des voûtes sur arcs au cintre surhaussé, ainsi que dans le modèle primitif des chapiteaux, marqués à Saint-Sauveur d'une plus riche variété de sujets.

SAN RUFFINO (COMMUNE D'AMANDOLA). SANTI RUFFINO **19** e Vitale. Le monastère bénédictin des Saints Ruffin et Vital se trouve sur la rive droite du fleuve Tenna, sur une éminence au pied des monts Sibyllins.

Objet de restaurations importantes, qui se sont succédées au cours des siècles, l'ancien monastère s'ordonne autour d'une cour rectangulaire, que borde au côté Nord l'église bien orientée avec entrée à l'Ouest.

Dans l'état actuel des études, on n'a pas encore découvert de documents sur l'origine de l'abbaye.

En 1963 Pacini a publié le codex 1030 des archives diplomatiques de Fermo, dans lequel on parle de la cession par Giselmanus de giselbertus, du quart des biens de l'église Saint-Vital à l'évêque de Fermo en 1023.

Par ailleurs il n'est pas de données qui permettent d'identifier avec sécurité cette «Ecclesia Beati Santi Vitali» à l'édifice étudié ici, ce qui nous fournirait un important point d'appui chronologique.

Les «Memorie storiche della città di Amandola», publiées par Ferranti (1891), rapportent des actes de vente et de donation d'une époque ultérieure (XIIIe-XVe siècles) d'où il ressort que la dédicace initiale de l'ensemble monastique était à saint Vital seul, auquel fut adjoint plus tard seulement saint Rufin, un saint thaumaturge particulièrement vénéré de la population locale.

Le même auteur fait savoir que l'abbaye exerça une juridiction féodale sur les châteaux de Marnacchia, Piano San Vitale, Pasillo et Smerillo jusqu'en 1274, année où elle les céda à la commune d'Amandola.

En l'absence d'une documentation sûre, la fondation du monastère a été fixée approximativement par Ferranti, par Lanzoni («Le diocesi d'Italia dalle origini al principio del sec. VIIe», Faenza 1927) et par Allevi («I Benedettini nel Piceno...» in «Studi Maceratesi» II, 1966) à l'époque de la première pénétration bénédictine entre le VIe et le VIIe siècle : opinion que nous partageons.

L'église actuelle a par contre été attribuée globalement au XIIIe siècle par Serra, tandis que Pacini a estimé que la partie du sanctuaire avec la crypte au dessous devait être attribué à une réfection tardive, sans en préciser l'époque.

L'examen des éléments déchiffrables de l'édifice est rendu plus difficile par les nombreux travaux de restauration exécutés à des époques diverses. Le clocher a été plusieurs fois remanié (après 1429, au siècle dernier et encore à une époque récente); la partie supérieure du chevet a été entièrement reconstruite après la deuxième guerre mondiale; d'autres restaurations ont été entreprises au XVIIIe siècle (voyez la fenêtre rectangulaire en façade) et en 1968/1969 (période à laquelle remonte le portail principal).

L'église offre un schéma basilical à trois nefs – reconnaissable bien qu'altéré par les modifications – avec une crypte sous le sanctuaire et un autre local souterrain correspondant à la nef latérale de gauche.

Sur le flanc septentrional se greffe le corps de la sacristie, salle rectangulaire, couverte d'un toit à deux versants.

L'extérieur de la basilique, serré dans des murs d'enceinte, laisse voir des irrégularités manifestes qu'il faut imputer aux diverses réfections de l'architecture.

La façade à rampants interrompus révèle une discontinuité dans sa maçonnerie, où alternent des blocs de pierre polie en assises horizontales, des pierres grossièrement équarries avec de larges couches de ciment et de briques.

La symétrie de la façade est gâtée par un rehaussement au dessus du rampant de droite. La zone centrale se distingue par une légère saillie du mur et par des contreforts de part et d'autre du portail, refait à la restauration comme les grandes fenêtres des nefs latérales. La vaste baie rectangulaire, au centre, a été exécutée au XVIIIe siècle, sans doute à la place d'une rose.

Les flancs révèlent la même absence d'homogénéité dans l'emploi des matériaux de construction. Seuls éléments encore en place du décor mural, deux sveltes lésènes sur la face de gauche, entre lesquels se trouve une fenêtre étroite ouverte récemment. D'autres fenêtres – dues à la restauration – s'ouvrent dans le mur haut des flancs, pour éclairer la nef centrale.

On trouve encore des tronçons de pilastre au soubassement de l'abside majeure, refaçonnée dans la partie haute par un parement de brique qui se termine en une double corniche à dents d'engrenage sur modillons. Dans le demi-cylindre s'ouvrent quatre fenêtres dont l'une correspond à la crypte.

A droite de l'abside centrale fait saillie une absidiole qui laisse voir elle aussi d'abondants rapiéçages sur une souche peut-être originelle : ce que semble confirmer la fenêtre ébrasée qui s'y ouvre pour éclairer la crypte.

L'absidiole jumelle de gauche ne conserve que son soubassement, étant surmonté d'un grand clocher carré en pierraille et brique avec au sommet d'amples fenêtres doubles – une par face – sur colonnettes de brique octogonales.

L'intérieur basilical, en pierre apparente, est à deux niveaux raccordés par un escalier, non d'origine, placé à peu près au milieu de la nef.

Les trois nefs sont séparées, au niveau inférieur, par deux paires de piliers carrés en pierre qui portent des arcs en plein cintre et qui, comme l'a remarqué Pacini, «révèlent un remaniement».

La série des arcs est interrompu au niveau de l'escalier où, à gauche, est visible l'obturation du quatrième arc et, à droite, commence le mur de clôture qui isole la nef latérale adjacente.

Dans la zone du sanctuaire surélevée, les arcs qui suivent du côté gauche – selon un espacement différent – semblent être l'œuvre d'une réfection moderne dans le style : ils sont portés par quatre colonnes aux chapiteaux arrondis et décorés aux arêtes d'un motif géométrique emprunté aux exemples de la crypte. Les voûtes d'arêtes qui couvrent cette portion de l'espace sont elles aussi dues à la restauration.

A droite, le sanctuaire est séparé de la nef

latérale par une seule arcade qui introduit dans la salle au rez-de-chaussée du clocher.

Dans la nef centrale, la couverture a été refaite en charpente apparente.

Il faut noter que quelques demi-colonnes en pierre aux chapiteaux primitifs et des traces d'arc sur le mur gouttereau de la nef latérale de droite sont là pour indiquer, dans cette zone, une division originelle en travées voûtées d'arêtes (supprimées par la restauration de 1968).

Sur les murs de clôture entourant l'escalier, sont visibles des fresques attribuées aux XIVe-XVe siècles. Il s'agit d'une Vierge à l'Enfant sur un fond damasquiné datant du XIVe siècle (à gauche), peinte avec un goût marqué pour les détails décoratifs, et d'une Vierge avec des saints, probablement exécutées par l'artiste qui en 1423 décora l'aglise de Santa Maria a Piè d'Agello (Amandola).

A la crypte, on accède par deux petits escaliers situés dans les nefs latérales. La chapelle présente un plan à cinq nefs de quatre travées, avec trois absides. Les voûtes d'arêtes, actuellement couvertes d'enduit, retombent sur des colonnes en grès, peut-être remployées, avec de chapiteaux aux arêtes chanfreinées et striées, très semblables à ceux que l'on peut voir à l'église Sainte-Marie de Portonovo (XIe-XIIe siècles).

Un deuxième espace souterrain est accessible à partir de la nef latérale de gauche et consiste en un local cruciforme doté d'une abside. Cette grotte a environ deux mètres de hauteur et est couverte d'un berceau.

Sur les murs de tuf on peut voir des fragments de fresques avec des grandes figures de saints, fortement cernés et tournés vers une main sortant des nuages qui symbolise la présence du Père Éternel.

A la base, un décor à trois rangées de carrés aux dessins géométriques, qui forment une sorte de courtine, renvoient au décor bordant le bas des fresques du VIIIe siècle découvertes dans l'abbaye de Farfa : décor qui selon Premoli («La chiesa abbaziale di Farfa», in Riv. Naz. Arch. Arte, XXI-XXII, 1974-1975) se retrouve inchangé, hormis des variantes de style de peu d'importance, au cours des VIIIe et IXe siècles.

Cette datation semble être confirmée encore par certains détails iconographiques, tels que la stylisation des drapés et les lourds contours foncés.

La présence d'une figure féminine qu'on peut identifier comme sainte Victoire inciterait en outre à restreindre la date des peintures à la période postérieure à la translation des reliques de la martyre dans le Matenano (20 juin 934).

Dans l'ensemble, cette chapelle est semblable à la pièce cruciforme découverte sous la crypte de Santa Maria di Rambona en laquelle Nestori a reconnu un temple hypogée païen, vraisemblablement destiné au culte très répandu de la Bonne déesse.

Il est probable que, dans le cas présent comme à Rambona, les bénédictins ont voulu faire revivre un antique centre religieux en le chargeant de nouvelles significations chrétiennes.

Sur la base des éléments observés, nous pouvons en conclusion hasarder l'hypothèse que l'église actuelle, avec plan basilical et crypte, a été construite sur le temple païen par les bénédictins autour des XIe-XIIe siècles.

A cette époque renvoient : l'implantation simple et réduite à l'essentiel de l'architecture; l'extrême économie du décor, dont il reste seulement des fragments de lésènes sur le flanc gauche et au bas de l'abside majeure; l'emploi de la pierre apparente; le haut sanctuaire élevé au dessus de la crypte couverte de voûtes d'arêtes – typique des église des Marches – et la présence de chapiteaux de forme élémentaire, chanfreinés aux angles.

Comme la crypte, la basilique supérieure devait avoir trois absides.

Seul un sondage dans la maçonnerie pourrait aussi fonder l'opinion de Pacini selon lequel les nefs étaient séparées par des colonnes, dont certaines, à son avis sont conservés à l'intérieur des piliers actuels.

Au XIIIe siècle, on peut attribuer : l'adjonction du clocher à la place de l'absidiole de droite et divers compléments de la maçonnerie (la partie supérieure des absides?).

Il est par ailleurs difficile de préciser l'époque du remplacement de certaines arcades internes par des pans de mur pour lesquels la datation des fresques constitue seulement un «terminus ante quem».

20

SAN SEVERINO. SAN LORENZO IN DOLIOLO. D'ORIGINE TRÈS *ancienne, l'église abbatiale bénédictine de San Lorenzo in Doliolo s'intègre à l'agglomération de San Severino avec son plan basilical allongé comportant six travées séparées par de robustes colonnes et un grand sanctuaire surélevé au dessus de la crypte.*

L'église, orientée, est située à la périphérie du centre historique d'origine médiévale à l'intérieur de la limite marquée par la Porte Romaine.

L'abbaye dont elle fit partie fut le premier centre monastique important de San Severino.

Son aspect roman se montre très modifié par des interventions opérées à des époques diverses et, en l'absence de documents sûrs, il est très difficile de la dater avec précision.

La tradition la dit érigée au VIe siècle sur un temple païen, et c'est justement vers cette époque (VIe-VIIIe siècles) que certains archéologues (comme Re, Montironi et Mozzoni dans la publication récente consacrée aux abbayes des Marches) font remonter la partie antérieure de la crypte, dotée d'une petite abside et couverte de voûtes en calotte, différente de la partie postérieure à trois petites nefs tenue pour être des IXe-Xe siècles.

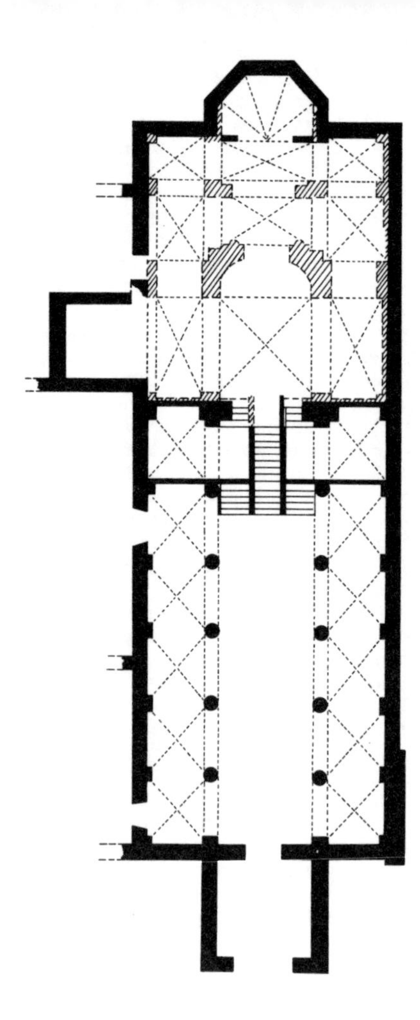

SAN SEVERINO

La construction de la basilique supérieure est généralement assignée au XIe siècle, datation acceptée par Serra et confirmée, à son avis, par les «grosses colonnes cylindriques posées sur un double tore».

Le portail à triple ressaut pourrait lui aussi remonter à cette période: il présente en effet une archivolte en plein cintre et des piédroits lisses, formés d'une colonnette et de deux piliers interrompus en leur milieu par une simple moulure.

En fait, les documents les plus anciens qui concernent l'abbaye (publiés par Gentili et Fanciulli) n'apparaissent pas avant le XIIe siècle.

C'est à l'année 1305 que Serra attribue la consécration de l'église après les travaux radicaux de transformation qui modifièrent l'édifice dans la ligne du style gothique. Le développement économique du XIVe siècle provoqua en effet à San Severino une croissance urbaine importante et l'agrandissement des édifices déjà existants.

A cette occasion fut adossé à la façade de Saint-Laurent le clocher, semblables aux autres tours locales contemporaines (de la Cathédrale Vieille, des Smeducci, de Saint-Dominique) et fut probablement construite la couverture aux voûtes en calotte.

Serra encore a supposé qu'à cette intervention même était due la disposition de l'église en trois nefs: les traces du fondement d'un mur à l'endroit des grandes arcades du côté droit et la différence de matériau entre les colonnes et les arcs de gauche – en pierre – et ceux de droite – en brique crépie – amènent en effet à imaginer un plan originel à deux nefs.

En 1393, le monastère de Saint Laurent in Doliolo s'unit à celui de Saint-Eustache in Domora et en 1438 à celui de Sainte-Marie de Rambona.

Au XVIIIe siècle, l'église fut élevée au rang de cathédrale, en raison du déplacement du centre politique de San Severino du quartier du château à celui dit «borgo».

Le titre de cathédrale passa en 1827 à Saint-Augustin, entraînant la décadence progressive de Saint-Laurent.

Nous savons qu'à la fin du XIXe siècle les locaux du monastère étaient affectés à des magasins pour matériaux combustibles et étaient de ce fait exposés à de fréquents incendies: à cette situation mit fin en 1899 l'office régional intéressé à la protection de ce monument, en obtenant des autorités ministérielles l'interdiction d'utiliser comme dépôt l'ancien monastère.

Plus tard fut entrepris un travail de restauration, qui se prolongea pendant plusieurs années et se termina en 1922.

L'aspect extérieur de l'édifice est caractérisé par la présence de divers matériaux de construction: la tour carrée, adossée au milieu de la façade, est pour sa moitié inférieure constituée de petits blocs de pierre blanche, qui contrastent avec la zone supérieure en brique, terminée par des fragments de corniche d'arceaux trilobés et percée d'une fenêtre dans chaque face; sur le flanc de droite se superposent petits blocs de tuf, pierres, briques; tandis que sur le flanc gauche on peut voir des traces du cloître gothique.

A l'intérieur aussi, les matériaux utilisés ne sont pas homogènes; pierre apparente pour les colonnes et les arcs de gauche (certains d'entre eux au cintre brisé); brique pour le pavement, couche de crépi sur le reste de la structure.

Le sanctuaire, très vaste, est nettement distinct de la partie antérieure de l'église à laquelle il se raccorde par un escalier de douze marches, de la longueur de la dernière travée et de la largeur de la nef centrale.

Le sanctuaire est de façon évidente dû à une réfection tardive: il se termine par une abside semi-circulaire à l'intérieur et polygonale à l'extérieur.

Les dix colonnes de la basilique sont coiffées alternativement de chapiteaux de type cubique aux arêtes arrondies et de chapiteaux aux faces semi-circulaires, tous dus à la restauration.

La couverture est toute en voûtes en calotte: plus grandes et retombant sur des culots dans la nef centrale, plus hautes pour les nefs latérales.

Signalons enfin les remarquables fresques de Lorenzo Salibeni et de son école, conservées dans la crypte (fragments monochromes avec l'histoire de saint André) et dans la sacristie (quelques bribes d'une Crucifixion avec des saints datée de 1407).

21 *SASSOFERRATO. SANTA CROCE DEI CONTI.* L'ÉGLISE SE DRESSE

à l'écart, sur un coteau, au versant de la vallée opposé à celui de Sassoferrato, dont elle a toujours été distincte, du fait aussi qu'elle se rattache à un diocèse différent.

Son nom est Santa Croce dei Conti – des comtes Atti, les fondateurs – ou bien Santa Croce di Tripudio ou Tripozzo (Amatori), Traposso (Tripudeum, Triputium, peut-être les trois coteaux selon Pagnani). L'ensemble se compose de l'église et du monastère.

La date de la première construction est incertaine. Font défaut par ailleurs des monographies techniques et des études de structure précises : les seules monographies sont celles d'historiens qui traitent de l'édifice de façon approximative.

Serra exprime plusieurs opinions. Dans les «*Lineamenti...*» et dans «*L'Arte delle Marche*» il attribue la construction au XIIe siècle, tandis que dans les «*Riflessi...*» il la rapporte au XIIIe, «plutôt à la deuxième moitié, peut-être au XIVe siècle», en s'appuyant surtout sur l'insertion de formes «gothiques».

Pacini «*Monumenti...*» (1959), propose à nouveau le XIIe siècle, comme avant lui Perogalli «*Architettura...*».

Gordini «*Santa Croce dei Conti*» propose le Xe siècle en se référant à l'histoire des fondateurs, les comtes Atti, et non en se basant sur des considérations architecturales.

Ce qui me parait plus intéressant, c'est la citation d'un document de 1105 (In *Ann. Cam.* T. III, App. 135) qui serait le premier relatif à l'église, et d'une inscription lapidaire (encore en place) de 1170.

Pagnani, dans une note à Gordini, accepte les documents et donc l'existence de l'église au XIe siècle, mais non au Xe; dans sa propre «*Storia...*» par contre, il ne se réfère plus aux documents de Gordini et l'attribue d'abord de façon générale au XIIe siècle, puis aux alentours de 1175, estimant que les Atti avaient fondé le château de Sassoferrato vers 1150.

Toesca (1927) ne date pas l'église mais attribue les chapiteaux au XIIe siècle.

L'hypothèse de Ramelli «*Monumenti...*» selon laquelle l'église aurait été un temple mithriaque est dénuée de fondement : les documents lapidaires qu'il invoque, bien que recueillis sur place, doivent provenir de Sentium.

Pour déterminer la datation, je crois devoir faire référence à quelques éléments :

le document de 1105 qui montrerait l'existence de l'église à cette date;

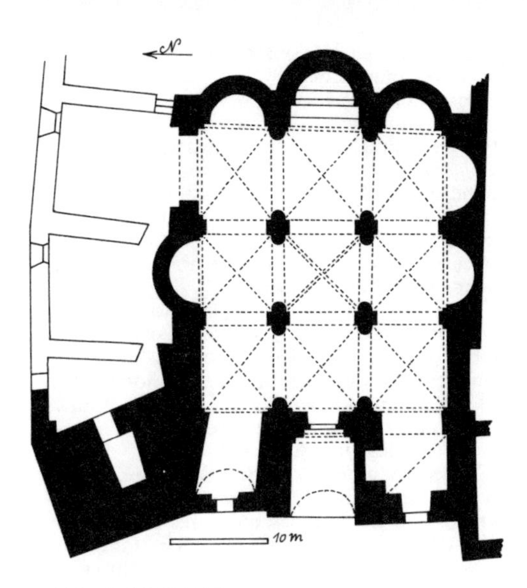

SASSOFERRATO

les chapiteaux;

les aspects «lombards», même s'ils ne sont que partiellement lisibles comme les arceaux, les piliers cruciformes, la tour-lanterne;

une certaine simplicité carrément primitive dans la maçonnerie et dans les voûtes, qui a suggéré dans la suite un revêtement extérieur général.

L'aspect de l'église originelle, aujourd'hui très déformé par les transformations, et pas toujours étudié avec attention, devait être fort semblable à celui de San Vittore alle Chiuse, avec coupole, lanterne, clocher cylindrique en façade, décor d'arceaux, etc., et pour cette raison je crois devoir faire remonter la datation vers la fin du XIe siècle.

On dirait l'œuvre d'un architecte qui connaissait bien Saint-Victor, mais de formation septentrionale, du fait de l'introduction d'éléments qui privilégient avant tout l'axialité au lieu de la construction centrée, tels la disposition des colonnes cruciformes et la profondeur de l'abside principale, et l'introduction des éléments lombards signalés.

L'église

Elle appartient au groupe des églises des Marches avec à l'origine un plan en croix grecque inscrite dans un carré, trois absides à l'extrémité et deux au milieu des côtés. Un narthex est adossé à la façade : le rez-de-chaussée est divisé en trois, l'espace central servant d'atrium est ouvert sur l'extérieur (cf. San Vittore alle Chiuse, Santa Maria delle Moje, San Claudio al Chienti).

Les dimensions sont ici très réduites et l'élan vertical est très marqué.

Le matériau de construction est la pierre locale en blocs équarris.

Les transformations concernent deux aspect: l'adjonction de corps de bâtiment autour de l'édifice et les modifications internes. Les principales sont l'ouverture de la troisième travée de gauche et l'addition d'une abside dans la travée de droite qui lui fait face; l'ouverture de la façade en direction des espaces du narthex et la réfection du revêtement en pierre artificielle.

Les quatre supports centraux sont de plan cruciforme avec des pilastres dans le sens transversal et des demi-colonnes de granit dans le sens longitudinal. Les supports adossés aux murs sont semblables: demi-colonnes sur les murs perpendiculaires à l'axe et pilastres sur les flancs.

Dans les angles du mur d'entrée, la retombée des voûtes – apparente et non structurelle – se fait sur des colonnes de remploi, celle de droite composée de trois tambours différents (de bas en haut: à cannelures en spirale, à feuilles lancéolées et lisse).

Les fûts de toutes les colonnes proviennent des fouilles de la ville romaine de Sentium, toute proche, dont le territoire a été propriété de l'église dès les premiers temps.

Les bases de sept colonnes sont semblables et faites pour elles: simples, avec seulement deux protubérances aux angles; la huitième provient de Sentium: on y voit un aigle s'emparant d'un lièvre.

Les arcs sont en plein cintre; les huit voûtesdu côté des murs sont des voûtes d'arêtes; seule la voûte centrale est nervurée, mais c'est le fait d'une transformation: la couverture devait être à coupole, car à l'extérieur demeure la lanterne, comme à San Vittore.

Serra, «*Riflessi...*», observe que les voûtes sont plus évoluées qu'à Saint-Victor «mise à part l'arête plus marquée à son point de départ, mais de forme beaucoup plus belle dans leur tendance byzantine vers la calotte».

L'église est presqu'entièrement englobée dans les édifices conventuels qui l'entourent; restent visibles:

l'abside latérale de gauche (dont on peut voir le bas de la sacristie et le haut de l'extérieur);

la partie supérieure du mur opposé à la façade où l'on doit noter quelques arceaux;

la tour-lanterne originelle.

Gordini ajoute que chaque chapelle était percée d'une fenêtre «étroite et haute dont l'arc était formé d'un seul voussoir et pourvu de deux fines colonnes sur les côtés ou... de deux cordons».

Le clocher à l'angle gauche de la façade a été lui aussi ajouté probablement à la fin du XIVe siècle: on voit encore les traces des fenêtres doubles originelles.

Pagnani dans une note à Gordini dit que le clocher et les cloches ont été l'œuvre d'un certain abbé Giovanni en charge au début du XVe siècle.

Le clocher originel, ici aussi cylindrique, était incorporé – comme à Saint-Victor et aux Moje – au narthex, à gauche de l'entrée où l'on voit encore une partie du mur courbe.

La baie extérieure de l'entrée est fermée par un portail avec des bordures en pierre sculptée de motifs floraux géométriques, et des chapiteaux aux motifs zoomorphes.

Les chapiteaux

Les chapiteaux sont parmi les plus intéressants des Marches; on peut en indiquer trios groupes principaux:

– ceux ornées de motifs géométriques, rinceaux, tresses, feuilles, etc.

– ceux avec des motifs tirés du bestiaire ou des animaux fantastiques, de type lombard;

– celui avec la crucifixion sur le deuxième plier de gauche.

Les figures y sont toutes dans le même plan; le Christ est plus grand que les autres personnages et plus large que haut (33 cm entre les bras ouverts pour 32 cm de hauteur), il est crucifié avec quatre clous, les pieds disjoints et vêtu d'une tunique, image qui se rattache aux plus anciennes.

Le modèle est évidemment byzantin (intéressant parallèle avec le type de l'édifice) et les points de comparaison en Italie pourraient se trouver dans la Crucifixion peinte à la catacombe de Saint-Valentin à Rome (VIIe siècle), dans la gravure caricaturale du paedagogium au Palatin (IIIe-IVe siècle?), dans la sculpture du Christ en croix à Lucques, œuvre orientale de datation incertaine (VIIIe-XIIe siècle?), dans la miniature de l'évangéliaire syriaque (VIe siècle) à la Laurenziana de Florence, ou dans la crucifixion peinte à Sainte-Marie Antique à Rome (milieu du VIIIe siècle).

Du fait des mouvements des personnages et de la tunique on peut relever une analogie plus étroite avec le baiser-de-paix du Duc Orso (Cividale, Musée).

On peut encore invoquer d'autres analogies avec la porte de Saint-Zénon à Vérone et une fresque à San Vincenzo al Volturno (IXe siècle).

La date d'attribution la plus courante de tout le corpus des chapiteaux est le XIIe siècle, mais les considérations faites sur ce dernier chapiteau unies à celles déjà présentées sur l'architecture m'incitent à la placer plus haut, déplacement qui me parait aussi avoir un appui dans le dessin des animaux des autres chapiteaux.

Les fresques

Il reste encore quelques fresques sur la gauche de l'abside centrale et dans l'abside latérale de gauche, dédiée au bienheureux Albert, Père de la Sainte-Croix, qui vécut jusqu'au milieu du XIVe siècle, semble-t-il.

L'auteur – inconnu (XIVe siècle) – a représenté des épisodes de la vie de saint Thomas Apôtre, une Vierge, le bienheureux Albert et une crucifixion.

Le monastère

Le monastère est une construction juxtaposée à l'église qui, je crois, se trouvait isolée à l'origine : c'est un édifice construit à des époques diverses.

On peut y remarquer trois arcs brisés (XIIIe siècle) et des restes du palais du Commendataire, le cardinal Giandomenico de Cupis (entre 1515 et 1550); mais l'ensemble, transformé en ferme, est en mauvais état et peu reconnaissable.

22 SERRA SAN QUIRICO (HAMEAU DE SANTA ELENA). SANTA

Elena. L'église Sainte-Hélène a fait partie de l'une des abbayes les plus importantes qui se sont élevées sur le cours du fleuves Esino. Ses biens couvraient en effet une vaste étendue entre les vallées du Cesano au Nord et du Mosone au Sud.

La tradition attribue la fondation du monastère à l'initiative de saint Romuald, dans la première décennie du XIe siècle (1005-1009), mais de nombreux archéologues s'accordent à assigner à la fin du XIIe siècle la construction de l'édifice actuel (probablement sur des éléments préexistants), en s'appuyant aussi bien sur la documentation historique que sur les analyses stylistiques.

Les documents de 1180 et de 1199, relatifs respectivement à l'union de l'abbaye Sainte-Hélène à la congrégation des Camaldules et à l'obtention de la protection du Saint-Siège concédée par Innocent III, ne peuvent en effet se rapporter qu'à un ensemble «déjà construit et en pleine activité», comme l'a noté Zampetti.

Les traits gothiques manifestes de sa physionomie sont en outre explicables par l'influence précoce de l'architecture d'au delà des Alpes dans la zone de la Vallesina, qui offre son exemple le plus significatif dans l'abbaye cistercienne Sainte-Marie de Chiaravalle (XIIe siècle).

L'inscription lapidaire, découverte il y a quelques années sous l'enduit du sanctuaire, confirme une telle datation car elle témoigne que la consécration de l'église eut lieu en 1212.

Constituée entièrement de petits blocs de pierre locale, la basilique Sainte-Hélène présente un plan à trois nefs de hauteur quasi égale, séparées par six piliers cruciformes, et terminées par une seule abside correspondant à la nef centrale. Sous le sanctuaire, notablement surélevé selon l'usage régional, est creusée la crypte de sept petites nefs, entièrement reconstruite après un écroulement en 1925.

La façade, protégée par des restes de remparts, rappelle un modèle déjà observé dans les églises abruzzaines de Santa Maria di Cartignano près de Bussi sul Tirino (XIIe siècle) et de San Nicola à Pesco-

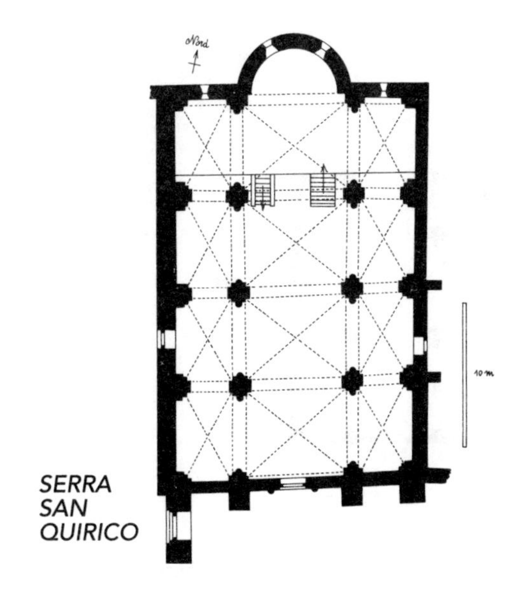

SERRA SAN QUIRICO

sansonesco (XIIe- XIIIe siècles), avec un grand clocher-peigne au milieu.

Deux contreforts de part et d'autre du portail central manifestent à l'extérieur la disposition intérieure de l'espace à trois nefs. Au dessus de l'entrée s'ouvre une fenêtre cintrée à double ébrasement qui reprend la ligne du portail ébrasé, en plein cintre, avec quatre ressauts entre deux demi-colonnes. Au linteau sont figurés deux animaux affrontés et une croix grecque. La voussure la plus enfoncée est sculptée de linteaux où s'insèrent feuilles, grappes et fleurs, selon un modèle qui rappelle la série des portails bénédictins des Abruzzes: les deux voussures suivantes, dépourvues de sculptures, retombent sur des chapiteaux que Serra a défini comme «de style gothique», avec une colombe et un quadrilobe orné de lys; la voussure la plus extérieure est à denticules simples.

Les autres portails, sur les flancs, sont à cintre brisé.

Sur la face postérieure, sans décor, se greffe le demi-cylindre absidal, percé de deux fenêtres allongées. Deux autres fenêtres de plus faible dimension éclairent les nefs latérales.

L'intérieur présente une couverture en voûtes d'arêtes qui prennent appui sur des piliers dans la nef centrale et sur des pilastres adossés aux murs gouttereaux. Les grandes arcades sont en plein cintre tandis que les arcs doubleaux de la nef centrale sont en cintre brisé, accentuant l'élan de l'édifice vers le haut.

Les supports cruciformes sont faits de piliers carrés auxquelles s'adossent deux demi-colonnes aux imposants chapiteaux sculptés. Sur les demi-colonnes prennent appui les pilastres qui soutiennent les arcs des grandes arcades.

Cette singulière disposition des supports ainsi que d'autres particularités de l'édifice ont amené Krönig à conclure que l'église est le résultat de deux interventions différentes; à son avis, la basilique de la fin

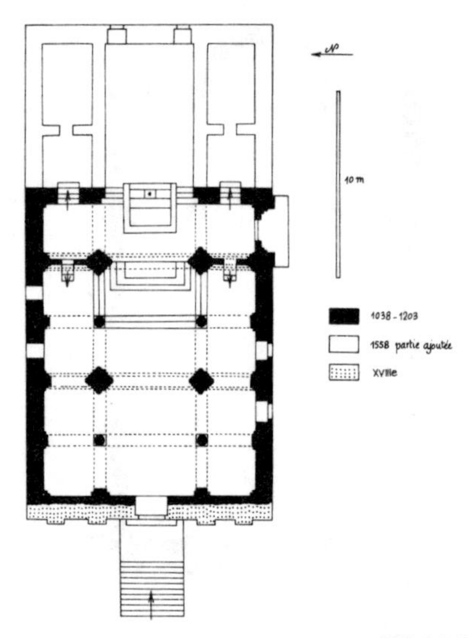

SIROLO

du XIIe siècle présentait une alternance de supports (colonnes et piliers) et n'était pas couverte de voûtes: «cet édifice fut ensuite transformé en une église-halle – écrit cet archéologue – aux nefs de même hauteur, en éliminant les supports intermédiaires et les murs du registre supérieur de la nef centrale, et en surélevant les nefs latérales où les points d'appui des voûtes se révèlent ajoutés en un second temps du fait de leur facture vraiment grossière».

A la même intervention, qu'il situe entre le XIIIe et le XIVe siècle, Krönig attribue aussi les fenêtres des nefs latérales (de forme trilobée) et la surélévation de la façade par le clocher-mur.

Le corps des chapiteaux des demi-colonnes a été qualifié par Serra d'«éléments vital de la construction» d'une date antérieure à la fin du XIIe siècle.

En effet aussi bien le type de la plastique que les sujets représentés peuvent être attribués à cette époque: tous les chapiteaux sont pourvus de tailloir et d'astragale; la corbeille est dans la plupart des cas décorée de motifs végétaux, imitation naïve du type corinthien ou d'après un modèle aux grands canlicoles plats enroulés en volutes issus d'un bandeau diversement orné (petits arcs, zigzag, figures géométriques); sur certains paraissent les monstres du bestiaire médiéval – sirène à deux queues, chiens affrontés et une figure ailée entre des animaux fantastiques – figés dans des positions rigidement statiques.

23 *SIROLO. ABBAYE SAN PIETRO SUL MONTE CONERO. AU SEIN* d'une localité située presque au sommet du Mont Cònero, l'abbaye a été fondée en 1038 d'après un document des Camaldules cité tant par Amatori que par Marinelli. En 1048 le monastère est déjà habité.

En 1203 on y exécute des travaux, rappelés par une inscription lapidaire incomplète (Barili, p. 7; Marinelli, p. 238), probablement relatifs à l'agrandissement du monastère et à l'embellissement de l'église.

En 1558 le toit brûle: en même temps que la reconstruction de la couverture, on refait toute la partie absidale et on ajoute la crypte.

L'église, desservie jusqu'en 1860, est restée propriété privée jusqu'en 1960 où elle est passée au diocèse d'Osimo.

L'édifice est basilical à trois nefs de hauteurs différentes, de type lombard en pierre apparente.

La façade est l'œuvre d'une réfection (XVIIIe siècle?) tandis qu'au flanc droit on peut voir l'aspect originel, avec un mur en pierre apparente, scandé d'une lésène et sommé d'une corniche sur arceaux que surmonte un décor en dents d'engrenage.

Dans ce flanc, à l'endroit du clocher, s'ouvre un portail qui garde une partie du décor à motifs floraux de la triple voussure, attribuée à la première construction.

L'autre flanc est recouvert par des bâtiments.

On accède à l'intérieur par un long escalier.

Les nefs sont séparées par des colonnes cylindriques et des piliers polystyles dont l'alternance crée un ensemble de quatre travées.

Le long des murs gouttereaux, des demi-colonnes répondent aux piliers.

Les arcs sont en plein cintre avec un rouleau en pierre.

La couverture, due à la restauration, est en berceau dans les nefs latérales et à charpente apparente dans la nef centrale.

La cinquième travée est un aménagement de raccord avec la partie absidale ajoutée qui a été surélevé au moment de l'agrandissement.

La crypte, accessible de l'intérieur par deux petits escaliers, est à sept nefs et trois travées séparées par six piliers et huit colonnettes de type toscan, peut-être remployées et provenant d'autres parties de la construction.

La situation de l'église, haut placée sur un rocher, fait que l'on peut aussi accéder à la crypte de l'extérieur.

Du côté droit, à la hauteur de la cinquième travée, est implanté le clocher dont est conservé la partie initiale.

Les grands chapiteaux sont intéressants: sculptés dans la pierre d'Istria, surtout de motifs floraux et animaux, leur exécution, homogène et réalisée spécialement pour l'édifice, fait croire à leur mise en place au cours des travaux de 1203.

On pourrait donc supposer que la construction primitive était à une seule nef avec clocher en saillie, et fut remplacée par l'église actuelle qui a englobé presque complètement la souche du clocher dans sa propre longueur, expliquant ainsi tant la datation du portail latéral que celle des chapiteaux.

SAN LEO. PIÈVE

LA PIÈVE DE SAN LEO

Histoire

Le bourg de San Leo est accroché à un gros rocher escarpé du Val Marecchia dont les parois à pic forment une défense naturelle.

Sur un éperon de ce rocher se situe la piève dédiée à Santa Maria Assunta (Notre-Dame de l'Assomption) : un des exemples les plus intéressants de l'art roman primitif, encore partagé entre les solutions empiriques suggérées par la pratique de la construction, et la recherche de sujets et d'effets spatiaux, destinés à se développer aux siècles suivants dans un langage architectural cohérent.

L'église, construite sur l'antique chapelle de San Leone Dalmat (IVe siècle) accessible aujourd'hui par un escalier au départ de la nef latérale de droite – est généralement attribué au IXe siècle sur la base de l'inscription du ciborium qui nous permet de le dater d'entre 881 et 882. L'analogie entre les chapiteaux du ciborium (pl. 4, 5 et 7) et ceux des arcs doubles à l'extérieur (pl. 2) a en effet déterminé l'attribution de l'église à la même époque.

Presque tous les archéologues qui se sont occupés de la piève de San Leo parlent de réfections et de restaurations de l'édifice au XIe siècle, et Pacini en particulier précise que l'intervention a surtout affecté la zone absidale de l'église (pl. 1).

Peut-être faut-il mettre ces réfections en relation avec la violation de la chapelle de San Leone et le rapt des reliques du saint en 1014.

D'autres interventions massives de restauration, entreprises au XVIe siècle et probablement aussi à des époques plus tardives, réduisirent l'église à l'état où la virent et la décrirent Serra et Cardelli : avec une crypte comblée et un sanctuaire surélevé de quelques marches, avec un ciborium en morceaux et des colonnes prises dans des piliers en maçonnerie (excepté les deux premières), avec des murs badigeonnés et des voûtes en berceau.

Au XIXe siècle, la physionomie extérieure de l'édifice fut, elle aussi, modifiée par l'adossement du presbytère en façade et sur une partie du flanc gauche.

Finalement, entre 1934 et 1949, fut mis en œuvre un projet de restauration (dû à Cardelli) pour rendre à l'église son aspect originel. Pour ce faire, on vida et remit en état la crypte, on suréleva le sanctuaire, on remonta le ciborium et l'on refit la couverture en charpente apparente, on supprima les badigeons et l'on dégagea les colonnes de leur enveloppe de maçonnerie.

En 1963 enfin, on démolit le presbytère.

La piève de San Leo présente diverses analogies avec les pièves romagnoles construites entre le VIIIe et le Xe siècle par les équipes ravennates. On peut en effet relever des traits communs :

– la disposition basilicale à trois nefs avec couverture à charpente apparente ;

– les façades au profil à rampants interrompus et «grandes oreilles» aux angles (saillies aux extrémités des rampants du toit) ;

– les fenêtres doublement ébrasées ;

– la façade divisée en trois par deux lésènes et les flancs scandés de simples pilastres ;

– le motif décoratif aux arcs géminés visible à l'extérieur (présent dans la piève de San Pietro in Sylvis à Bagnacavallo, VIIIe-IXe siècle).

Certains de ces éléments, c'est-à-dire l'agencement à trois nefs avec couverture en charpente apparente, l'aspect de la façade et le type de décor, se retrouvent aussi dans un autre édifice des Marches (bien que très remanié) : Santa Croce all'Ete dont on fait remonter l'origine au IXe siècle ; également l'église reconstruite de San Marone à Civitanova Marche, élevée avant le Xe siècle, devait présenter une physionomie semblable.

Autres traits de ressemblance entre les trois églises : les rares fenêtres ébrasées encore en place, la forme des cylindres absidaux au chevet.

Insuffisantes pour établir les caractéristiques du roman des Marches au IXe siècle, les trois églises semblent toutefois représenter un type architectural particulier de cette période.

La présence du sanctuaire surélevé avec une crypte au dessous, élément qui différencie et distingue la piève de San Leo, pourrait en fait être le résultat de la réfection du XIe siècle.

L'église, orientée comme tous les édifices chrétiens les plus anciens, offre une structure encore fidèle à l'antique forme basilicale, transmise et rénovée par les équipes ravennates.

Sur ce schéma à trois nefs, s'est élevé un édifice en grès à peine dégrossi, animé par quelque détail ornemental en brique rouge et remplacé dans les culs-de-tour absidaux et dans les arcades internes par le travertin plus résistant.

L'effet produit est celui d'un massif bloc de pierre au sein duquel s'ordonnent de façon précise les volumes de l'abside aux trois arrondis et les quatorze arcades sur piliers et colonnes qui soutiennent la structure interne (pl. 3).

Le mur de façade, étant tout près du bord du rocher, est entièrement dépourvu des caractéristiques propres à une façade principale et se présente comme un mur à rampants interrompus complètement nu, renfoncé dans la partie supérieure par des fragments de lésènes et percé seulement d'une petite fenêtre.

Le rôle de «façade» de l'édifice est plutôt rempli par le flanc au milieu duquel se situe l'unique entrée accessible, précédée de quelques marches (pl. 2); la seconde entrée au côté droit de l'église est en effet impraticable aujourd'hui.

Au-dessus des entrées, deux petits arc aveugles faits de pierre et de brique alternées et retombant sur une colonnette centrale constituent l'une des si nombreuses références à l'architecture ravennate que l'on trouve dans l'édifice.

Les flancs ne présentent pas d'autre décor ou élément qui puisse animer la monotonie des murs : ni arceaux, ni fenêtres, ni moulure. Seuls les murs des nefs sont scandés d'une série de lésènes qui se poursuit le long des surfaces courbes et rugueuses des absides (pl. 1).

Pour éclairer le sanctuaire et la crypte, sur l'axe médian de chaque demi-cylindre absidal se succèdent deux fenêtre à double ébrasement où revient la simple voussure bicolore en pierre et en brique déjà relevée sur les petits arcs aveugles des flancs et reprise sur la frise d'arceaux en brique le long du bord supérieur des absides.

Le mur Est de l'église se termine par un clocher-peigne, dont le caractère originel a été l'objet de quelques doutes (Cardelli) que nous maintenons, l'estimant une adjonction.

Lorsqu'on entre dans l'église, ou éprouve plus encore l'impression de se trouver en face d'une construction primitive, appartenant à une étape de la culture caractérisée par une extrême simplicité, presque un intérieur d'hypogée, en raison de l'absence quasi totale de lumière naturelle et la rugosité nue des murs de grande épaisseur qui pèsent sur de robustes membrures (pl. 3).

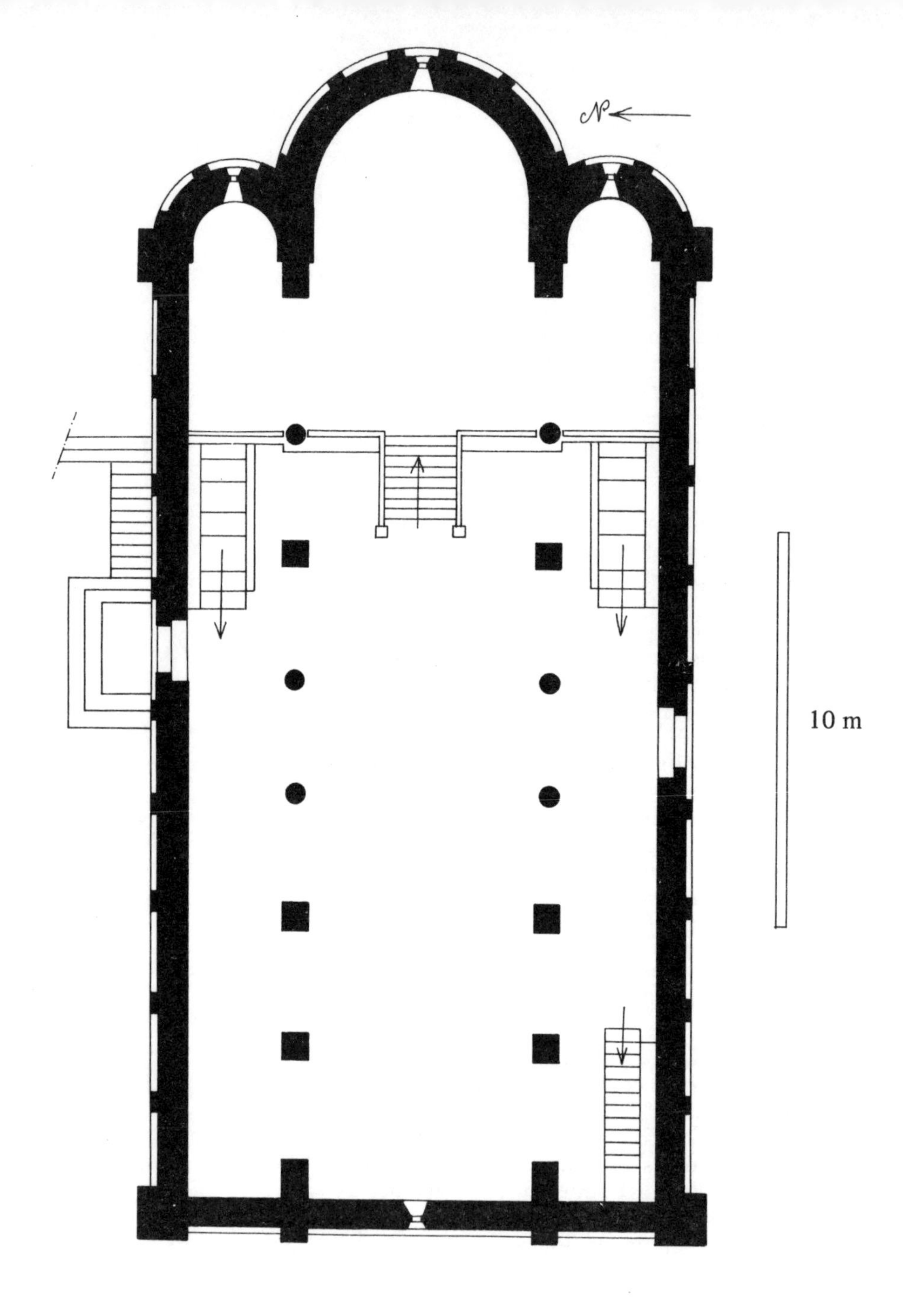

SAN LEO
PIÈVE

L'intérieur basilical présente une répartition en zones bien distinctes, qui correspondent à une diversification des fonctions : la crypte, qui s'étend sous le sanctuaire et est destinée à la conservation des reliques, le sanctuaires très surélevé et visible de tous les fidèles, les trois nefs à eux réservées et couvertes de charpentes apparentes.

Dans le sanctuaire se trouve le ciborium (pl. 6), qui constitue le pivot visuel de l'espace interne, vers lequel convergent les deux séries d'arcades en plein cintre (sept par côté) d'amplitude diverse.

Les supports, sans base, sont faits de piliers classiques en maçonnerie et de colonnes de remploi dans cet ordre de succession : deux piliers, deux colonnes, un pilier, une colonne (pl. 3).

Ce type d'alternance constitue un fait anormal et produit un effet esthétique particulier : les parallélépipèdes massif des piliers formant sur les côtés comme des châssis de coulisse qui isolent et séparent les nefs latérales de la nef centrale, tandis que les sveltes colonnes laissent à l'espace sa fluidité, donnant naissance à un jeu de pleins et de vides qu'interrompt la monotone cadence des supports.

Il faut rappeler aussi que le rythme des lésènes sur les murs extérieurs de l'église ne correspond pas à la répartition des travées à l'intérieur et révèle ainsi la présence de deux modulations différentes ; le manque de correspondance entre l'extérieur et l'intérieur n'est d'ailleurs pas une caractéristique très rare dans la période initiale de l'architecture romane.

Les colonnes de la dernière arcade, courtes et fines, partent du niveau surélevé du sanctuaire et présentent des chapiteaux cubiques aux angles chanfreinés et aux reliefs en méplat que Cardelli a défini comme relevant «à l'évidence de l'art chrétien». On ne peut en dire autant d'au moins deux des chapiteaux qui surmontent les colonnes de la nef (celles de droite), entourés de feuilles d'acanthe de type corinthien, de facture nettement classique.

Quant au premier chapiteau de gauche, sa corbeille écrasée, fort chanfreinée, et la présence d'un lourd coussinet d'ascendance byzantine nous incitent à le juger d'époque médiévale.

Le *ciborium*, offert par le duc Orso, seigneur de San Leo (IXe siècle) a été remonté au cours de la dernière restauration.

Sur un soubassement de deux marches en marbre, prennent appui quatre colonnes en marbre cipolin aux chapiteaux ouvragés d'influence byzantine (pl. 4, 5 et 7), semblables aux chapiteaux des colonnettes qui surmontent les entrées à l'extérieur. La corbeille est formée d'une couronne de feuillage d'où naissent des touffes de caulicoles enroulés en volutes, entre lesquels apparaissent des grappes, des croix, des têtes d'animaux.

Le long de la face antérieure du *ciborium* se déroule une inscription qui en a permis la datation : TEMPORIBUS DOMNO IOH PP ET KAROLI TERTIO IMP INO XV AD HONORE DNI NOSTRI IHV XPI ET SCE DI IENETRICIS SE P QUE VIRGINIS MARIE EGO QUIDEM URSUS PECCATOR DUX FIERI IUSSIT ROGO VOS OMS QUI HUNC LEGITIS ORATE P ME. Grâce à l'indication du nom du pape (Jean VIII – 872-882), et de l'empereur (Charles III – 881-887), nous savons en effet que l'œuvre ne peut remonter qu'à la période comprise entre 881 et 882.

On arrive au ciborium par un petit escalier de neuf marches situé au milieu de la nef centrale.

Des nefs latérales descendent deux autres escaliers creusés dans le rocher qui mènent à la crypte sous le sanctuaire : vaste espace rectangulaire à trois absides et couvert de voûtes d'arêtes (pl. 8).

Au même niveau que la crypte mais du côté opposé de l'édifice se trouve l'oratoire construit par saint Léon de Dalmate au IVe siècle : des symboles chrétiens de cette époque sont en effet visibles sur l'ébrasement d'une fenêtre de la chapelle (pl. 9).

☆

Pour l'étude de la cathédrale de San Leo, voir p. 279.

DIMENSIONS DE LA PIÈVE DE SAN LEO

Largeur des nefs hors-tout : 12 m 30
Longueur maximum : 26 m 85

SAN GIUSTO

ÉGLISE SAN GIUSTO A SAN MAROTO

Histoire

Dans le tableau général des églises romanes des Marches, l'église Saint Juste représente un événement architectural tout à fait singulier, car elle offre un modèle de structure circulaire avec quatre chapelles rayonnantes dont on ne trouve aucun parallèle dans les autres édifices médiévaux de la région.

Outre les nécessaires renvois au plan des constructions thermales de tradition romaine, repris surtout dans les baptistères, et d'autre part aux églises concentriques à coupole d'ascendance byzantine, il faut mettre en relief la valeur panoramique originale propre à l'édifice en question, qui est situé à cinq cents mètres d'altitude, sur un coteau face à la vallée du Chienti (pl. couleur, p. 115).

La construction de l'église sur plan centré est en effet dans ce cas parfaitement accordée à la géographie du lieu que l'édifice vient compléter par sa forme.

On manque de documents historiques précis sur l'origine de l'église, aussi les datations proposées par les archéologues sont à accueillir avec prudence. La date des fresques dans la salle inférieure du clocher (1373) ne constitue en effet qu'un «terminus ante quem» pour la construction de l'édifice. Pacini a remarqué que Saint-Juste présente le schéma des églises du XIIe siècle à plan centré.

Perogalli, dans son traité sur les schémas utilisés au Moyen Age, a attribué la construction de l'église au XIIIe siècle, soulignant les liens avec celle de Montesiepi (fin du XIIe siècle) près de l'abbaye de San Galgano (Sienne), qui se différencie par la présence d'une seule abside semi-circulaire (cf. *Toscane Romane*, p. 189-191). Le même auteur a aussi relevé que les quatre chapelles de Saint-Juste prennent un aspect semblable à celui des chapelles rayonnantes entourant les absides des églises d'ascendance bourguignonne, que l'on trouve d'ailleurs aussi dans les Marches (Santa Maria a piè di Chienti, p. 000).

L'analogie avec l'église de Montesiepi vient surtout de l'absence du déambulatoire annulaire interne qui caractérise les églises circulaires de l'époque romane (descendance lointaine des modèles byzantins) comme San Tommaso in Lymine (XIe siècle) d'Almenno San Bartolomeo (Berganno) (cf. *Lombardie Romane*, p. 319-342), Saint Jean au Sépulcre (XIe siècle) de Brindisi (cf. *Pouilles romanes*, p. 40), Saint-Laurent (fin XIe siècle) de Mantoue (cf. *Lombardie Romane*, p. 343-346), la Cathédrale Vieille (XIIe siècle) de Brescia (cf. *Lombardie Romane*, p. 347-353) et le Saint-Sépulcre (XIIe siècle) dans l'ensemble de Saint-Étienne à Bologne (cf. *Émilie Romane*, p. 322-324) : édifices qui ont des antécédents même dans la période du haut Moyen Age.

Depuis le début du Moyen Age, en effet, l'architecture religieuse présente essentiellement deux modèles : le schéma longitudinal souvent basilical, avec ou sans transept, divisé en nefs, et le schéma centré. Ce dernier offre diverses modalités de plan – octogonal ou plus généralement polygonal, en croix grecque inscrite ou non, quadrilobe et circulaire –, les dernières toujours dotées de déambulatoire et de colonnade interne, élément qui semble dérivé du modèle abstrait comprenant une nef entourant le noyau central et qui se développe surtout en Orient.

C'est comme si les fonctions religieuses devaient se dérouler dans un espace unifié – la nef principale ou l'espace central – et si les espaces secondaires estompés par des colonnes – les nefs latérales ou la nef en anneau circulaire – étaient réservés à la circulation des personnes, aux fonctions moins importantes, aux dévotions particulières.

L'église Saint-Juste semble donc l'aboutissement d'un courant qui se rattache plutôt à la grande tradition romaine, en particulier thermale (cf. les petites thermes de la Villa Adriana à Tivoli) ; on le trouve appliqué dans divers baptistères paléochrétiens (qui assez naturellement reprennent un modèle lié, à l'époque romaine elle-même, au thème de l'eau) – comme le premier baptistère de Saint Jean de Latran, (début du IVe siècle, remplacé ensuite par une construction octogonale), le baptistère de l'église Saint-Pierre (VIe siècle), à Genève, le baptistère de Castro-caro (de date incertaine) – et dans de très rares églises : Saint-Théodore à Rome (avant le VIe siècle), la rotonde du Saint-Sauveur à Terni (IXe siècle ?) ainsi que, précisément, les églises de Montesiepi et de Saint-Juste.

C'est par contre d'origine médiobyzantine que semble être la coupole aux assises de pierre concentriques, avec toit conique à l'extérieur, présente à Saint-Juste comme dans l'église toscane mentionnée plus haut.

Reste en suspens la question des motifs qui ont amené les

constructeurs de l'église ici étudiée à choisir un type de plan aussi insolite; on ne peut exclure que la forme circulaire ait été suggérée, comme à Montesiepi, par le caractère même du site auquel effectivement l'église s'accorde de façon exemplaire : le sommet d'une colline d'où l'on domine à la ronde tout le paysage environnant. Il est certain que l'auteur inconnu devait posséder une grande originalité de conception et une culture très personnelle : dans d'autres cas semblables, en effet, l'on trouve des modèles architecturaux plus communément répandus.

A la différence de l'édifice de Montesiepi, qui se rattache au style décoratif et architectural siennois, Saint-Juste accueille un décor de lésènes et d'arceaux (pl. 13-14) emprunté à la vallée du Pô qui, ajouté au type de technique architecturale et à la présence de reste romains récupérés, incite à avancer la datation de l'édifice au XIIe siècle.

La sacristie est évidemment une adjonction postérieure, comme en témoignent aussi les fenêtre qui donnent sur elles (et qui furent certainement faites pour donner sur l'extérieur).

L'église a été restaurée dans les années cinquante du siècle en cours et dégagée, à cette occasion, de l'habillement pseudo baroque qui revêtait l'intérieur.

Visite

A l'heure actuelle l'édifice se présente entouré d'un ensemble hétérogène de constructions, parmi lesquelles il se détache grâce à une grande présence monumentale (pl. 15, 16 et 17).

Le plan circulaire est visible sur toute la circonférence du fait que l'église se dresse au sommet d'une colline. Quatre absides semi-cylindriques se greffent sur le cylindre principal, dans les directions Nord-Ouest, Nord-Est, Sud-Ouest et Sud-Est. Chaque chapelle, d'une hauteur inférieure à celle du corps central, couvre un huitième de la circonférence totale de l'édifice. Le clocher, de base carrée, s'élève entre les deux absidioles du côté occidental, tandis que la sacristie (plus tardive) englobe entièrement l'abside Nord-Est.

L'église est construite en assises de pierre rose taillée en petits blocs soigneusement polis (pl. couleur, p. 97). Le clocher et la sacristie se révèlent par contre faits de pierres plus grossièrement équarries.

Les toits en demi-cônes des absidioles et le cône couvrant la coupole sont revêtus de tuiles (pl. 12).

La pente du toit qui couvre la voûte hémisphérique interne est interrompue par un échelon pour éviter une trop forte augmentation du volume de la maçonnerie au-delà de l'appui de la coupole, solution à la fois esthétique et fonctionnelle d'origine romaine.

Le volume de l'église est souligné par un décor au dessin bien net, qui est adossé au mur : d'une plinthe en léger relief naissent de fines lésènes qui montent jusqu'à la première rangée d'arceaux, à la hauteur du couronnement des absidioles (pl. 13); une seconde rangée d'arceaux se déroule sous l'égout du toit, parcourant la ligne courbe

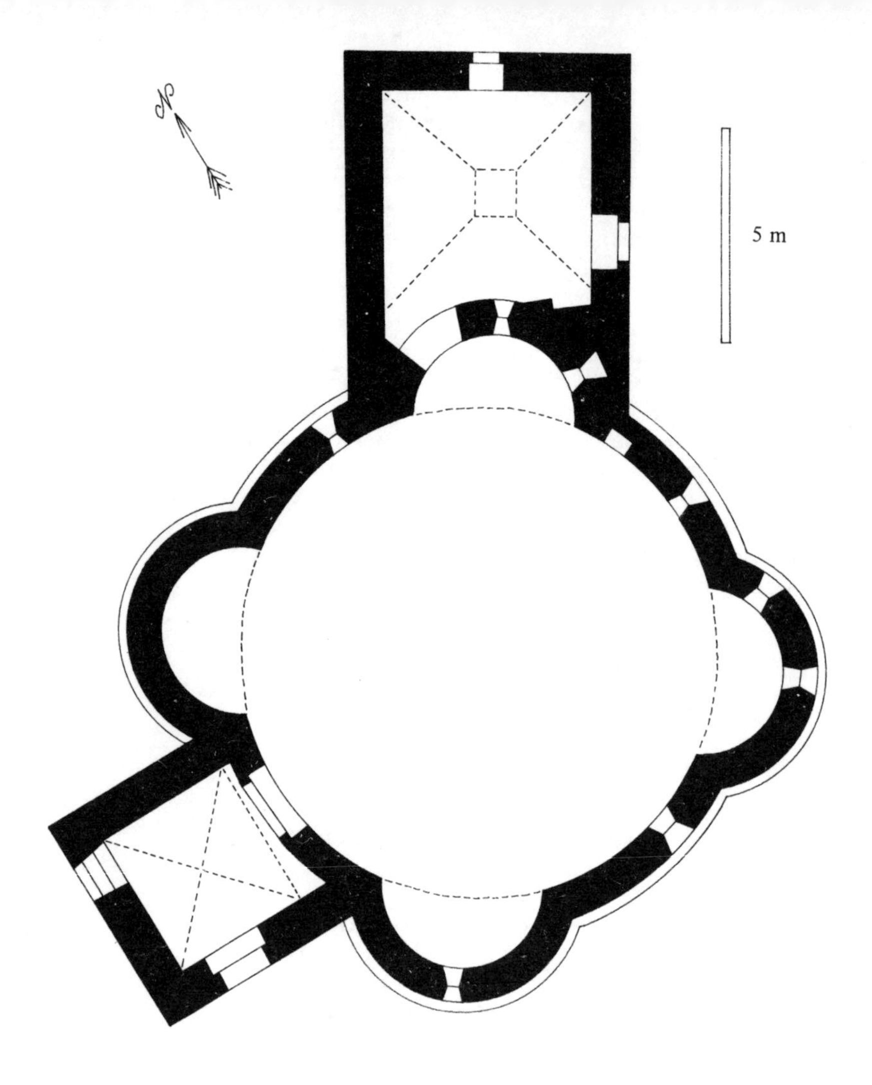

*SAN GIUSTO
A SAN MAROTO*

d'un trait léger (pl. 14). L'indissoluble lien entre l'édifice et son environnement se manifeste dans la libre disposition des fenêtres en fonction du parcours solaire. Elles se groupent en effet sur les côtés les plus exposés à la lumière – en particulier vers l'orient – tandis que l'absidiole Nord est totalement dépourvue d'ouvertures.

La partie Sud-Est de l'église est la mieux conservée; les quelques sections restaurées sont dues à l'obturation de l'entrée avec escalier qui s'ouvrait entre les deux absidioles méridionales, ainsi que de la fenêtre carrée au dessus, remplacée par un oculus (pl. 14). Aux mêmes travaux de restauration (années 50) revient la transformation en style gothique d'une fenêtre placée au-dessus de l'ancienne entrée.

Le côté Nord de la construction présente des réfections plus grossières et plus étendues et révèle une maçonnerie fissurée. On entre actuellement dans l'édifice par une porte cintrée, percée dans la face orientale du clocher qui sert ainsi d'atrium.

L'espace architectural délimité par le périmètre circulaire, forme unifiée par définition, est immédiatement perceptible et renfermé dans une rigoureuse composition géométrique. Les arcs d'entrée des culs-de-tour absidaux de la zone inférieure ont des contours nets et dépourvus de lourds soulignements décoratifs, ce qui donne à l'ensemble du volume un caractère très cohérent (pl. 11).

La structure se resserre et se termine par l'appui de la coupole qui prend naissance à la suite d'anneaux de pierre rose et se développe ensuite en petits blocs de pierre calcaire en spirale, matériau notablement plus léger et adhérant mieux au mortier.

L'atmosphère de l'église, ainsi mesurée et enveloppante, présente de ce fait une valeur particulière de dimension humaine et apparaît décidément comme le signe d'une présence capable d'utiliser et de maîtriser dans sa conception divers éléments naturels : lumière, terre, masse.

A l'intérieur de l'édifice sont conservées quelques pièces intéressantes : un chapiteau très primitif utilisé comme bénitier et, à la base de l'autel, un ensemble de sculptures en pierre rose ayant fait partie d'un chancel. Le bas-relief avec l'image de saint-Juste et des motifs floraux sont datés de 1300.

Dans la sacristie, on peut voir un tableau du XIIIe siècle représentant une Vierge à l'Enfant (pl. 18). A l'intérieur du clocher, au-dessus de la tour d'entrée, se déploie une inscription en caractères gothiques :

ANO DNI M
CCC LXXIII
HOC OPUS
FECIT fiERI
LUCAS M. IO
HANNIS P. DEO ET
ANIMA SUI PA
TRIS

(L'an du Seigneur 1373 a fait exécuter cette œuvre Luca fils de Maître Giovanni en l'honneur de Dieu et pour l'âme de son père).

Sur les murs voisins se trouvent des restes de fresques où paraît plusieurs fois le thème de la Vierge à l'Enfant, au milieu de figures fragmentaires de saints.

DIMENSIONS DE L'ÉGLISE SAINT JUSTE A SAN MAROTO

Diamètre interne : 11 m
Profondeur des chapelles rayonnantes : 1 m 80

ANCÔNE
SANTA MARIA
DELLA PIAZZA

SANTA MARIA DELLA PIAZZA. ANCÔNE

Histoire

L'église Santa Maria della Piazza est l'un des monuments les plus intéressants qu'Ancône offre à ses visiteurs, tant du point de vue architectural que du point de vue proprement historique.

L'église s'élève en effet sur de précieuses structures antérieures paléochrétiennes, remises au jour au cours des restaurations de l'édifice et reconnues comme les restes d'une basilique à trois nefs séparées par des colonnes, construite en deux campagnes (au IVe et au VIe siècles) comme l'atteste la double couche de mosaïques de pavement.

Maria Luisa Conti Polichetti («*Santa Maria della Piazza Recupero di un documeto di storia urbana*») a émis l'hypothèse selon laquelle la cathédrale ancônitaine plus ancienne dédiée à saint Étienne et située selon la tradition locale sur le mont Astagno serait à identifier avec cette église paléochrétienne sous Santa Maria della Piazza.

L'hypothèse se trouve confirmée par les faits suivants :

– la présence d'une zone funéraire près de la basilique (car aux premiers siècles du christianisme on avait coutume de choisir des lieux de sépulture près d'édifices du culte dédiés aux saints martyrs);

– la découverte de deux inscriptions funéraires avec le nom d'Etienne (martyr auquel était dédiée la première cathédrale d'Ancône);

– la datation de l'église paléochrétienne et son emplacement près des murs d'enceinte de la ville mais en dehors d'elle (l'endroit où s'élève la basilique ne fut compris dans l'enceinte qu'au VIIIe siècle);

– l'importance architecturale de l'édifice et la présence d'un reliquaire de dimensions modestes sous l'autel (donc propre à renfermer la relique de saint Étienne);

– enfin la référence à l'emplacement de la cathédrale ancônitaine dans la «Chartula donationis», où l'on parle d'une faible distance entre l'église Saint-Jean-Baptiste in Peneclaria – près de le porte Saint-Jean, devenue porte Calamo – et Saint-Étienne (observation qui pourrait s'appliquer à la basilique étudiée ici).

La construction de la basilique Sainte-Marie a été attribuée au XIIe siècle par Ricci (*«Memorie Storiche»*, vol. 1, p. 36-37). Opinion partagée par Marinelli dans la mesure où «celle-ci peut trouver un appui dans l'analyse stylistique de l'édifice, dans l'étude des matériaux et dans les confrontations historiques».

Dans son ouvrage récent, Madame Canti Polichetti a avancé cette datation, la situant entre le XIe et le XIIe siècle.

L'appellation plus ancienne de l'église, «Sainte-Marie du Marché», atteste le déroulement d'une activité commerciale sur le terrain qui la précède: activité justifiée par le voisinage du port.

Le recul de l'emplacement de Sainte-Marie par rapport à la basilique précédente reflète en outre l'intention d'accorder plus de place à une telle fonction commerciale, en continuité avec une tradition plus ancienne, précisant ainsi le double rôle économique et religieux devenue celui de la place.

Le décor de la façade – élément qui plus que tout autre caractérise l'édifice – remonte à une intervention due à l'architecte Filippo en 1210, comme le rappelle une inscription gravée au tympan du portail principal:

AD MATREM CHRISTI QUE TEMPLO PRESIDET ISTI QUI LEGIS INGREDERE, VENIAMQUE PRECANCO MERERE CUM BIS CENTENUS CLAUSISSET TEMPORA DENUS ANNUS MILLENUS fluORET I. PAPA SERENUS IMPERIIQUE DECUS PRINCEPS OTTO SUMERET EQUUS HEC PHILIPPE PIE DECORASTI TEMPLA MARIE

Cette intervention, avant tout destinée à l'embellissement, a dû avoir pour origine la volonté de la commune libre de faire voir, par la richesse de l'architecture, la prospérité économique à laquelle elle était parvenue: surtout si nous considérons le caractère représentatif acquis par la basilique Sainte-Marie, donnant sur une des places les plus fréquentées de la ville.

De fait l'œuvre décorative de Filippo a porté principalement sur la façade (la plus en vue du public) (pl. 20) qui fut prise dans un réseau serré de petits piliers et de petits arcs et aussi dotée d'un grand portail sculpté. À la même occasion, on refit à l'intérieur les piliers octogonaux, les arcades et les murs de la nef centrale ornés d'une frise à feuille d'acanthe.

Une inscription, gravée sur un pilier à l'entrée de l'abside, date l'aménagement du sanctuaire de la décennie suivante (1223):

HOC OPUS INCEPTUM
FUIT SUBANNIS DOMINI
MCCXXIII INDICIO
NE XI DIE XII MENSIS APRILIS

Plus tard, la zone absidale fut modifiée par l'abaissement du niveau du pavement, datable d'après Madame Canti Polichetti d'entre le XVIe et le XVIIe siècle, après l'érection de l'église en collégiale.

Les interventions effectuées au cours des siècles suivants furent exclusivement des travaux de restauration, rendus indispensables à la suite de secousses sismiques ou de guerres.

En 1690, un violent tremblement de terre détruisit partiellement le clocher et la façade de l'église qui furent restaurés en une cinquantaine d'années.

La partie supérieure de la façade et le clocher furent construits en brique, dans un style en net contraste avec les parties originelles de l'édifice (pl. 20).

Marinelli nous renseigne sur d'autres restaurations, rappelant que «dans les archives de la commune (section VII, n° 609 du document 2474) il existait un livre où apparaissait la dépense faite pour le dédommagement de l'église Santa Maria della Piazza dans les années 1752-1756», sans pouvoir donner de détails plus explicites.

Ultérieurement, le désintérêt des autorités entraîna une décadence progressive de la construction, qui vers la fin du XVIIIe siècle fut exécrée et utilisée comme caserne et hôtel de la Monnaie, jusqu'à ce que, à la Restauration, elle soit rendue au culte.

Un article publié dans la revue *«L'Arte»* (1910) par Aurini décrit l'état de l'église au début de ce siècle : «L'église est désormais réduite intérieurement à un local dépouillé et ridicule à trois vestibules terminés par des autels chargés d'images, de cadres dorés, de fleurs en papier qui cachent le transept, et l'on entrevoit à peine l'abside, masquée qu'elle est par un grand tableau peint à l'huile qui en couvre l'arrondi. Le haut transept aux voûtes en cintre surhaussé avec leurs nervures n'est reconnaissable que dans le chœur, vu que du côté gauche le bras tout entier est depuis longtemps affecté à des locaux paroissiaux, sans qu'en soit pourtant modifiée la structure architecturale, tandis que du côté droit manque la voûte à l'extrémité de la nef, et le dernier tronçon a entièrement disparu, noyé dans les constructions privées qui se sont agglutinées à droite et à gauche de l'église.»

A cette situation porta remède la restauration dirigée par Serra en 1929.

(suite à la p. 133)

TABLE DES PLANCHES

38

39

42

43

SAN CLAUDIO AL CHIENTI ▶

45

46

47

49

51

L'église supérieure semble avoir été interrompue dans sa réalisation et en partie démolie : elle présente en effet une voûte d'arêtes sur la seul nef centrale, tandis que les autres nefs sont couvertes d'une charpente en bois (pl. 45-46), en conséquence les deux piliers de droite diffèrent de la paire de supports de gauche (à base carrée), dotés d'une plus grande robustesse et d'arêtes rentrantes correspondant aux retombées des voûtes.

DIMENSIONS DE SAN CLAUDIO AL CHIENTI

Largeur : 18 m
Longueur : 17 m 27
Diamètre extérieur des tours : 4 m 25

ANCÔNE
SAN CIRIACO

SAINT-CYRIAQUE A ANCÔNE

La masse monumentale de la cathédrale d'Ancône, dédiée à saint Cyriaque, domine le port de la ville du haut d'une esplanade au sommet de la colline de Guasco.

Sa structure architecturale résulte de plusieurs interventions qui se sont succédé au cours des siècles. Grâce aux données des fouilles effectuées pendant les restaurations, aux documents d'archives publiées par Marinelli et aux analyses stylistiques, on a pu reconstituer les phases principales de la construction :

– à l'emplacement d'un temple italique dédié à Vénus, on construisit au VIe siècle le premier noyau de l'église (dédiée à saint Laurent) coïncidant avec l'actuel corps transversal : de plan basilical à trois nefs avec une entrée au Sud-Est;

– dans la deuxième moitié du IXe siècle, après les incursions sarrasines, l'édifice fut restauré et allongé : on suréleva le sanctuaire absidé (l'actuelle chapelle de la Vierge) qui fut doté d'une banquette pour le clergé et d'un siège épiscopal, tandis que l'on creusait au-dessous une crypte où seront ensuite conservées les reliques de saint Cyriaque (provenant de l'ancienne cathédrale de la ville) et d'autres saints protecteurs;

– au cours du XIIe siècle, le plan de l'église fut transformé en croix grecque par l'adjonction d'un autre corps de bâtiment: les travaux s'étendirent sur une longue période – avec des interruptions dues aux attaques de Barberousse (1155-1165) –, se terminant dans leurs grandes lignes au cours de l'année 1189 (date d'installation de la balustrade dans la chapelle de la croix [pl. 73 à 75]); la nouvelle cathédrale est surmontée d'une coupole centrale et son entrée principale se trouve dans le bras Sud-Ouest, tandis que, à la place de l'entrée originelle Sud-Est, elle présente une abside semi-circulaire qui forme une chapelle, dite du Christ en croix, symétrique de la chapelle de la Vierge (l'ancien sanctuaire) et comme celle-là élevée au-dessus d'une crypte et fermée par une balustrade en marbre;

– au XIIIe siècle on réaménagea la façade avec l'adjonction du portail et du petit porche principal (pl. 56), et l'on remania aussi la coupole dans le style gothique (pl. 67);

– au XIVe siècle on attribue le plafond en carène de navire de type vénitien (pl. 66) (mais également présent dans les marches à San Giovanni ad Urbino, XIVe siècle);

– au siècle suivant revient l'allongement du corps Nord-Est/Sud-Ouest par l'adjonction du chœur flanqué de deux chapelles latérales (dites du Saint-Sacrement et de Saint-Laurent);

– en 1430 l'église fut restaurée, car elle était «in multis lociis a pluviis damnificata»;

– en 1528 le dôme fut doté de plaques de plomb;

– au cours du XVIIe siècle l'évêque Gallo entreprit d'autres travaux: la réfection de la couverture, le remplacement des arc diagonaux et la construction du grand escalier dans la chapelle du Christ en croix, qui entraîna la démolition partielle de la balustrade en marbre;

– pendant le XVIIIe siècle, Vanvitelli conçut l'autel monumental de la chapelle de la Vierge et Varlé revêtit de marbre la crypte des saints protecteurs; à la même époque fut adossé au flanc gauche de l'église un édifice utilisé comme sacristie;

– en 1803 la coupole, dépouillé de sa couverture en plomb par les Français (1799), fut recouverte de tuiles;

– entre 1888 et 1892, Sacconi dirigea d'importants travaux de restauration, pendant lesquels furent remises au jour les fondations de l'église primitive, qui permirent de reconstituer avec davantage de précision l'histoire de l'édifice; la restauration prévoyait: le renforcement des voûtes et la reconstruction des murs dans la crypte des saints patrons, la création d'une nouvelle épaisseur de mur le long de la paroi de la chapelle de la Vierge située au dessus, la démolition de la vieille sacristie au flanc gauche de l'église et enfin une série de fouilles dans la chapelle du Christ en croix et dans la crypte au dessous; par la suite furent menés à terme d'autres travaux: la restauration de la toiture de la chapelle de la Vierge, dotée en outre d'un nouvel escalier d'accès en pierre et en fer battu; le remplacement du mur au dessus du toit côté Sud et la reconstruction de trois voûtes d'arêtes dans la nef latérale de gauche (1899); la restauration des quatre piliers supportant la coupole (1905);

– au cours de la première guerre mondiale fut détruite la chapelle du Saint-Sacrement, reconstruite en 1926;

– l'église fut à nouveau restaurée en 1932 : à cette occasion on répara le toit et la coupole, on décora l'arcade de la chapelle du Saint-Sacrement et l'on assainit les zones absidales;

– la deuxième guerre mondiale causa d'autres dommages à l'édifice : au cours des bombardements de novembre 1943 et de janvier 1944 le bras droit s'écroula; l'église fut restaurée et put être rouverte en 1951 et, à cette occasion, furent mis à jour des restes d'un édifice sacré païen;

– après le tremblement de terre de 1972, l'église eut besoin d'autres restaurations : elle fut rouverte au culte en 1977.

Les vicissitudes de la construction de l'église expliquent certaines anomalies dans la structure et dans le décor de Saint-Cyriaque : le mélange des matériaux, la différence de forme des deux absides, la variété des supports dans les bras de la croix et la présence de fenêtres dans le corps transversal Nord-Ouest/Sud-Est.

Le plan en croix grecque non circonscrite est d'origine orientale (il se trouve surtout appliqué dans les martyriums, comme l'a observé Perogalli) mais il est repérable aussi sur le sol d'Italie, en particulier dans de nombreuses chapelles et de nombreux «sacella» des Ve et VIe siècles, soit dans la zone septentrionale – sacellum de Saint-Laurent à Ravenne (Ve siècle), chapelle des saintes Tosca et Teuteria (fin du Ve siècle) dans l'église des Saints Apôtres à Vérone, chapelle Saint-André (début du VIe siècle) dans l'archevêché de Ravenne, chapelle Saint Prodoscime (début du VIe siècle) dans l'église Sainte Justine à Padoue, chapelle Santa Maria Mater Domini (début du VIe siècle) dans l'église des saints Felix et Fortuna à Vicenza –, soit dans l'aire méridionale – Chapelle sainte Matrone (Ve siècle) dans l'église paroissiale Sainte-Prisque, sacellum de Casaranello (Ve siècle à Casarano (Lecce).

Aux siècles suivants, le plan en croix grecque continue à avoir en Italie une certaine diffusion comme en témoignent : Saint-Marc à Venise (IXe siècle) (cf. *Vénétie Romane*, p. 50), Saint-Zénon à Bardolino del Garda (IXe siècle), Saint-Laurent à Settimo Vittone (IXe siècle) dans le Val d'Aoste, Saint-Sauveur à Iglesias (X^e^-XIe siècle) dans la province de Cagliari et Sainte-Marie à Cossoine (XIe siècle) dans la province de Sassari.

Dans le cas de Saint-Cyriaque d'Ancône, le choix du plan en croix grecque est motivé avant tout par la dédicace à un saint martyr, outre «la nécessité résultant de l'esthétique et de la topographie» – comme l'a observé Marinelli – dans la mesure où «les courts espaces plans devant l'abside et l'entrée primitives n'auraient sûrement pas permis ni conseillé un agrandissement dans la longueur. Si l'on avait ajouté deux autres nefs latérales à celles déjà existantes, elles auraient été trop basses à supposer qu'on ait maintenu la diminution de hauteur normale entre la nef centrale et les latérales».

A cette explication s'ajoute l'influence persistante de l'art byzantin qui, à travers la Pentapole ravennate, touchait aussi la province des Marches et avait la possibilité de pénétrer plus directement à Ancône, devenue, avec Venise, l'un des points d'appui portuaires de l'Adriatique, lieu privilégié du trafic avec l'Orient.

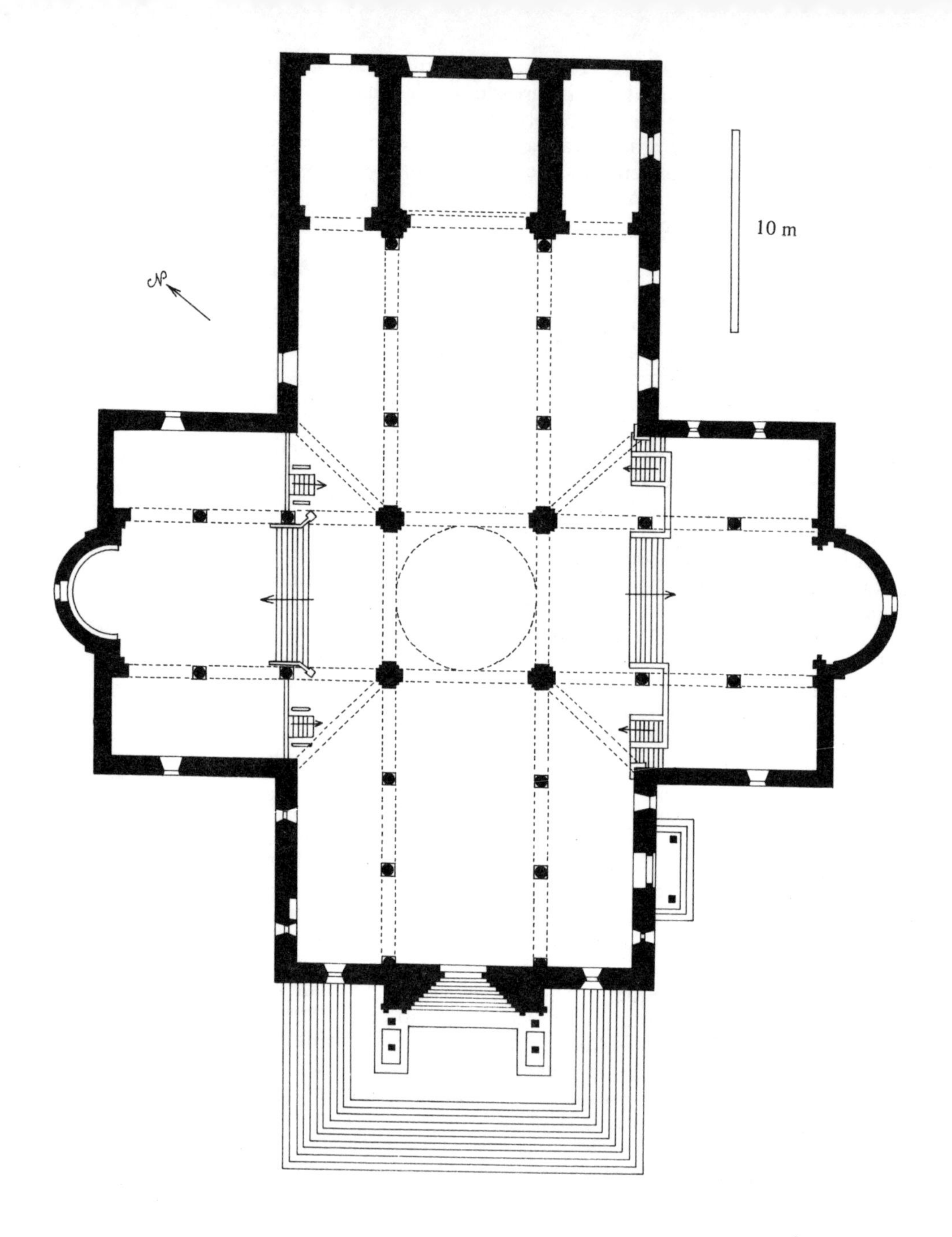

ANCÔNE
SAN CIRIACO

L'édifice est construit en pierre calcaire du Conero, taillée en blocs de diverses dimensions soigneusement appareillés, avec des assises de brique et de tuf (remontant à la construction la plus ancienne) dans le bras transversal de la croix, qu'on peut identifier à la basilique primitive Saint-Laurent.

Le corps longitudinal le plus large révèle un allongement tardif de la zone du sanctuaire, qui brise l'équilibre dimensionnel entre les deux bras, chacun divisé en trois nefs par des arcs en plein cintre sur des colonnes et des piliers.

A l'extérieur, l'enveloppe de pierre de la cathédrale est entourée de corniches dentelées et d'arceaux, entrecoupées de lésènes sur les murs les plus hauts et de demi-colonnes – en partie disparues ou réduites à des fragments, en partie remplacées par des pilastres – le long du registre inférieur des murs (pl. 52 à 54).

Ces soulignements très marqués qui parcourent les membres principaux de la construction, révèlent l'intention d'orner et de rythmer les surfaces, remédiant ainsi à la perspective rectilinéaire et sans coupure des premières basiliques chrétiennes.

L'église reçoit un éclairage abondant des deux fenêtres de la coupole et des trois grands oculus, situés sur la face au vent et sur les murs des flancs correspondant aux deux chapelles internes, qui rappellent les murs de fond des transepts des églises romanes des Pouilles.

Les fenêtres, différentes par leur dimension et leur décor, ont été percées à des époques diverses dans les nefs latérales et dans les absides.

Outre l'entrée en façade, l'édifice a deux accès secondaires sur la face Sud, qui jadis donnaient tant sur la chaussée que sur un escalier pour piétons.

La première entrée secondaire est dotée d'un petit porche, composé d'une voûte en brique et pierre qui retombe sur deux colonnettes aux chapiteaux à feuillage de type corinthien (pl. 63).

Sur le soubassement de la façade principale à rampants interrompus (au Sud-Ouest) (pl. 56), toute centrée sur le très grand portail en haut des marches (pl. 55), subsistent les bases de demi-colonnettes jumelées qui devaient rythmer cette façade avant le réaménagement du XIIIe siècle.

Le vaste portail de marbre constitue une œuvre bien intéressante par la richesse du décor plastique, qui révèle un développement du répertoire iconographique où trouvent place même des représentations de nature profane.

L'entrée présente un ébrasement profond marqué par des colonnettes de formes variées avec des chapiteaux de feuillage sur lesquels retombent les cinq voussures diversement sculptées qui accentuent progressivement la brisure des arcs.

La voussure la plus intérieure offre un décor de rinceaux qui se poursuit sur les piédroits de la porte (pl. 57), la seconde et la troisième voussures sont sobrement sculptées de groupes de feuilles avec une figure minuscule à la clé; la quatrième offre un singulier bas-relief interprété comme la fable du renard qui apparaît plusieurs fois parmi d'autres animaux fantastiques; la dernière voussure enfin illustre la gloire des saints, représentés en buste, parmi lesquels trône le Christ à la clé.

Le porche, en marbre rouge de Vérone, repose sur quatre colonnes polygonales : les deux de devant posées sur des lions stylophores qui saisissent un agneau (pl. 58) et un serpent; les deux autres ajoutées par Vanvitelli (XVIIIe siècle).

Sur l'intrados de la voûte sont sculptés les quatre symboles des évangélistes (pl. 59-60). Le pignon du porche est décoré de trois fleurs épanouies, qui rappellent le motif ornemental de la rosace, répandu dans les Abruzzes.

Les deux absides latérales, parcourues d'une double rangée d'arceaux, présentent de notables différences dues aux diverses dates de leur réalisation. Celle de gauche, de plus faible diamètre que l'autre, garde deux demi-colonnes qui partant de la plinthe divisent en trois la surface semi-cylindrique, se rattachant par de petits chapiteaux corinthiens à la rangée inférieure des arceaux.

Le traitement des arcatures manifeste une certaine sensibilité au jeu des ombres et des lumières à la surface des murs, grâce au contraste entre les arceaux sous l'égout du toit en forte saillie, qui créent une ombre dense le long du bord supérieur de l'abside, et les arceaux inférieurs, moins saillants et surmontés d'une corniche aux modillons zoomorphes.

L'abside du Christ en croix, ajoutée après la transformation de l'église lui donnant un plan en croix grecque (XIIe siècle), est par contre nettement dessinée par des lésènes et des arceaux en faible relief (pl. 52 à 54). Avant les destructions dues à la guerre, on pouvait voir, dans les écoinçons des arceaux inférieurs, des cupules en terre cuite peintes de diverses couleurs et des petites frises sur les supports, semblables à celles encore en place sur les arcatures le long des murs hauts de l'église à l'extérieur.

La face postérieur parait mal venue du point de vue architectural, réduite qu'elle est à une surface plane et peu homogène du fait d'une restauration approximative.

A la croisée des deux bras de la croix grecque s'élève la coupole du XIIIe siècle (pl. 54), appuyée sur le court tambour polygonal, lui-même sculpté de deux arcades aveugles de faible rayon : motif décoratif que l'on peut observer aussi sur la tour-lanterne de l'église San Vittore alle Chiuse (pl. 37) et assez répandue dans la région de Ravenne (cf. la tour-lanterne du Baptistère de Vigolo Marchese, province de Piacenza, début du XIIe siècle) (cf. *Émilie Romane*, pl. 19).

L'ossature portante de la cathédrale est faite de vingt supports sur lesquels retombent de vastes arcs en plein cintre (pl. 64 et 65).

Le nombre des piles et des arcs qui se font suite dans les diverses directions multiplie à l'intérieur les angles visuels, rarement aussi variés dans une église romane, donnant naissance à une ambiance spatiale surprenante par son ampleur et son agencement, comparable à celle de certaines mosquées (du modèle le plus ancien) (pl. 64).

L'effet est celui d'un espace bien défini où tout regard rencontre une surface courbe (absides et coupole) et est attiré vers la trouée centrale où la lumière joue un rôle déterminant.

L'intensification de la luminosité à l'endroit de la coupole polarise en effet l'attention sur le point de rencontre des deux bras, conformément à une utilisation architecturale de la lumière comme instrument de coordination des espaces, technique d'inspiration manifestement byzantine.

Fait défaut par ailleurs cette prédilection, empruntée à Constantinople, pour les surfaces qui perdent leur caractère matériel dans le décor mural à mosaïque ou à fresque. Les murs pleins des séparations internes sont ici laissés en pierre apparente et simplement divisés par des corniches et des lésènes qui déterminent des panneaux, selon une tendance héritée de la vallée du Pô, qui crée des zones d'ombre et de lumière et confère un rythme aux parois. Les éléments décoratifs sont ainsi réduits au minimum : les chapiteaux et les anges sur une console dans les pendentifs de raccord de la coupole (pl. 68) sont des détails très raffinés qui se situent entre des surfaces vides.

Les supports du corps longitudinal sont des colonnes au fût de marbre, dotées de bases et coiffées de chapiteaux corinthiens au relief assez faible (pl. 71-72). Certaines bases sont faites de chapiteaux byzantins renversés (pl. 69), récupérés sans doute de la première construction basilicale.

Les quatre chapiteaux des colonnes dans la chapelle du Christ en croix renvoient nettement à l'ancienne tradition ravennate, par le motif de vannerie de la corbeille revêtue d'entrelacs végétaux avec de petites volutes à la base et un coussinet au dessus.

Les deux premières colonnes de la chapelle de la Vierge se différencient de celles de la nef centrale par un fut plus court, monté sur une grande base en tronc de pyramide; les deux piliers octogonaux sur l'escalier sont par contre semblables à ceux d'une autre église ancônitaine : Santa Maria della Piazza, où les supports octogonaux présentent un biseau analogue aux arêtes. Il faut remarquer que la solution des colonnes raccourcies, en raison du niveau plus élevé du sanctuaire au dessus de la crypte, se trouve appliquée aussi à la cathédrale de San Leo, du XIIe siècle. Quatre piliers cruciformes, cantonnés de colonnettes, reçoivent les arcs sur lesquels prend appui la coupole tandis que quatre arcs diagonaux servent de contreforts, neutralisant les poussées de la construction.

Sur les pendentifs de raccord de la coupole, on l'a dit plus haut, figurent des anges sculptés dans la rigide position frontale de l'orant et inscrits dans une composition architecturale faite d'arcades aveugles (pl. 68). L'origine byzantine d'une telle iconographie se trouve confirmée par les représentations d'anges dans les mosaïques de Saint-Vital à Ravenne (sur la voûte du sanctuaire) et dans la chapelle Saint-Zénon à Sainte-Praxède de Rome.

La coupole, où s'ouvrent deux fenêtres rectangulaires symétriques, est rythmée par douze nervures issues d'un même nombre de colonnettes adossées au tambour (pl. 67).

Des plafonds en carène de navire, composés de panneaux de bois polychromes (restaurés) (pl. 66) s'étendent au-dessus de la nef principale et des parties centrales des chapelles absidées; les nefs latérales sont couvertes d'un simple pontage en bois.

Le pavement est l'œuvre de la restauration : deux bandes de marbre rouge reproduisent le tracé de la basilique originelle. Au centre de l'église, deux grilles protègent les bases de supports anciens et des fragments du pavement paléochrétien en mosaïque. Sur les côtés de l'escalier qui mène à la chapelle du Christ en croix sont reconstituées quelques plaques du chancel en marbre démonté au temps de l'évêque Gallo (XVIIe siècle). Les plaques sont décorées de bas reliefs à incrustation, exécutés au XIIe siècle par le maître Leonardus et comptés parmi les chefs-d'œuvre de la marqueterie en marbre. Les plaques de droite représentent trois couples d'animaux stylisés (griffons – paons – ibis) (pl. 75) et un aigle qui s'empare d'un lièvre.

A gauche par contre figurent des personnages de l'Ancien et du Nouveau Testament : le roi David (ou selon une autre interprétation Dieu le Père) avec la Vierge, l'archange Gabriel avec saint Jean l'Évangéliste (pl. 74), les prophètes Habacuc et Jérémie et pour finir saint Cyriaque (pl. 73).

On conserve en outre dans la cathédrale de précieuses œuvres picturales des XVe, XVIe, XVIIe et XVIIIe siècles.

Le clocher est nettement détaché et indépendant de l'église. Les documents historiques ne le mentionnent qu'à partir de 1314. Surmontée d'une coupole polygonale, la tour s'élève sur une base carrée et est entièrement revêtue de pierre.

☆

Pour l'église de Santa Maria della Piazza, voir p. 93.

DIMENSIONS DE SAINT-CYRIAQUE

Largeur hors œuvre à l'entrée : 19 m
Longueur hors œuvre : 49 m
Largeur hors œuvre du corps transversal : 18 m
Longueur hors œuvre du corps transversal : 40 m

PORTONOVO

SANTA MARIA DI PORTONOVO (PRÈS D'ANCÔNE)

Construite sur un promontoire proche du massif du Conero au bord de l'Adriatique, la petite église abbatiale Sainte-Marie de Portonovo représente une des œuvres les plus originales de l'art roman dans les Marches.

Sur l'origine de l'édifice, il n'existe pas jusqu'à présent de documents qui permettent de sortir du domaine des hypothèses en nous offrant une datation précise.

Quelques archéologues du passé – comme Saracini, Picchi Tancredi, Ferretti et Albertini – parlent d'un acte de donation de la terre en 1034 pour y construire l'ensemble monastique, sur la base d'un parchemin conservé jadis aux archives capitulaires de la cathédrale d'Ancône, aujourd'hui disparu et introuvable (on pourrait bien éprouver des doutes sur l'authenticité de ce parchemin). Par ailleurs le document ne nous fournit pas d'éléments pour une datation précise mais – Marinelli l'a justement remarqué – il n'a de valeur que comme *terminus a quo*.

(suite à la p. 233)

TABLE DES PLANCHES

ANCONA : SAN CIRIACO

SANTA MARIA DI PORTONOVO

52

53

55

57

59

60

61

71

72

73

75

76

SANTA MARIA DI PORTONOVO

80

81

83

85

Au dire du même archéologue, on n'a pas obtenu de meilleurs résultats en essayant d'établir la datation de l'église par rapport à la vie de saint Gaudens qui, selon le témoignage de saint Damien, a séjourné pendant deux ans et est mort au monastère de Portonovo, récemment construit à l'époque. En effet les dates fournies par les divers biographes ne coïncident pas: les «catalogues de l'église d'Absaro», d'accord avec les «Fables pascales», font remonter la mort de saint Gaudens à 1044, tandis que d'autres auteurs – comme Mittarelli et Costadoni («*Annales camaldules*») – repoussent la date de la mort du saint à 1050.

L'examen stylistique du monument n'impose pas les mêmes conclusions aux différents archéologues: Sacconi, restaurateur de l'église en 1894, l'estime construit au XIe siècle, opinion partagée par Serra, par Marinelli («pour ses caractères d'archaïcité simple et rudimentaire») et par Aurini qui y discerne des éléments formels déjà présents dans les églises du même XIe siècle de San Leo a Pesaro, d'Agliate (cf. *Lombardie Romane*, p. 301 à 305) et de San Giovanni in Zoccoli (cf. *Rome et latium Romans*, p. 281) à Viterbe.

Claudi est d'accord sur la construction de l'édifice vers le milieu du XIe siècle, mais considère comme plus tardif l'avant-corps en façade, l'attribuant à 1225: année où, selon un renseignement fourni par Saracini, fut menée à terme une opération d'agrandissement par les soins des comtes Cortesi de Sirolo, qui étendaient leur autorité jusqu'à Portonovo.

Krönig observe quant à lui que la voûte en berceau avec doubleaux dans la nef centrale, «rien que par cette forme qui renvoie à des solutions adoptées au Sud de la France, suggère une datation non antérieure au XIIe siècle».

D'une manière plus générale, Crema, menant une enquête sur la multiplicité des influences présentes dans l'église, affirme que «l'élaboration d'éléments aussi divers nous semble confirmer l'impression qu'il faut situer l'édifice à une époque un peu plus tardive que celle qui est communément acceptée».

Costantini enfin considère Sainte-Marie de Portonovo comme entièrement reconstruite au XIIIe siècle, estimant que «le style s'accorde bien à ce siècle».

Voici en résumé l'histoire de l'édifice:

– entre 1034 et 1050: construction de l'ensemble monastique

– au cours du XIIe siècle, concession de privilèges par le pape Alexandre III, le pape Lucius III (1184), l'empereur Henri VI (1186), le pape Honorius III (1222);

– 1225: travaux d'agrandissement, au témoignage de Saracini (il n'est pas précisé s'il s'agit de l'église ou du monastère);

– 1320: abandon de l'abbaye, menacée par les éboulements du Mont Conero;

– 1436: l'ensemble est placé sous la tutelle du chapitre de la cathédrale d'Ancône; il accueillera dorénavant quelque ermite ou quelque chapelain et l'église ne sera ouverte au public qu'à l'occasion de la fête de l'Assomption;

– 1518: incursion des Turcs qui contribuent à la ruine de l'édifice, déjà endommagé par les éboulements;

– 1669 : un texte des «Actes de la visite canonique» rapporte que le clocher est encore en place;

– 1769 : un rapport du cardinal Buffalini confirme l'existence du clocher et fait savoir que le monastère est déjà en ruine;

– 1808 : dommages causés par les troupes napoléoniennes qui utilisent l'église comme abri et s'emparent de matériaux de construction;

– 1837 : l'abbé Casaretto, retiré dans un ermitage près de l'église, la restaure sommairement et la revêt d'un crépi;

– 1860 : l'édifice passe aux mains de l'État italien qui en néglige l'entretien : il est utilisé par les bergers comme abri pour les troupeaux;

– 1894 : première restauration sérieuse par les soins de Sacconi qui entreprend le nettoyage, la consolidation, le décrépissage de l'édifice, la démolition de la maison du gardien au côté Nord et l'achèvement du mur de protection contre la mer (œuvre qui modifie le rapport de l'église à son environnement).

Du point de vue du plan, Sainte-Marie de Portonovo est une église basilicale qui, par la présence ces deux chapelles latérales, prend la forme d'une église en croix grecque, l'axialité principale demeurant toutefois bien sensible.

Le modèle de plan en croix grecque – suivi à la cathédrale d'Ancône voisine – est d'origine byzantine, comme aussi vient d'Orient la conception de l'éclairage diffus provenant de la coupole. La présence d'un courant byzantin dans les Marches est d'ailleurs attestée par quelques édifices : Santa Maria alle Moje, San Vittore alle Chiuse, San Claudio al Chienti et Santa Croce a Sassoferrato (voir les notices correspondantes) dans leur interprétation du plan en croix grecque inscrite dans un carré.

A Portonovo cependant s'exercent surtout, semble-t-il, des influences du Nord, en provenance de la plaine du Pô (lésènes et arceaux à l'extérieur, adoption de la tour-lanterne (pl. 85), galerie aveugle le long de l'abside (pl. 84)), de Bourgogne (demi-colonnes interrompues à l'intérieur) et de Normandie qui transmet le type de plan clunisien dit «à chapelles échelonnées», présent en Italie surtout dans la région véronaise – Saint-Ferme à Vérone (XIe-XIIe siècle, *Vénétie Romane*, p. 255 et 256), Saint Laurent à Vérone (XIIe siècle, *Ibid.*, p. 257-258), Saint-Pierre in Valle près de Gazzo Veronese (XIe siècle, *Ibid.*, p. 252) – et en Sicile, où l'on doit se rappeler la cathédrale de Cefalù (1131-1170) (cf. *Sicile Romane*, p. 269 à 319).

La couverture de l'église Sainte-Marie, en berceau sur la nef centrale (pl. 78) et en voûtes d'arêtes sur les nefs latérales (pl. 77, 79 et 80), se retrouve en France dans les églises des routes de pèlerinage.

On peut rencontrer des exemples de couverture en berceau interrompue par une coupole dans l'église Saint-Babylas à Milan (fin du XIe siècle) et dans des zones d'influence byzantine, comme la Calabre (ex. Sainte Philomène à Santa Severina, XIe-XIIe siècle) (cf. *Calabre Romane*, p. 134-135) ou les Pouilles (ex. Sainte-Marguerite de Bisceglie, 1187) (cf. *Pouilles Romanes*, p. 347 à 353).

Le caractère «français» de la petite église de Portonovo se révèle en tout cas prédominant et particulièrement évident si l'on compare son plan à celui de l'église de Chauriat dans la basse Auvergne (1016-

1026) (cf. *Auvergne Romane*, p. 171), elle aussi dotée d'une coupole, ou des églises de Normandie influencées par Cluny: Bernay (1013) (cf. *Normandie Romane II,* p. 45 à 57), Lessay (1053) (cf. *Normandie Romane I,* p. 168 à 208), et surtout Cerisy-la-Forêt (vers 1050) (*Ibid.*, p. 153 à 160), au plan identique bien qu'à l'échelle monumentale.

Ces comparaisons nous conduisent à reporter la date de Sainte-Marie de Portonovo à la deuxième moitié du XIe siècle ou au début du siècle suivant.

Un élément qui la distingue du modèle clunisien est l'orientation des toits sur les deux nefs latérales les plus à l'extérieur, dans les deux versants sont parallèles à ceux de la nef principale: solution tout à fait singulière et inhabituelle par rapport aux prototypes français où les toits des nefs latérales, à angle droit par rapport au corps central de l'église, rassemblent en un tout organique les deux bras considérés comme parties d'un unique transept.

Cette différence nous conduit à envisager la possibilité d'un manque de connaissance, chez les équipes de Portonovo, de la façon d'exécuter en élévation le type de construction «à chapelles échelonnées» connu seulement en plan.

La hauteur des deux nefs latérales externes auraient en effet permis d'orienter différemment le toit.

On pourrait objecter que les deux faces latérales résultant d'une telle solution auraient été excessivement larges; cependant même dans ce cas on aurait pu remédier facilement à un tel inconvénient en dotant les façades des deux «bras du transept» de rampants interrompus (au lieu d'une double pente).

Visite

L'édifice tout entier est fait de petits blocs de la pierre calcaire qui forme la montagne au-dessus, et il se présente comme une œuvre d'art tout à fait singulière, en raison de la présence simultanée d'éléments stylistiques relevant d'influences diverses.

Le plan se compose d'un corps de trois nefs à sept travées que flanquent deux petites nefs latérales de trois travées au niveau du carré central. La nef principale et les nefs latérales plus courtes se terminent par des absides semi-circulaires.

La couverture est faite d'un berceau dans la nef principale (pl. 78) – interrompu au centre par une coupole elliptique (pl. 76) avec une tour-lanterne en saillie (pl. 85) – et de voûtes d'arêtes dans les nefs latérales. La coupole est portée par quatre piliers cruciformes; tous les autres supports, qui reçoivent des arcs en plein cintre, sont des colonnes.

L'extérieur de l'église révèle l'articulation interne des volumes de diverses dimensions.

Le clocher-mur et l'avant-corps qui s'adosse à la façade aux rampants interrompus sont considérés comme des adjonctions plus tardives (pl. 83).

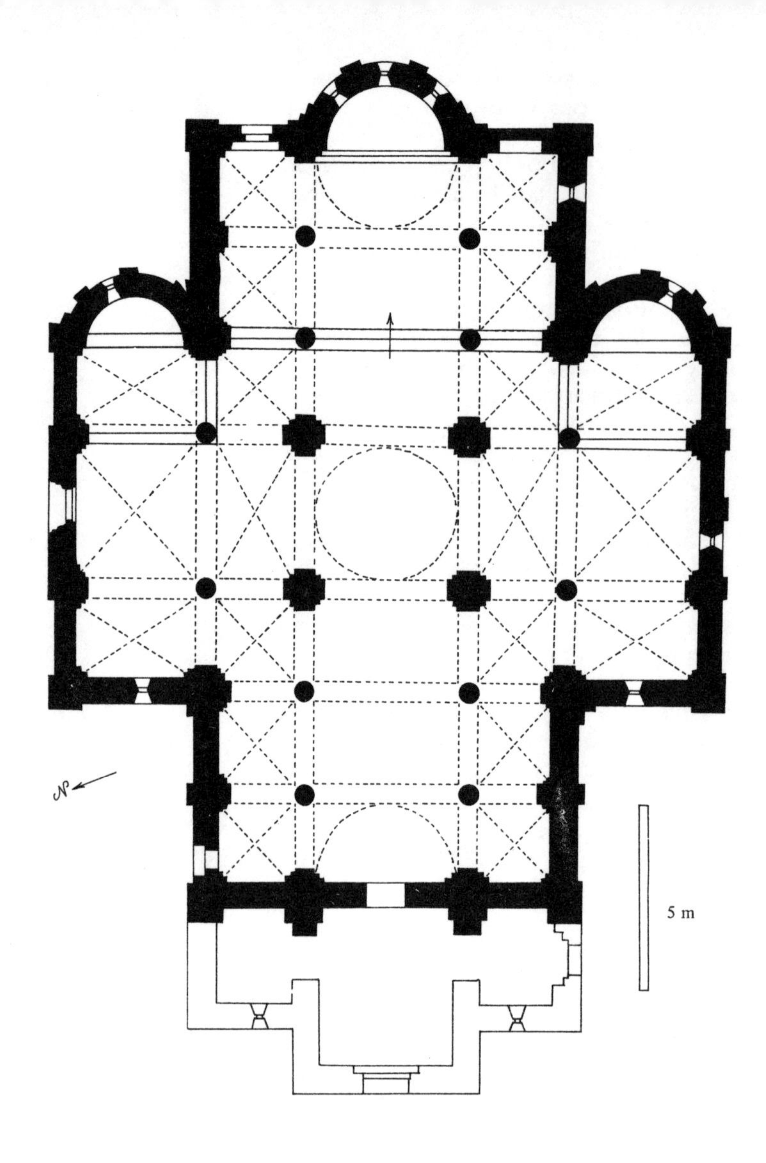

PORTONOVO
SANTA MARIA

Les murs externes sont scandés de lésènes et d'arceaux (pl. 83), remplacés par une petite galerie aveugle le long du couronnement de l'abside majeur (pl. couleurs p. 231 et pl. 84) et de la tour-lanterne (pl. 85).

A l'intérieur de l'édifice, très remarquable est la qualité des solutions spatiales, obtenue sans le secours du décor, par la simple élégances des lignes architecturales, par la proportion des surfaces laissées en pierre apparente, par les effets de la lumière qui, des fenêtres à double ébrasement (petites et judicieusement disposées), pénètre en éclairage rasant et, de la coupole, illumine de façon diffuse tout l'espace, lui conférant une atmosphère très aérée malgré ses modestes dimensions.

Les supports (douze colonnes et quatre piliers centraux) se situent dans une parfaite continuité avec les parois nues, étant eux aussi formés de petits blocs de pierre avec des bases et des chapiteaux à peine esquissés (inexistants pour les piliers) (pl. 77 à 82).

Les chapiteaux sont simplement constitués d'une astragale, d'où naissent quatre chanfreins d'angle semblables à des feuilles pointues et creusées de stries.

Grâce à l'absence de corniches horizontales, il y a continuité entre les structures de l'élévation et la voûte en berceau elle-même, rythmée d'arcs doubleaux qui se prolongent par des lésènes le long des piliers et deviennent des demi-colonnes interrompues au-dessus des chapiteaux des colonnes (pl. 81).

La coupole elliptique – octogonale à l'extérieur – se raccorde au rectangle de base par l'intermédiaire de quatre trompes en quart de sphère où sont creusés de petites niches (pl. 76). De cette coupole la lumière, fournie par les quatre fenêtres doubles du tambour, inonde l'intérieur.

Toute la construction dénote une recherche particulière des détails : tels le triple ressaut qui marque l'entrée de l'abside centrale (pl. 82) et est repris de la mouluration des lésènes aux murs des nefs latérales; le décor sobre et varié des petits chapiteaux coiffant les demi-colonnes interrompues, toujours harmonisé à celui des colonnes portantes, ou encore la corniche sur modillons transformée en une dentelure ornementale à la naissance de la coupole et au revers de la façade.

L'édifice a enfin le mérite d'avoir conservé son pavement originel, restauré toutefois; il enrichit l'espace intérieur par la variété de ses motifs en pierre et en brique, qui se différencient en compositions géométriques multiformes dans les divers emplacements.

DIMENSIONS DE PORTONOVO

Longueur : 26 m 50
Largeur : 8 m 90

SANTA MARIA

A PIE DI CHIENTI

SANTA MARIA A PIE DI CHIENTI (PRÈS DE MONTECOSARO)

Histoire

L'église Santa Maria a piè di Chienti, appelée aussi Santissima Annunziata (La très Sainte Vierge de l'Annonciation), se dresse sur la rive gauche du Chienti à quelques kilomètres de l'embouchure du fleuve.

Il s'agit d'un des édifices les plus étudiés par les historiens de l'architecture romane en raison de la particularité de sa structure, basée sur un plan d'ascendance clunisienne et partiellement organisée en deux étages, comme une «église double» à espaces superposés.

Santa Maria a piè di Chienti est mentionnées dans les sources de Farfa («*Chronicon Farfense*» de Grégoire de Catino) depuis 936, année où l'abbé de Farfa la concéda à Hildebrand en même temps que d'autres églises et domaines.

Confiée à nouveau à Farfa par l'empereur Conrad II, en 1027, l'église est ensuite constamment mentionnée dans la *Chronicon Farfense* comme l'une des très nombreuses possessions de l'abbaye. Et elle le resta jusqu'en 1477, année où elle fut donnée par Sixte IV à l'Hôpital Sainte Marie de la Pitié de Camerino. L'édifice actuel a été diversement daté par les archéologues. Serra l'a attribué au XIIe siècle «pour des raisons essentiellement stylistiques». Romani («*La chiesa di Santa*

Maria a piè di Chienti...», Camerino 1912) a noté de façon générale, sur la base de la ressemblance avec Sant'Antimo près de Castelnuovo del Abbate (cf. *Toscane Romane*, p. 141 à 186) (Sienna), «qu'il faut la situer à une époque postérieure à la réforme de Cluny et que c'est à la présence au monastère de Farfa de quelque moine de cette abbaye qu'est dû cet aspect si notablement différent de ceux des autres constructions monastiques anciennes d'Italie». Dans la rubrique consacrée aux monuments par la revue «*L'A Monumenti*», IX), l'église Sainte Marie a été classée à la deuxième moitié du XIe siècle.

Giuseppe Avarucci («*Epigrafi medievali nella chiesa di Santa Maria...*», 1975) a enfin assuré que «l'on peut tirer des éléments décisifs d'une inscription qui se trouve encore à l'entrée de l'église»:

CHR(ISTUS) VINCIT
ET PANAGIA S(AN) C(T)A
AGIENOLF(US) ET
ABB(AS) OP(US) EDIfi(AVIT)

rappelant que le personnage mentionné sur l'inscription, Agienolfus, «fut élu abbé de Farfa en 1125 et, peu après son élection, partit visiter les propriétés de Farfa dans les Marches... Il est probable que, à cette occasion, en présence de l'abbé, l'actuelle église ait été consacrée au culte».

L'hypothèse semble trouver confirmation dans une autre inscription placée au revers de la façade et ainsi rapportée par le même archéologue: AN(NI) CHR(ISTI) S(UNT) MCXXV.

La construction de l'étage supérieur de l'église, au niveau des tribunes, est attribuée au début du XVe siècle, sur la base des fresques de l'abside haute. «Cette partie de l'abside, a observé Avarucci, se trouve simplement appuyé aux deux murs de la nef centrale, le matériau de construction, différent de celui employé pour la partie absidale plus ancienne, peut avec assurance être attribuée au début du XVe siècle.

La façade n'est certainement pas non plus originelle, comme l'a déjà noté Romani, la définissant comme «une œuvre très négligée du XVIIe ou du XVIIIe siècle» et la tenant pour contemporaine de la réfection du flanc méridional de la nef latérale.

A cette époque remonte probablement aussi un crépissage de l'intérieur et la construction d'un grand escalier central raccordant les deux niveaux, tenu pour Serra comme «n'étant pas antérieur au XVIIIe siècle».

Avant 1912 (époque à laquelle Romani a décrit l'église) furent restaurées les absidioles du rez-de-chaussée et les pans de l'hémicycle annulaire supérieur (à l'exception des trois derniers du côté Sud).

La restauration de 1925 supprima le grand escalier central de l'intérieur, le remplaçant par deux escaliers latéraux afin de permettre la vue simultanée des deux niveaux de l'église.

A cette occasion aussi furent rouverts les arcades du déambulatoire inférieur (fermées auparavant pour des raisons de solidité) et entièrement enlevés les crépis. A une restauration ultérieure l'on doit la suppression définitive des escaliers de raccordement à l'intérieur de l'église et la construction d'un escalier de liaison dans le bras droit du transept.

Selon Serra «il faut exclure l'hypothèse que la seule communication avec l'église supérieure ait été à l'origine représentée par le très étroit et mal commode petit escalier situé dans un angle caché au fond de la nef latérale de gauche (et encore visible au côté Nord de l'édifice)... Il faut admettre qu'entre le riche monastère (entièrement abattu au début du XIXe siècle) et l'église supérieure, il y eut une communication directe afin de réserver la zone supérieure aux religieux et la zone inférieure au peuple».

La nécessité pour les moines de disposer d'un lieu de prière à eux, en vue d'y célébrer les offices prévus par la règle bénédictine, semble de fait l'explication la plus plausible de la construction de l'étage supérieur, qui se rattache en outre à la tradition du sanctuaire surélevé dans les Marches.

L'église Sainte-Marie représente un modèle architectural répandu surtout en France, particulièrement en Bourgogne (où il faut évoquer la troisième église de l'abbaye de Cluny, 1080-1130, Saint-Philibert de Tournus, XIe siècle (cf. *Bourgogne Romane*, p. 67 à 94) et la basilique du Sacré-Cœur à Paray-le-Monial, début du XIe siècle) (*Ibid.*, p. 157 à 188), et en Auvergne où se trouvent quelques exemples qui, par le type de sanctuaire avec trois ou quatre chapelles rayonnantes, un déambulatoire et six colonnes de séparation, présentent de fortes analogies avec l'église étudiée ici (cf. le plan originel de l'église d'Ennezat, XIe siècle [*Auvergne Romane*, p. 164] et l'église de Châtel-Montagne, XIIe siècle [*Ibid.*, p. 216]).

En Italie, l'application de ce plan est limitée à quelques cas isolés, tel la cathédrale d'Aversa (XIe siècle) (cf. *Campanie Romane*, p. 244), celle d'Acerenza (de date incertaine) (cf. *Calabre Romane*, p. 76), l'agrandissement inachevé de la Très Sainte Trinité à Venosa (première moitié du XIIe siècle) (*Ibid.*, p. 58) et Sant'Antimo près de Castelnuovo del Abbate (cf. *Toscane Romane*, p. 144), édifice qui plus qu'aucun autre semble en étroite parenté avec l'église des Marches.

Les ressemblances manifestes résident dans la disposition des nefs latérales, – divisées en petites travées couvertes de voûtes d'arêtes –, dans la structure de la zone absidale – délimitée par six colonnes et terminée par trois chapelles rayonnantes – et enfin dans l'adjonction d'une chapelle absidée au flanc droit et d'une tour carrée du côté gauche.

La datation probable de Sant'Antimo à 1118 (année du commencement de la construction) suggère de placer aussi vers cette époque la construction de Santa Maria a piè di Chienti, authentifiant ainsi la chronologie tirée des inscriptions conservées à l'intérieur.

L'aspect formel plus complet de l'église toscane qui, par la façon de traiter les surfaces des maçonneries et par le style du décor, témoigne de liens plus étroits avec les modèles d'au delà des Alpes, incite en outre à croire Sant'Antimo antérieur à la construction de l'église sur le Chienti qui pourrait alors avoir assimilé la leçon française à travers l'exemple toscan lui-même.

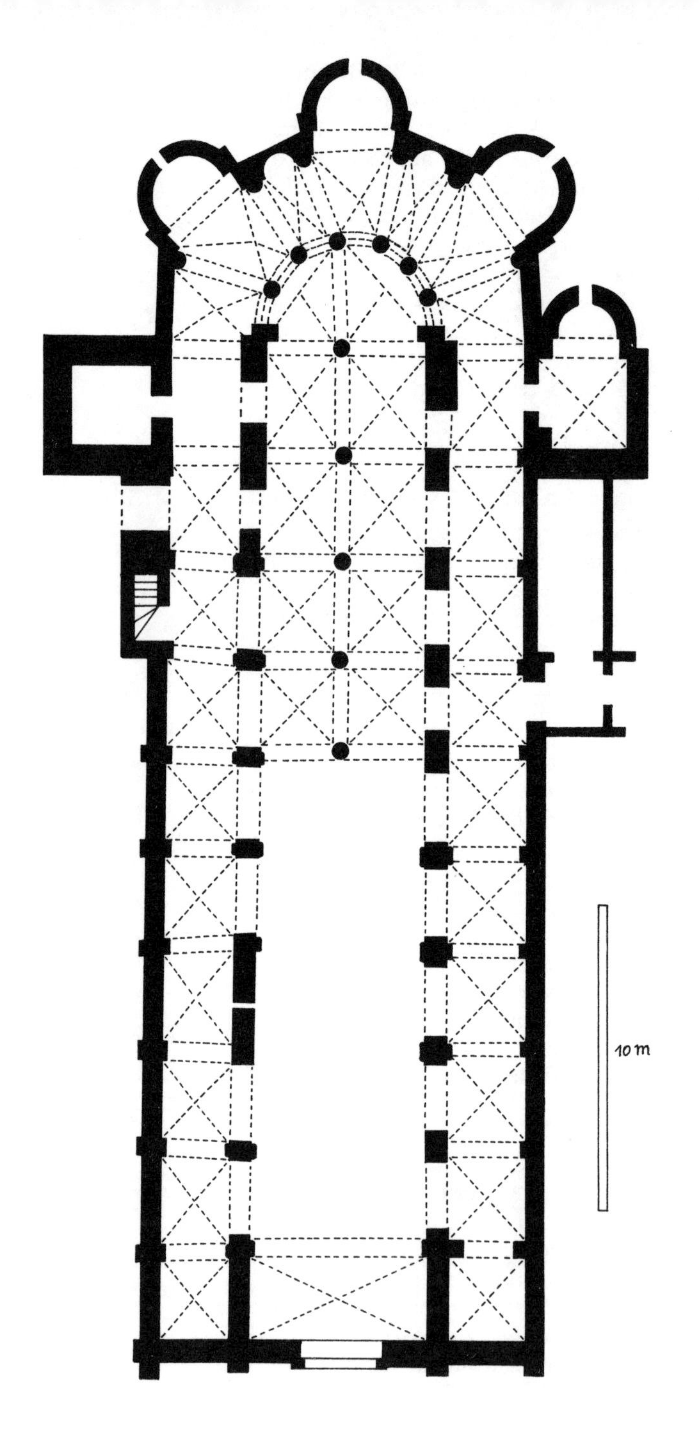

SANTA MARIA A

PLAN AU SOL

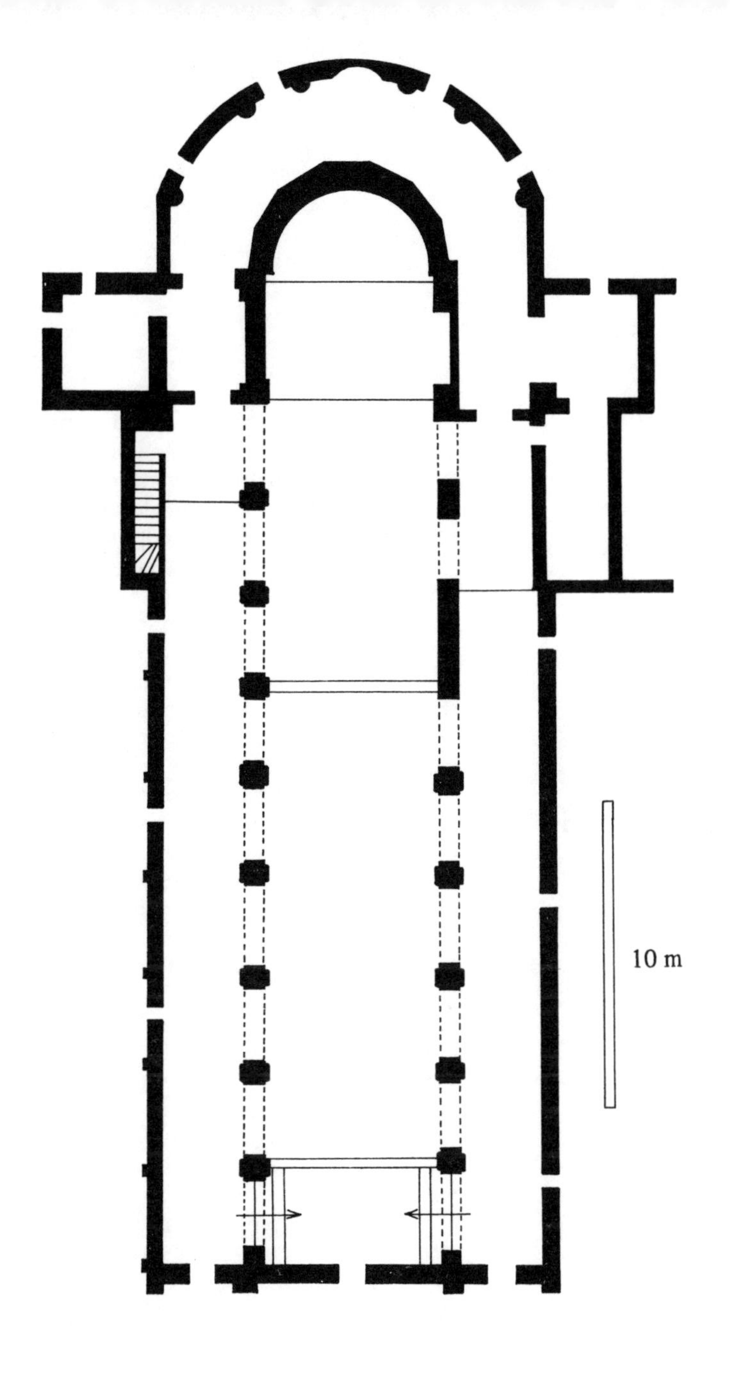

PIE DI CHIENTI

PLAN A L'ÉTAGE DES TRIBUNES

Visite

Le plan de Santa Maria a piè di Chienti est d'inspiration française, mais les modes de construction et le type de conception spatiale qui la marquent sont de caractère nettement italien, en particulier lombard, et sembleraient exclure une influence directe des modèles d'au delà des Alpes.

La construction se signale par une maçonnerie en brique rythmée d'un décor de lésènes et d'arceaux qui parcourt entièrement tant l'extérieur que l'intérieur de l'édifice.

Le plan comporte trois nefs séparées par dix piliers de chaque côté et se termine au chevet par un déambulatoire semi-annulaire dont font saillie vers l'extérieur trois absidioles rayonnantes.

A l'élan vertical marqué du corps central – souligné par la scansion rythmique des pilastres – fait pendant l'espace réduit des nefs latérales écrasées par les tribunes qui les surmontent (pl. 86).

Au flanc gauche se greffe (à la hauteur de la dernière travée) un bâtiment de base carrée, tandis que de l'autre côté se trouve une salle avec abside à laquelle s'adjoignent d'autres constructions.

La façade du XVIIIe siècle reproduit le profil à rampants interrompus des nefs : elle est percée de fenêtres carrées et laisse voir de faibles marques de grandes arcades. On observera que la façade est oblique par rapport à l'axe des nefs et présente des restes de mur formant saillie à l'extrémité de gauche. Sur le flanc droit apparaît aussi à l'évidence que la réfection de la façade a touché toute la partie initiale de l'édifice.

Le flanc gauche est le mieux conservé : il garde en effet la scansion des pilastres, les corniches dentelées sous l'égout du toit et les arceaux le long de la nef majeure où s'ouvrent quatre grandes fenêtres de chaque côté.

La tour carrée devait probablement être plus haute et servir de clocher (comme à Sant'Antimo).

Du côté droit de l'église ressortent les parties restaurées, c'est-à-dire tout le mur de la nef latérale – dépourvue de divisions décoratives – et la zone terminale de la nef centrale, avec deux fenêtres à un niveau inférieur à celui des quatre autres et un petit clocher-peigne.

Le chevet représente une réalisation architecturale particulièrement expressive, du fait de la savante juxtaposition de volumes géométriques formellement coordonnés dans une structure massive et serrée (pl. couleurs p. 249).

L'ensemble absidal se trouve en effet constitué par l'imbrication et la superposition de volumes polygonaux et cylindriques : les trois

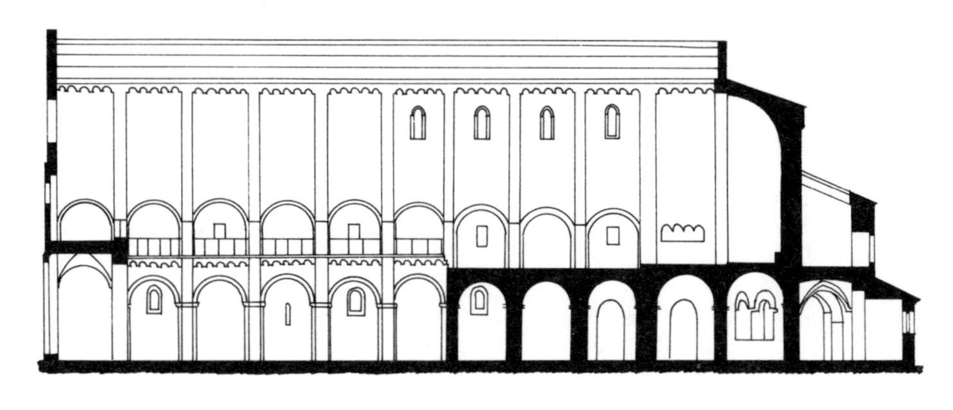

SANTA MARIA A PIE DI CHIENTI
COUPE

chapelles semi-circulaires à la base, l'hémicycle à facettes du déambulatoire, qui s'étend sur deux étages et l'enveloppe polygonale du haut de l'abside. De ce côté-ci de l'église aussi, apparaissent avec évidence les restaurations, qui ont eu pour objet les absidioles et une grande partie du déambulatoire. En se conformant aux traces laissées par les constructions primitives, les restaurateurs ont reconstitué le tissu mural largement orné de corniches dentelées, de lésènes et d'arceaux.

L'intérieur de l'église se distingue par la nette coupure que forme un deuxième niveau de sol divisant horizontalement l'espace dans la deuxième moitié de l'édifice (pl. 86).

L'étage inférieur de l'église est subdivisé par de nombreux supports : vingt piliers de forme variée qui séparent les trois nefs de dix travées, cinq colonnes en brique qui supportent l'étage supérieur (divisant en deux autres petites nefs la deuxième moitié de la nef centrale) (pl. 92) et six colonnettes prenant appui sur un muret peu élevé qui forment la limite du demi-cercle du déambulatoire (p. 91).

Sur les supports et sur les arcs correspondants s'exercent les poussées de la couverture, faite de petites voûtes d'arêtes – sans nervures – au dessus des nefs latérales, du déambulatoire et de la moitié postérieure de la nef centrale. Sur l'atrium d'entrée a été construite par la restauration une voûte en calotte pour soutenir une galerie supérieure reliant les deux tribunes (au moyen d'escaliers car elle est d'un niveau plus élevé).

Les arcs sur les côtés de cette voûte ont été murés, tout comme l'arc de la quatrième travée.

De nombreux piliers présentent en outre des renforcements en maçonnerie, sans doute exécutés au moment de la construction de l'étage supérieur. On atteint aujourd'hui ce dernier par un escalier le long de la nef latérale de droite.

(suite à la p. 275)

TABLE DES PLANCHES

SANTA MARIA A PIE DI CHIENTI

SAN LEO : DUOMO

86

87

93

SAN LEO
DUOMO ▶

95

97

98

99

102

103

105

107

110

111

Il faut noter que les arcs des tribunes sont parfaitement alignés avec les arcades au-dessous (pl. 88), tandis que les piliers sont renforcés, du côté de la nef centrale, par des pilastres qui naissent des tailloirs des supports inférieurs et se prolongent jusqu'à l'appui de la couverture en charpente apparente (pl. 86).

Les pilastres ont entre eux des arceaux – cinq par travée – qui se déploient en haut des murs et à la base des tribunes, jusqu'au départ de l'étage supérieur, au niveau du sixième pilier.

La suite des arcades de la tribune présente des interruption dues à l'obturation du septième arc de droite (fresqué), de deux arcs dans la dixième travée (où à droite a été aménagé un édicule gothique et où, à gauche, ont été insérés quatre arceaux à la base d'une peinture située au dessus) et de tous les arcs du demi-cylindre absidal, entièrement revêtu de fresques. Les peintures représentent, en trois grands tableaux, les scènes de la Nativité, de l'Adoration des Mages et de la Présentation au Temple. Au cul-de-four de l'abside règne la figure du Christ Pantocrator, dans une mandorle, flanqué de la Vierge de la Miséricorde et de saint Jean-Baptiste.

La datation des fresques fait l'objet de discussion, tant la lecture de la date gravée sur la scène centrale est difficile. L'interprétation la plus probable est, à notre avis, celle proposée par Avarucci qui lit : MCCCCXLVII, c'est à dire 1447.

En conclusion, retenons que l'histoire de la construction de Sainte-Marie du Chienti peut se condenser en trois phases principales, d'après les éléments discernables dans l'édifice.

L'église de 1125 devait avoir un aspect très semblable à celui de Sant'Antimo près de Castelnuovo dell'Abate et, comme celle-ci, devait se composer de neuf travées auxquelles s'ajoutait un porche en façade.

Au début du XVe siècle, on aménagea un deuxième étage à l'intérieur et on obtura quelques arcades de la tribune, recouvertes ensuite de fresques. Le fait que l'étage supérieur ne soit pas d'origine est attesté par divers détails architecturaux :

– l'appui dissymétrique de l'arc qui à l'étage inférieur relie la dernière des colonnes centrales aux colonnettes du déambulatoire;

– la corniche d'arceaux surmontant ces colonnettes qui est entaillée par la voûte au dessus;

– le niveau de l'étage de l'église supérieure, plus bas que celui de la tribune.

La troisième phase, au XVIIIe siècle, comporta la réfection du flanc droit, la création du grand escalier théâtral interne reliant les deux étages et la reconstruction de la façade qui devait englober une partie du porche situé devant.

L'hypothétique présence d'un porche «englobé» expliquerait en effet les anomalies signalées à propos de la façade et les irrégularités des locaux internes flanquant le porche, ainsi que le nombre inhabituel des travées (dix), tandis que Sant'Antimo, la nouvelle église de l'abbaye de Venosa et la cathédrale d'Acerenza en ont neuf.

Dans le cadre de l'orientation symbolique qui caractérise cette période, il ne semble pas que soit fortuite l'utilisation des multiples du nombre trois – trois absides rayonnantes, six colonnettes dans le déambulatoire et neuf travées – qui ordonnent le plan selon un système harmonieux de rapports numériques.

DIMENSIONS DE SANTA MARIA A PIE DI CHIENTI

Largeur externe : 14 m
Longueur interne, y compris les absides : 41 m 50

SAN LEO. DUOMO

LA CATHÉDRALE DE SAN LEO

Histoire

La cathédrale de San Leo se trouve en face d'une vaste étendue herbeuse, délimitée par l'à pic du rocher sur lequel s'élève le bourg.

Une inscription gravée à l'intérieur de l'église, sur la demi-colonne du quatrième pilier de droite, indique avec précision l'année où a commencé sa construction: ANNI DNI NPI AB INCARNATIONE MCLXXIII (1173).

Il est probable que l'édifice s'est construit sur une structure préexistante, ce qui expliquerait la présence de matériaux de récupération réutilisés dans la bâtisse.

A ce sujet, Gorrieri a noté que «la dédicace de la crypte de la cathédrale à saint Pierre, chose commune parmi les églises les plus anciennes de la région, conduit à supposer que cette crypte est le réaménagement de ce qui restait d'une église précédente, peut-être abbatiale, dédiée à ce saint. Jusqu'à ces dix dernières années environ, la crypte possédait une entrée de l'extérieure; il s'y déroulait des paraliturgies comme le chemin de croix, et des dévotions particulières chères aux habitants y étaient liées».

Après la contre-réforme, la cathédrale de San Leo subit quelques modifications. A ces interventions remontent l'aménagement du pavement, la balustrade du sanctuaire et l'escalier qui y mène à partir de la nef latérale de gauche; à cet escalier répondait celui, analogue, de la nef de droite, démoli en ce siècle en même temps que l'escalier central d'accès à la crypte: opération qui a introduit un caractère Renaissance dans l'espace romano-gothique de la basilique.

Les crépis qui recouvraient les murs ont par contre été supprimés par la restauration dirigée par Sacconi (1893), auquel on doit encore la consolidation des structures de l'édifice, négligées pendant longtemps. Par le rapport de Sacconi lui-même, nous savons en effet que «était nécessaire, et même indispensable, un travail de chaînage des arcs pour supprimer la poussée qui tendait à ouvrir la nef centrale et à écarter les latérales, hâtant la ruine de l'édifice... était tout autant nécessaire la restauration des voûtes des nefs latérales et de l'abside; puis pour l'extérieur notre bureau proposait: de refaire la toiture restante en écailles, sans en modifier l'aspect et en veillant à protéger l'extrados sur lequel était directement posé la susdite couverture par une chape en ciment ou par un carrelé en pouzzolane afin que, dans tout déplacement éventuel des écailles, l'eau se déversant sur un plan incliné compact, trouve une obstace insurmontable l'empêchant de s'infiltrer jusqu'aux voûtes situées audessous; de munir les quatre pignons marquant la nef médiane et le transept de plaques de pierre dépassant les murs pour empêcher les eaux de s'y infiltrer; de revoir toute la partie du toit couverte de tuiles, réparant les chêneaux existants et en les refaisant là où ils manquent; de munir de paratonnerre l'église et le clocher».

En 1892, on reconstruisit aussi dans le style le corps de bâtiment greffé à gauche du sanctuaire et utilisé comme sacristie.

La cathédrale, bien orientée, présente un plan de type basilical, avec trois nefs absidées séparées par des colonnes et des piliers polystyles. Le schéma basilical est cependant enrichi par la présence d'un pseudo-transept, c'est-à-dire un transept découpé dans la largeur de l'espace et placé à peu près au milieu de l'édifice.

L'utilisation du transept, qui semble emprunté aux églises romanes françaises, se trouve être particulière à la cathédrale de San Leo: dans les exemples français, le transept est en effet conçu comme une nef transversale agrandissant le sanctuaire, c'est pourquoi il est reculé vers la zone absidale et est doté de bras en saillie sur le corps longitudinal. De façon différente, dans le cas de San Leo, le transept situé au centre constitue l'élément spatial de raccordement entre les deux moitiés de l'église, d'inégale hauteur, du fait de l'usage adopté dans les Marches d'avoir un sanctuaire très surélevé. Mais cette position est fondamentale pour l'agencement des flancs de l'église qui prend l'apparence d'une église en croix à laquelle sont ajoutées les nefs latérales.

A l'intérieur de l'édifice se manifeste avec plus d'évidence encore le lien avec les églises romanes françaises, en particulier celles d'Auvergne (comme l'ont fait voir Krönig et Serra), par le système de couverture avec voûte en berceau sur la nef centrale, dépourvue de fenêtres et épaulée par les demi-berceaux des nefs latérales.

Cependant même la solution «française» de la voûte en berceau, qui confère à l'église un aspect d'église-halle, semble dans la cathédrale de San Leo se superposer à une implantation purement basilicale.

Il manque en effet dans ce cas le développement en hauteur des arcades de passage, qui se rencontre normalement dans les églises-halles et qui permet une répartition diffuse de la lumière provenant des nefs latérales, favorisant la continuité de l'espace entre les trois nefs.

Visite

La cathédrale de San Leo s'enracine dans la roche avec toute la masse de ses structures en grès dont la couleur rouille originelle s'est conservée à l'intérieur de l'église, tandis qu'il prenait une teinte dorée à l'extérieur, où se détachent des insertions de pierre blanche, librement réparties sur le parement.

Le matériau utilisé dans la construction est disposé généralement en assises horizontales et parallèles parmi lesquelles on reconnaît les parties dues à une restauration ultérieure.

La façade, donnant sur l'à pic, n'est pas percée d'entrée et présente la silhouette simple à rampants interrompus avec trois fenêtres doubles.

La nef centrale, signalée à l'extérieur par un pignon plus haut que le toit, n'est en réalité guère plus élevée que les nefs latérales.

Des pignons analogues marquent, sur les flancs de l'église, le mur de fond du pseudo-transept correspondant à la cinquième travée, tandis que sur le mur du chevet (lui aussi à rampants interrompus) font une légère saillie les trois absides terminant les nefs.

On remarquera que les quatre pignons en façade, au chevet et au transept sont tous légèrement plus élevés que l'édifice.

Le décor extérieur a pour fonction de mettre en relief les volumes grâce à des demi-colonnes engagées, à de grands pilastres qui renforcent les côtés des façades et à des arceaux qui courrent au sommet des murs de la basilique. Seules ont disparu l'arcature en haut de l'abside majeure et quelques colonnettes du flanc gauche (que séparent six arceaux).

Les fenêtres doubles ont elles aussi un caractère décoratif : trois en façades (une au milieu, et deux plus petites sur les côtés) et une sur le mur de fond du bras droit du transept.

Serra a noté la ressemblance entre cette dernière fenêtre double, originelle, et celle sur la façade de l'église de San

Pietro in Messa près de Pennabili (XIe-XIIe siècle).

D'autres fenêtres (oculus et fenêtres simples ébrasées) s'ouvrent sans ordonnance précise dans les flancs et dans les absides de la basilique, surtout dans la zone du sanctuaire. Du côté droit de la cathédrale, à la hauteur de la deuxième travée, la série des demi-colonnes s'interrompt pour faire place à une porte d'entrée.

Une ouverture analogue devait exister symétriquement sur l'autre côté de l'église, pour permettre l'accès au palais épiscopal, détruit en 1554. Au dessus de la porte se trouvent des fragments de buste représentant saint Léon et sans doute l'évêque qui fit construire le

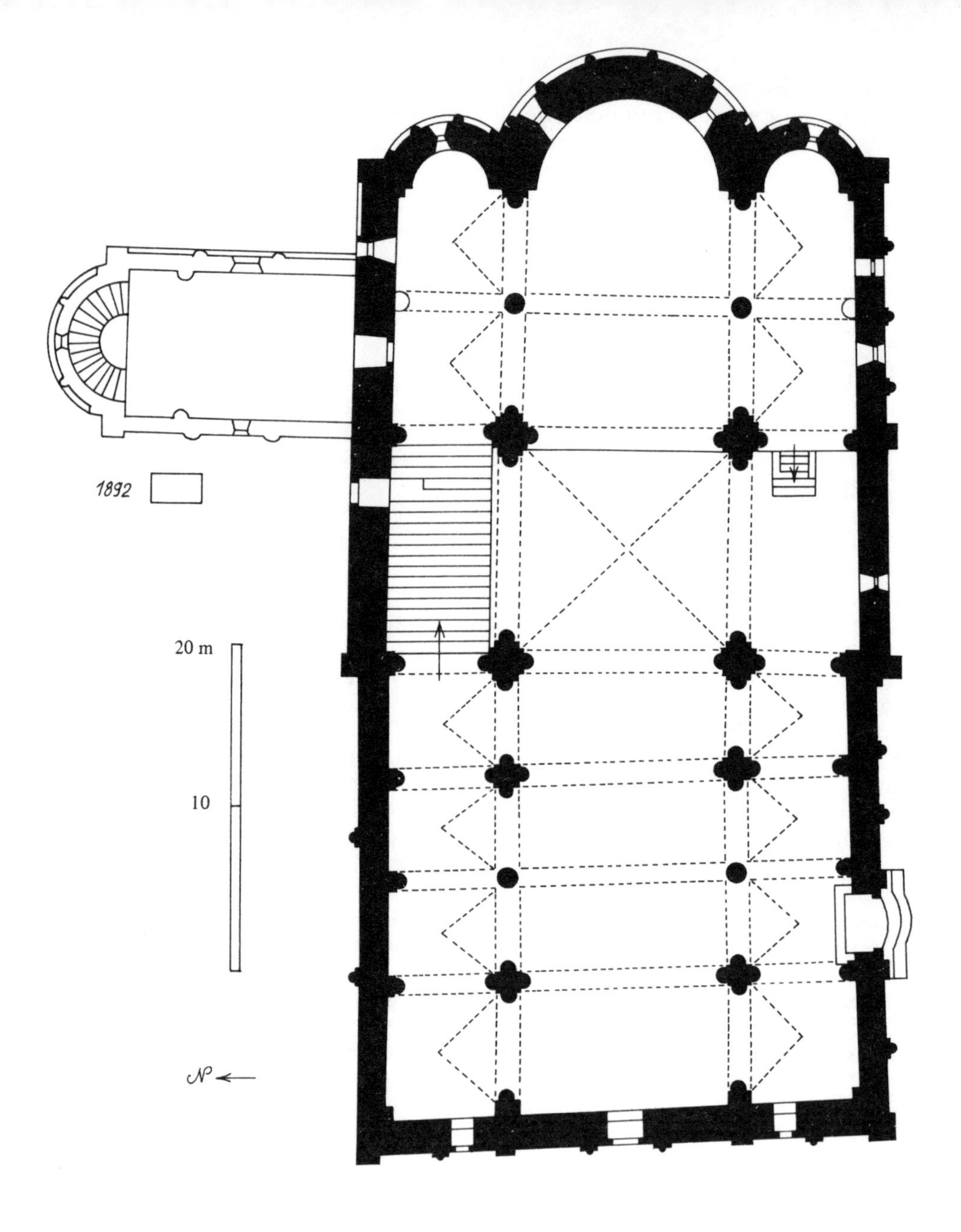

SAN LEO
DUOMO

premier édifice (Gorrieri rapporte cependant que «d'après un examen récent, les deux pièces se sont révélées antérieurs à l'an mil» et qu'elles seraient donc des remplois).

L'intérieur comporte sept travées où des colonnes et des piliers fasciculés reçoivent des arcs doubles, sept de chaque côté. Les proportions sont celles que l'on a d'ordinaire, où la nef centrale est deux fois plus large que les nefs latérales.

Au rythme serré des quatre premières travées, dotées d'arcs brisés, succèdent les grandes arcades du pseudo-transept et les deux dernières travées aux arcs en plein cintre reçus par les colonnes basses du sanctuaire surélevé.

Ce dernier est limité par un mur dû à la restauration, compact et uniforme, qui constitue en outre une forte coupure de l'espace.

Les deux paires de colonnes, dans la seconde et la dernière travée, sont formées de blocs de marbre provenant d'édifices romains (le Temple de Jupiter Férétrien?) et sont couronnées de chapiteaux corinthiens raffinés. Celles qui sont proches de l'entrée présentent des bases diverses : l'une (à droite) revêtue de larges feuilles roulées, l'autre (à gauche) formée de lions très usés (qui selon Gorrieri appartenaient aux fonts baptismaux de la cathédrale primitive).

Les piliers – les quatre du transept plus hauts et plus robustes – sont composés de piles carrées et de demi-colonnes coiffées de chapiteaux aux faces semicirculaires.

Ce puissant système de supports soutient une voûte en berceau avec arcs doubleaux dans la nef centrale, qu'interrompt une haute voûte d'arêtes au niveau du transept.

La voûte en berceau est faite d'une pierre-ponce légère et est renforcée par des nervures transversales qui retombent sur des demi-colonnes adossées aux piliers, ou aux murs au-dessus des colonnes – dans ce cas elles sont portées par des atlantes grotesques sur des consoles.

Les voûtes des nefs latérales sont tantôt en berceau, tantôt d'arêtes; les arcs transversaux qui les séparent retombent sur les demi-colonnes des murs gouttereaux entre lesquelles se profilent des arcs aveugles qui évident et allègent la paroi latérale.

Sous le sanctuaire s'étend la crypte divisée en trois travées par des arcs en plein cintre sur des colonnes de remploi et des piliers polylobés.

L'espace est entièrement couvert de voûtes d'arêtes et conserve des fragments d'une construction précédente. Les chapiteaux des supports sont sculptés d'un décor géometrico-végétal, parfois au-dessus d'anneaux torsadés que l'on trouve aussi sur quelque chapiteau de l'église supérieure.

Le clocher est nettement détaché de l'église. Construit en grès comme la basilique, il s'élève à 32 mètres sur une base carrée de 8 mètres de côté.

A l'intérieur, il englobe une structure circulaire qui pourrait appartenir à une tour du haut Moyen Age : ceci explique l'absence de fenêtre dans le corps parallélipipédique du clocher et l'ouverture de quatre paires de fenêtres à son sommet.

Dans la construction de l'édifice se rencontrent des éléments propres aux Marches, comme le haut sanctuaire au dessus d'une crypte, des éléments lombards comme le parement et le système décoratif, et français comme le pseudo-transept, les voûtes de couverture, les culots qui supportent les nervures de la voûte.

L'extérieur garde l'aspect d'une église romane lombarde que l'on peut lire comme un édifice en croix, très haut par rapport à deux nefs latérales. Et il me semble utile de redire l'importance du volume du transept pour équilibrer le flanc qui autrement aurait paru excessivement long. L'intérieur par contre est tout à fait surprenant par rapport à l'extérieur : la qualité de l'espace a perdu tous les éléments de son caractère roman primitif et se conforme aux églises construites chez nous à une époque que l'on appelle «gothique» (avec toutes les imprécisions du terme), et qui me semblent présenter des analogies avec certaines églises transformées (au XIIIe siècle) par les ordres mendiants, églises auparavant romanes. La voûte centrale, lancée sur des piliers très élevés, donne une grande ampleur à la nef centrale, qui ne se rattache à aucune des rares autres églises romanes avec voûtes (Saint-Babylas à Milan, Saints Nicolas et Catalde à Lecce, Saint-Laurent à Montiglio). Les proportions sont très vastes (la nef centrale a environ 13 mètres de large) et l'espace qui détermine la nef centrale et le pseudo-transept les agrandit encore par une anormale insertion d'un corps de hauteur uniforme qui éloigne le sanctuaire dont on ne saisit pas les proportions fort différentes. Le rapport entre la nef centrale et les latérales, voûtées elles aussi mais plus basses, est encore basilical, mais le système des supports qui demeure visible, se distinguant ainsi des éléments des parois, et la richesse des piliers fasciculés sont des traits parfaitement gothiques et n'ont aucun rapport avec l'extérieur, pas même avec le rythme des divisions.

Dans la nef à quatre travées, il faut noter la disposition symétrique entre la façade et les piliers du transept : au milieu elle place une colonne entre deux piliers fasciculés, comme si la nef avait été projetée indépendamment du reste de l'église, et c'est la même chose sur une vue en coupe. Ces colonnes rappellent celles de l'église nouvelle de Venosa que les Français mettaient en œuvre au milieu du XIIe siècle.

Ces considérations me font supposer que l'église a été construite en commençant par les absides et que, une fois réalisé le sanctuaire et implanté la coque extérieure de maçonnerie, est intervenu un changement radical de l'architecte ou de tout le corps des artisans, peut-être après une interruption des travaux. Ainsi à un modèle roman s'est superposé le modèle gothique, comme le font penser les irrégularités, les repentirs, les disparités entre l'intérieur et l'extérieur qui sont tellement visibles. Que l'on observe l'emboîtement entre le transept et la nef, le mur de fond du pseudo-transept – qui a des proportions très en hauteur par rapport aux autres éléments de l'extérieur – ou les dimensions de la voûte au dessus du sanctuaire qui, à la différence du reste de l'église, semble ainsi sacrifié (et la fenêtre qui subsiste ne fait guère croire que ce mur devait se poursuivre verticalement et se terminer par une couverture en charpente apparente?).

Il me semble ainsi raisonnable de penser que la construction a pris du temps et que si 1173 est la date de l'achèvement, celle du début pourrait se situer 70 ou 100 ans auparavant.

Pour l'étude de la Piève de San Leo, voir p. 77.

DIMENSIONS DE LA CATHÉDRALE DE SAN LEO

Largeur hors-tout : 34 m 80
Longueur maximum : 67 m 40

INVENTAIRE

INVENTAIRE DES ÉDIFICES ROMANS DANS LES MARCHES

ABBAZIA DI FIASTRA

Voir à URBISAGLIA.

ACQUACANINA

HAMEAU DE MERIGGIO

Santa Maria di Rio sacro

Église abbatiale bénédictine fondée en l'an mil, modifiée aux siècles suivants et restaurée en 1965. Elle garde encore la crypte romane à trois nefs appartenant à la construction originale (XIe siècle).

HAMEAU DE VALLECANTO

Santa Margherita

Petite église romane, abandonnée au milieu des ruines d'un château dominant à pic le fleuve Fiastrone.

ACQUALAGNA

HAMEAU DE FURLO

San Vincenzo al Furlo

Voir notice brève p. 46.

ACQUASANTA TERME
HAMEAU DE PAGGESE
San Lorenzo
Église à une seule nef, fondée à l'époque romane.

HAMEAU DE QUINTO DECIMO
Santa Maria delle Piane
L'église conserve quelques éléments romans.

ACQUAVIVA PICENA
San Rocco
Église à façade romane.

AMANDOLA
HAMEAU DE SAN RUFFINO
Santi Ruffino e Vitale
Voir notice brève p. 71.

ANCONA
San Ciriaco
Voir la monographie p. 187.
Santa Maria della Piazza
Voir la monographie p. 93.

HAMEAU DE PORTONOVO
Santa Maria di Portonovo
Voir la monographie p. 197.

ANGELI
Voir à ROSORA.

APECCHIO
San Martino
L'église conserve à l'intérieur deux lions en pierre, donnés par le pontife Clément IX et exécutés à l'origine pour Sainte-Marie Majeure à Rome.

APIRO
Santa Felicita
Église de style roman tardif du XIIe siècle. Sur la face gauche elle conserve un beau portail daté de 1255.
San Francesco
Portail romano-gothique en pierre, avec un décor sculpté de motifs figuratifs et floraux stylisés de façon géométrique.
Santa Maria ad nives (ou San Salvator)
Portail du XIIIe siècle en plein cintre, au décor usé.

AUX ENVIRONS
ABBAYE DE SANT'URBANO
Voir notice brève p. 41.

San Clemente

Église abbatiale du XIIIe siècle, de caractère essentiellement roman. Elle a une nef unique et une abside semicirculaire décorée de lésènes et d'arceaux. les murs sont faits de petits blocs de pierre.

San Nicolò

Petite église romane attribuable au milieu du XIIIe siècle. Plan rectangulaire conclu par une abside semi-circulaire. Murs en pierre. En façade demeure le portail de travertin à trois arcades. Intérieur à deux travées avec transept à peine marqué.

Santo Stefano

Église rurale, peut-être fondation monastique, construite en petits blocs de pierre. L'édifice n'a qu'une nef terminée par une abside romane semi-circulaire.

APPENNINO

Voir à PIEVE TORINA.

APSELLA

Voir à MONTELABBATE.

ARCEVIA

San Francesco in Piazza

Portail roman tardif (XIVe siècle).

HAMEAU DE AVACELLI

Sant'Ansovino

Église romane du XIe siècle, adossée à une ferme et terminée par une abside semi-circulaire. La façade et le mur de droite sont d'origine. A l'intérieur d'intéressants chapiteaux au grossier décor sculpté avec des motifs figuratifs et des entrelacs végétaux.

ARQUATA DEL TRONTO (ENVIRONS DE)

San Pietro

Église à une seul nef, qui garde des restes romans sur l'une des faces latérales.

ASCOLI PICENO

Baptistère

Voir la monographie p. 141.

Cathédrale (Sant'Emidio)

Édifice de structure romane, modifié aux époques ultérieures. Crypte et souche du clocher des XIe-XIIe siècles. La crypte, partiellement refaite, présente des nefs latérales avec des colonnes en partie composées de fragments romains remployés.

Sant'Angelo Magno

Église du roman tardif, conservant sa façade du XIIIe siècle.

Santa Croce

Église romane désaffectée. Construite à la fin du IXe siècle et modifiée au XIIe. Façade partiellement reconstruite.

San Giovanni

Petite Église romane avec un chancel fixé dans la façade.

San Gregorio

Église romane du XIIIe siècle élevée sur les restes d'un temple romain auquel appartenaient les deux colonnes à droite du portail et des pans de mur sur l'un et l'autre flancs. Intérieur rectangulaire constitué par la *cella* du temple à laquelle s'ajoute une absidiole.

Santa Maria delle Donne

Église romane du début du XIIIe siècle. Construite en petits blocs de travertin, elle a une façade simple avec portail rose.

Santa Maria inter Vineas

Église romano-gothique des XIIe-XIIIe siècles, en partie reconstruite. Elle est de plan basilical à trois nefs. Clocher avec étages percés de fenêtres doubles et simples, de la fin du XIIIe siècle.

San Salvatore di Sotto

Église fondée au Xe siècle, selon la tradition. Elle garde un portail roman et sa façade percée d'une fenêtre triple.

San Tommaso

Église construite selon des formes romanes au XIIIe siècle. Elle a un plan basilical à trois nefs avec piliers et colonnes (en parties romaines remployées). Bénitiers creusés dans des tambours de colonne et chapiteaux romains remployés.

San Venanzio

Église romane construite au XIIe-XIIIe siècles sur un temple romain. Remaniée à des époques ultérieures, elle garde des éléments du temple antique dans le flanc gauche et une façade à décor de majolique.

San Vincenzio e Anastasio

Voir notice brève p. 44.

San Vittore

Voir notice brère p. 45.

AVACELLI

Voir à ARCEVIA.

BELLOCHI

Voir à FANO.

BELMONTE PICENO

San Simone

Église romane de la congrégation de Farfa, avec une tour médiévale adossée à la façade.

BORGOPACE
HAMEAU DE LAMOLI

San Michele Arcangelo

Voir notice brève p. 50.

CAGLI

Cathédrale

Fondée au XIIIe siècle mais refaite à l'intérieur. La façade garde des traces de fenêtres romanes.

Santa Croce

Chapelle monastique de l'époque romane construite en cornaline blanche. Avec entrée au Nord à l'origine (voir le portail en plein cintre), l'édifice révèle plusieurs remaniements.

San Francesco

Église romano-gothique. La façade présente un portail orné d'une fresque du XIVᵉ siècle. Abside polygonale rythmée de lésènes et de fenêtres trilobées. Intérieur à une seule nef couvert en charpente apparente.

San Giovanni Battista (ou San Domenico)

Édifice de fondation romane avec remaniements ultérieurs. A l'extérieur est visible l'un des flancs divisé par des lésènes et doté de fenêtres (murées). Intérieur à une seule nef couvert en charpente apparente.

San Giuseppe

Église à une seule nef ne gardant de l'époque romane que la partie postérieure.

HAMEAU DE NARO

Santa Maria

Église abbatiale dont l'origine romane est évoquée par le type de maçonnerie à assises de pierre, par les lésènes ornementales et les fenêtres ébrasées. A l'intérieur on peut repérer les colonnes originelles, englobées dans les murs reconstruits.

CAMERINO

Sant Anastasio

L'édifice conserve quelques restes de structures remontant à la construction originelles du XIIIᵉ siècle.

San Venanzio

Basilique érigée aux XIVᵉ-XVᵉ siècles. Présente un portail de style roman tardif.

AUX ENVIRONS

San Gregorio Magno in Dinazzano

Église de fondation romane, modifiée à des époques diverses. Elle conserve un devant d'autel en bois du XIVᵉ siècle.

CAMPODONICO

Voir à FABRIANO.

CANTIANO

Sant'Agostino

Église de structure romane tardive. Sur la façade en pignon elle garde son très précieux portail du XIIIᵉ siècle.

CARASSAI (AUX ENVIRONS DE)

Sant'Angelo a San Michele Arcangelo

Dite "en plaine" parce qu'elle se dresse sur les rives de l'Aso. Possède une nef et d'autres éléments structurels romans. Abside et crypte du XIIIᵉ siècle.

CARPEGNA
Piève

Ne conserve de la construction romane originelle que la souche du clocher, le chevet central et les deux absides à l'Est.

San Sisto

Église de cimetière. Garde une crypte romane, avec comme support une colonne centrale d'où partent les quatre arcs des voûtes d'arêtes.

CASALI

Voir à USSITA.

CASAVECCHIA

Voir à PIEVE TORINA.

CASETTE D'ETE

Voir à SANT'ELPIDIO A MARE.

CASTELCAVALLINO

Voir à URBINO.

CASTELDELCI
HAMEAU DE FRAGHETO
San Pietro

Abside romane en état de décrépitude.

CASTELLO

Voir à VENAROTTA.

CASTELNUOVO

Voir à RECANATI.

CASTEPLANIO (AUX ENVIRONS DE)
Abbaye de San Benedetto dè Frondigliosi

Cloître avec galerie romane des XIIIe-XIVe siècles.

CASTELSANTANGELO SUL NERA
San Martino

Église romane avec clocher à fenêtre double.

Santo Stefano

Église paroissiale d'origine romane, dont il reste le portail primitif.

HAMEAU DE NOCELLETO
Santa Maria

Église romano-gothique du XIVe siècle.

CASTORANO
Santa Maria della Visitatione

Possède un clocher aménagé dans une tour médiévale.

CESSAPALOMBO
HAMEAU DE MONASTERO.
Abbaye San Salvatore (ou Santa Maria in Insula)

Fondée par saint Romuald en 1005-1009, elle garde sa crypte à trois nefs, couvertes de voûtes d'arêtes qui retombent sur neuf colonnes et un pilier. Très précieux chapiteaux à décor animal et végétal stylisé.

CHIARAVALLE
Santa Maria in Castagnola (XIIIe siècle)

Abbaye cistercienne de type bourguignon, qui présente un extérieur de style encore roman.

CINGOLI
San Benedetto

Église de fondation romane, restaurée.

Sant'Esuperanzio

Fondée au XIIe siècle et agrandie par la suite, elle garde un portail roman sculpté par Jacopo da Gubbio (1295) et le cloître ancien avec piliers cylindriques et galerie basse.

San Filippo Neri (ex-piève de Santa Maria)

Construction en pierre avec portail roman flanqué de deux fenêtres.

San Francesco

Portail roman tardif (XIIIe siècle) sur un des côtés (en façade à l'origine). Souche du clocher et abside polygonale du XIIIe siècle.

San Girolamo

Petite église romane (XIVe siècle), restaurée au début de ce siècle. Plan rectangulaire, murs en petits blocs de pierre.

San Lorenzo

Église chrétienne issue de l'agrandissement d'un édifice païen. On retrouve les parties de mur de l'époque romane dans les assises supérieures des murs latéraux et dans le mur droit du chevet. Portail roman en façade.

San Nicolò

Église romano-gothique avec un portail du XIIIe siècle provenant de Sant'Esuperanzio. Quatre robustes piliers carrés de type roman divisent l'intérieur en trois nefs.

AUX ALENTOURS
San Giacomo

Portail roman du XIIIe siècle.

Santi Quatro Coronati

Édifice qu'on peut dater d'entre le XIIe et le XIIIe siècle, il garde des structures purement romanes, surtout le chevet avec deux absides encore en place décorées de lésènes et d'arceaux.

San Vitale

Sur le flanc gauche elle présente six niches avec des figures de saints en haut relief. Datation d'entre le XIIe et le XIIIe siècle. Au flanc droit, petite porte romane.

HAMEAU DE TROVIGGIANO

Église paroissiale

Divisée en trois nefs, elle garde des restes romans du côté gauche.

HAMEAU DE VALCARECCE

San Biagio

Petite église rurale en pierre, à une seule nef. Au chevet plat s'ouvre une fenêtre romane.

CIVITANOVA ALTA

Voir à CIVITANOVA MARCHE.

CIVITANOVA MARCHE

San Marone

Église romane de plan basilical à trois nefs de huit travées séparées par des piliers et terminées par trois absides.

La couverture est à deux versants, avec charpente apparente. Les restaurations de 1800-1901 menées par G. Sacconi (façade, flancs, couverture) et Tito Azzolini (portail et rose en façade, sanctuaire, autel, clocher, tombe du saint) ont remis en état l'édifice "dans le style", ne laissant d'originel que l'implantation et une fenêtre à double ébrasement dans le flanc droit. À l'intérieur, restes de chancels (attribués au IXe siècle) et du pavement de tesselles en opus vermiculatum, datable du Ve siècle. L'implantation de l'église pourrait remonter au XIe siècle (cf. piève de San Leo).

HAMEAU DE CIVITANOVA ALTA

Sant'Agostino

Église érigée au XVIe siècle qui garde de cette époque le portail roman et le décor romano-gothique sur l'un des flancs.

COLLE DI FOSSATO

Voir à FABRIANO.

COLLELUCE

Voir à SAN SEVERINO MARCHE.

COLLE TERME

Voir à COMUNANZA.

COLMURANO

Église de l'Annunciata

Édifice du XIIIe siècle partiellement refait.

COMUNANZA

Sant'Anna

Église de fondation romane, très transformée.

Santa Caterina

Église paroissiale avec clocher de type roman.

HAMEAU DE COLLE TERME

Santa Maria a Terme

Église romane du XIe siècle, restaurée. Portail sculpté de motifs floraux. Abside bien conservée. Flancs rythmés de colonnettes à l'extérieur.

CORINALDO

AUX ALENTOURS

Madonna del Piano

Conserve les restes de l'abbaye romane de Santa Maria in Portuno.

CORRIDONIA

HAMEAU DE SAN CLAUDIO

San Claudio al Chienti

Voir la monographie p. 157.

CUPRA ALTA

Voir à CUPRA MARITTIMA.

CUPRA MARITTIMA

HAMEAU DE CUPRA ALTA

Santa Maria in Castello

Petite église qui garde des éléments décoratifs romans : le portail, deux fenêtres et une frise d'arceaux.

CUPRA MONTANA (AUX ENVIRONS DE)

San Marco

Église d'origine monastique datable des XIIe-XIIIe siècles d'après son caractère romano-gothique. L'extérieur, entièrement recrépi, ne laisse pas voir le parement de pierre. Plan à nef unique avec abside terminale.

Abbaye de Santa Maria in Serra (ou du Beato Angelo)

Monastère romano-gothique aux structures des XIIe-XIIIe siècles. De l'époque romane l'église garde des pans de mur et un petit portail dans le mur latéral gauche.

ELCITO

Voir à SAN SEVERINO MARCHE.

ESANOTOGLIA

Pième

Fondée à l'époque romane, elle garde son portail du XIIIe siècle.

FABRIANO

San Benedetto

Érigée en 1244 mais reconstruite en 1590. Elle conserve sur le flanc droit un décor roman fragmentaire.

Abbaye de San Salvatore à Val di Castro

Voir notice brève p. 49.

HAMEAU DE CAMPODONICO

San Biagio in Caprile

Abbaye bénédictine remontant à 1035. Elle garde sa façade en pierre et sa structure à une seule nef terminée par une abside. Elle était à l'origine peinte de très précieuses fresques du XIVe siècle, actuellement conservées dans la Galerie Nationale des Marches à Urbino.

LIEU-DIT COLLE DI FOSSATO

Abbaye Santa Maria del Apennino

Elle garde l'implantation du XIe siècle, quelques portails romans et une partie du cloître.

AUX ALENTOURS

San Cassiano in Valbagnola

Église abbatiale mentionnée dans les documents à partir de 1119, composée d'une nef de trois travées, d'une crypte et d'un sanctuaire surélevé. L'abside présente à l'extérieur un décor roman caractéristique, avec lésènes et arceaux.

FALERONE

San Fortunato

Construite à partir de 1287, elle garde des reste romans sur un côté et l'abside polygonale.

FANO

Cathédrale

Fondée avant l'an mil et reconstruite au XIIe siècle, elle a subi ultérieurement plusieurs réfections. De l'époque romane elle garde quelques structures, une partie de l'ambon et le portail de façade.

San Francesco

Église d'origine médiévale Reste le portail roman latéral.

San Mauro : ex-église dont subsiste l'abside romane en brique (XIIe siècle).

HAMEAU DE BELLOCHI

San Sebastiano

A l'intérieur de l'édifice sont conservées des plaques romanes sculptées de motifs végétaux, animaux et anthropomorphes.

HAMEAU DE SANT'ANDREA

Sant'Andrea

Petite église romane.

FEMATRE

Voir à VISSO.

FERENTILLO

HAMEAU DE SAN PIETRO IN VALLE

Abbaye de San Pietro in Valle

Érigée entre le VIIIe et le XIIe siècle, elle garde d'intéressantes fresques de la fin du XIIe siècle.

FERMIGNANO
HAMEAU DE SAN SILVESTRO.
San Silvestro in Iscleto

Déjà mentionnée dans un écrit de saint Pierre Damien en 1040, elle garde de cette époque la crypte semi-enterrée avec pour supports deux piliers centraux sur lesquels retombent les poussées des voûtes en berceau et des voûtes d'arêtes.

FERMO
Cathédrale

Construite en 1227 dans le style romano-gothique, elle garde de cette époque la façade et l'atrium, le clocher, un partie du mur latéral de droite avec un portail et la crypte. Dans le sous-sol, sculptures et restes d'édifices antérieurs.

Sant'Agostino

Église romano-gothique du XIIIe siècle. Restes de la construction originelle dans le mur latéral de droite (voussures d'un portail, fenêtres décorées, arceaux avec frise et coupelles de majolique).

San Domenico

Conserve à l'intérieur le fragment d'un chancel des VIIIe-IXe siècles.

Santa Lucia

Construite en 1282, elle ne garde de cette époque que le clocher.

San Michele Arcangelo

Portail romano-gothique du XIIIe siècle.

San Pietro

Érigée en 1251, elle conserve son portail latéral roman et une partie de la construction primitive au chevet, surmonté du clocher percé de fenêtres doubles.

San Zenone

Conserve son extérieur de l'époque romane, avec une façade en pierre et brique et un portail daté de 1186. Le clocher et la rose remontent à la première moitié du XIIIe siècle. Dans l'entrée sont réutilisés les arcs de deux portails romans et à l'intérieur (premier pilier de droite) un chapiteau primitif.

AUX ENVIRONS
Abbaye de San Marco alle Paludi

Monastère du XIIe siècle partiellement conservé.

FIASTRA
San Paolo

Église bénédictine construite dans le style roman vers le XVe siècle et remaniée ensuite.

HAMEAU DE SAN LORENZO AL LAGO
San Lorenzo

Église romane.

FILOTTRANO
HAMEAU DE STORACO
Église du château (Santa Maria)

Appartenant jadis à une abbaye bénédictine ancienne, elle en garde l'abside romane.

FOLIGNANO
HAMEAU DE PISTIA DI COLFIORITO
Santa Maria di Pistia

Crypte romane du XIe siècle.

FONTE AVELLANA

Voir à SERRA SANT'ABBONDIO.

FORCE
San Francesco

Église romane entièrement reconstruite en 1882. Elle garde le clocher d'origine.

San Paolo

Conserve l'abside romane d'une église antérieure de la congrégation de Farfa.

FRAGHETO

Voir à CASTELDELCI.

FURLO

Voir à ACQUALAGNA.

GAGLIOLE (AUX ENVIRONS DE)
Santa Maria delle Macchie

Petite église qui conserve des éléments des XIe-XIIe siècles. Cloître roman avec des colonnes de maçonnerie sur un bahut.

GENGA
HAMEAU DE SAN VITTORE
San Vittore alle Chiuse

Voir la monographie p. 149.

GINESTRETO

Voir à PESARO.

GROTTAMMARE (AUX ENVIRONS DE)
San Martino

Église romane à trois nefs, peut-être construite sur un temple païen dédié à la déesse Cupra, comme semble l'attester une inscription lapidaire conservée à l'intérieur et quelques structures souterraines.

JESI
Cathédrale

Garde à l'intérieur deux lions stylophores du XIIIe siècle, œuvre de Giorgio da Como, provenant du narthex de l'ancienne cathédrale et remployés ici comme support des bénitiers.

San Nicolò

Édifice à trois nefs, construit aux XIIe-XIIIe siècles. De l'époque romane il garde la zone absidale, le plan basilical et d'autres fragments romans.

San Savino

Abbaye fondée avant l'an mil près de l'actuel Foroboario, rénovée entre le XIIe et le XIIIe siècle, et aujourd'hui à l'état de ruine. Il reste des pans de mur et des morceaux de piliers.

Abbaye de San Apollinare

Église romano-gothique en brique, de plan rectangulaire, datable du XIIIe siècle.

AUX ENVIRONS

Santa Maria del Piano

Abbaye bénédictine, remontant au haut Moyen Age, qui conserve des parties de fondations préromanes et romanes. Certains supports et certains arcs du sanctuaire remontent au XIIe siècle. Intéressant sarcophage du IXe siècle au décor végétal habité par des couples d'animaux affrontés.

LAMOLI

Voir à BORGOPACE.

LA PEDONA (AUX ENVIRONS DE)

Église appelée Madonna Manù

Petit édifice remontant à l'an mil.

San Pietro

Église romane du XIe siècle.

Santi Quirico e Giulitta

Peut-être érigée autour de l'an mil, elle présente une abside intéressante et une crypte.

LA ROCCA

Voir à PIEVE TORINA.

MACCHIE

Voir à SAN GINESIO.

MACERATA

Santa Maria della Porta

Église disposée en deux étages, l'étage inférieur roman et le supérieur gothique. Le niveau roman se compose de deux nefs séparées par des piliers en brique, avec des voûtes d'arêtes basses.

MACERATA FELTRIA (AUX ALENTOURS DE)

San Cassiano in Pitino

Construite après l'an mil avec des matériaux tirés d'un temple romain. Elle garde sa structure romane à trois nefs séparées par une alternance de piliers et de colonnes, aux chapiteaux à peine épannelés.

MAIOLATI SPONTINI
HAMEAU DE MOJE
Santa Maria alle Moje

Voir notice brève p. 51.

MAIOLO
Sant'Apollinare

Petit chevet roman.

AUX ALENTOURS
San Biagio

Église paroissiale construite à l'emplacement d'une ancienne piève romane dont il reste au flanc gauche une petite abside en saillie.

MATELICA
Sant'Agostino

Portail roman du XIVe siècle.

San Francesco

Portail roman du XIIIe siècle.

MERCATELLO SUL METAURO
Pieve Collegiata

Édifice aux structures de maçonnerie provenant de la construction originelle.

San Francesco

Commencé en 1235, c'est l'un des premiers édifices construits par les Franciscains et encore sous influence romane. C'est ainsi qu'on y trouve surtout l'arc en plein cintre et la couverture est en charpente apparente à l'intérieur.

MERIGGIO

Voir à AEQUACANINA.

MEVALE

Voir à VISSO.

MIRATOIO

Voir à PENNABILLI.

MOIE

Voir à MAIOLATI SPONTINI.

MONASTERO

Voir à CESSAPALOMBO.

MONDOLFO (AUX ENVIRONS DE)
San Gervasio di Bulgaria

Voir notice brève p. 53.

MONSAMPIETRO MORICO

San Paolo

Petite église de cimetière du XIIIe siècle, aux lignes romanes.

MONSANO (AUX ENVIRONS DE)

Église de Santa Maria degli Aroli

Église romano-gothique érigée entre le XIIe et le XIIIe siècle. Murs en brique, plan rectangulaire.

MONSANPAOLO DEL TRONTO
HAMEAU DE STELLA

San Mauro

Église abbatiale remontant au IXe siècle. De cette époque elle conserve la crypte.

MONTAPPONE

Oratorio del Sacramento

Portail du XIVe siècle aux lignes encore romanes.

MONTECAVALLO
HAMEAU DE SAN BENEDETTO VALLE

San Benedetto

Portail roman remontant à la construction originelle.

MONTECOSARO
HAMEAU DE SANTA MARIA

Santa Maria a Piè di Chienti

Voir la monographie p. 241.

MONTEFALCONE APPENNINO

San Pietro

Église paroissiale avec clocher en partie roman.

MONTEFIORE DELL' ASO

San Francesco

Portail roman coupé en deux, la partie supérieure au dessus de la porte d'entrée dans l'abside et la partie inférieure encastrée dans le mur de la sacristie.

Santa Lucia

Collégiale reconstruite au siècle dernier, elle conserve un portail de la piève romane originelle, placé dans l'abside et orné de sculptures de l'époque.

MONTEFORTINO

Sant'Agostino

Église érigée au XIVe siècle qui conserve des fragments romans dans l'un des murs latéraux.

AUX ALENTOURS

Sant'Angelo in Montespino

Voir notice brève p. 54.

MONTEGRANARO

San Francesco

Construite au XIIIe siècle elle garde son portail roman.

MONTELABBATE
HAMEAU D'APSELLA

San Tommaso in Foglia

Voir notice brève p. 43.

MONTELEONE DI FERMO

Chiesa del Crocifisso (ou Madonna della Misericordia)

Conserve des restes de structures romanes.

MONTELUPONE
HAMEAU DE SAN FIRMANO

San Fermano

Voir notice brève p. 56.

MONTEMONACO
HAMEAU DE SAN GIORGIO ALL'ISOLA

San Giorgio

Fondée vers le IXe siècle, elle conserve son abside de style roman, décorée de fresques du XIIe siècle.

HAMEAU DE SAN LORENZO VALLEGRASCIA

San Lorenzo

Église rurale qui garde sa crypte romane, enrichie d'intéressants chapiteaux sculptés, et deux plaques de pierre, encastrées dans la sacristie, ayant peut-être appartenu à une iconostase (date probable : XIe siècle).

MONTEROBERTO (AUX ENVIRONS DE)

Sant'Apollinare

Église abbatiale du XIIIe siècle, à nef unique, qui manifeste une persistance des caractères du roman tardif.

MONTERUBBIANO

Badia di Sant'Angelo

Église aux lignes romanes, avec portail muré dans le mur de gauche où est encastré un morceau de chancel.

San Giovanni

Église romane remaniée. Reste le portail de 1238 inséré dans le mur latéral droit.

Santa Lucia

Érigée à l'époque romane elle garde de la construction primitive quelques fragments dans un mur latéral ainsi que l'abside et la crypte.

NARO

Voir à CAGLI.

NOCELLETO

Voir à CASTELSANTANGELO SUL NERA.

NOVAFELTRIA

San Pietro in Culto

Église fondée avant l'an mil qui conserve de la construction romane quelques fragments visibles à l'extérieur. Portail latéral en plein cintre et restes d'un décor de lésènes et arceaux.

OFFIDA

Santa Maria della Rocca

Construction romano-gothique de 1330. Elle garde de nombreux éléments typiques du style roman, comme le portail en plein cintre percé dans l'abside majeure – au décor fait de volutes végétales – et le modèle de la crypte qui s'étend sous toute la longueur de l'église supérieure et est couverte de voûtes d'arêtes.

OSIMO

Cathédrale

Voir notice brève p. 57.

OSTRA VETERE

San Severo

Édifice où se trouve réutilisé un portail roman du début du XIIIe siècle, construit à l'origine pour l'église de San Francesco (démolie).

PAGGESE

Voir à ACQUASANTA TERME.

PENNA SAN GIOVANNI

San Giovanni Baptista

Église paroissiale du milieu du XIIIe siècle. Reconstruite à une époque ultérieure, elle conserve le clocher du XIVe siècle.

PENNABILLI

HAMEAU DE MIRATOIO

Monastère de Sant'Agostino

Des fragments romans à la base du clocher et dans le cloître confirment son existence depuis 1127 (date fournie par une inscription).

HAMEAU DE PONTE MESSA

Piève dite de la Pantiera

Église romane des XIe-XIIe siècles, récemment restaurée. La façade est caractérisée par des divisions géométriques et par un portail doté d'un avant-corps. L'intérieur est de type basilical, avec trois nefs, une abside semi-cylindrique et un sanctuaire surélevé au dessus de la crypte.

PERGOLA
Cathédrale
Édifice du XIIIe siècle qui ne garde dans le style roman que le clocher, sauf l'étage campanaire.
San Giacomo
Érigée au XIIe siècle, elle garde de cette époque le portail et une fenêtre murée sur la façade principale, ainsi que le mur latéral droit avec un second portail et deux fenêtres.

PESARO
Cathédrale
Fondée à l'époque romane, elle garde de ce temps deux lions stylophores qui flanquent le portail. Façade romano-gothique (XIIIe-XIVe siècle). Sous le pavement demeure des morceaux de mosaïques romaines tardives d'un édifice antérieur.
San Decenzio
Église de cimetière, reconstruite au XVIIIe siècle sur le fondement d'une église romane de l'an mil. Elle conserve dans le sanctuaire un sarcophage de l'art ravennate tardif et la crypte à quatre petites nefs séparées par des colonnes de remploi.
HAMEAU DE GINESTRETO
Église paroissiale San Pietro
Édifice de fondation romane qui conserve en partie sa structure originelle du XIIIe siècle.

PIANDIMELETO (AUX ENVIRONS DE)
Abbaye de Santa Maria del Mutino
De l'époque romane elle garde l'abside rectangulaire, une partie du clocher et certaines structures : les montants du portail d'entrée, un ou deux arcs et un petit nombre de chapiteaux.

PIANI DI CANFAITO
Voir à SAN SEVERINO MARCHE.

PIEVEBOVIGLIANA
Santa Maria Assunta : Église de fondation romane, elle ne conserve de cette époque que la structure sous les remaniements néoclassiques, et la crypte du XIIe siècle divisée en cinq petites nefs par des colonnes recevant les voûtes d'arêtes.
HAMEAU DE SAN MAROTO
San Giusto
Voir la monographie p. 85.

PIEVE TORINA
Église paroissiale
La sacristie occupe la zone absidale d'une église abbatiale antérieure.

HAMEAU D'APPENNINO

Église paroissiale

Conserve une statue romane en bois représentant une Vierge à l'Enfant.

HAMEAU DE CASAVECCHIA

Sant'Oreste

Garde des fragments d'une église romane.

LIEU-DIT LA ROCCA

Ruines d'une église romane.

AUX ALENTOURS

Ermitage de Sant'Angelo in Prefolio (ou dei Santi, ou encore delle Colonne)

Édifié à côté d'une grotte vers 1145 il est actuellement à l'état de ruine.

PIOBBICO

Voir à SARNANO.

PIORACO

San Vittorino

Ancienne piève édifiée avec des matériaux de remploi sur les restes d'un temple romain. Elle conserve sa façade à rampants interrompus de type roman.

PISTIA DI COLFIORITO

Voir à FOLIGNANO.

POGGIO SAN MARCELLO

Chapelle de Poggio San Marcello

Chapelle semi-enterrée près de l'église paroissiale de San Nicolò. Formée d'un espace rectangulaire elle est divisée en deux travées couvertes de voûtes d'arêtes (XIVe siècle).

POLLENZA

HAMEAU DE SANTA MARIA DI RAMBONA

Santa Maria di Rambona

Voir notice brève p. 62.

PONTE MESSA

Voir à PENNABILI.

PONZANO DI FERMO

San Marco (ou Santa Maria)

Voir notice brève p. 59.

PORTONOVO

Voir à ANCONA.

POTENZA PICENA (AUX ENVIRONS DE)

Santa Maria a Piè di Potenza

Église abbatiale transformée en villa particulière qui garde de l'époque romane une partie de l'abside et la structure de la crypte (restaurée).

QUINTODECIMO

Voir à ACQUASANTA TERME.

RECANATI

San Vito

Fondée au XIe siècle, elle garde à l'extérieur la base de l'abside romane appartenant à la construction originelle.

HAMEAU DE CASTELNUOVO

Santa Maria di Castelnuovo

Jadis église abbatiale de camaldules (connue depuis 1139) elle conserve sa structure romane à trois nefs, partiellement remise à jour par la restauration. Portail du XIIIe siècle. Clocher daté de 1100.

RIPATRANSONE

San Nicolò

Église désaffectée placée au sommet de la colline. Fondée au IXe siècle, elle a encore son abside ancienne.

ROCCAFLUVIONE

Église paroissiale

De fondation romane, ayant jadis appartenu à l'abbaye bénédictine de Santo Stefano, elle conserve sa crypte des VIIIe-IXe siècles, divisée en trois nefs par des colonnes.

ROSORA

HAMEAU D'ANGELI

Abbaye de Santa Elena

Édifice romano-gothique à trois nefs; construit aux XIIe-XIIIe siècles.

SANT'ANDREA

Voir à FANO.

SANT'ANGELO IN PONTANO

Église paroissiale

Édifice roman tardif du XIIIe siècle. Il est divisé en trois nefs séparées par des piliers et doté d'une crypte.

SAN BENEDETTO VALLE

Voir à MONTECAVALLO.

SAN CLAUDIO

Voir à CORRIDONIA.

SANTA CROCE

Voir à SASSOFERRATO.

SANTA ELENA

Voir à SERRA SAN QUIRICO.

SANT'ELPIDIO A MARE

HAMEAU DE CASETTE D'ETE

Santa Cruce all'Ete Morto (ou al Chienti)

Voir notice brève p. 67.

SAN FIRMANO

Voir à MONTELUPONE.

SAN GINESIO

Collégiale

Église à trois nefs fondée à l'époque romane mais reconstruite ultérieurement dans le style gothique flamboyant. Elle garde son portail central ébrasé de type roman.

San Tommaso

Petite église qui présente deux portails du XIIIe siècle aux lignes encore romanes.

HAMEAU DE MACCHIE

Santa Maria delle Macchie

Voir notice brève p. 69.

SAN GIORGIO ALL'ISOLA

Voir à MONTEMONACO.

SAN LEO

Cathédrale

Voir la monographie p. 279.

Piève

Voir la monographie p. 77.

AUX ALENTOURS

Sant'Igne

Couvent franciscain fondé en 1213 dans le style roman tardif. A noter le cloître du XIIIe siècle aux colonnettes polygonales.

SAN LORENZO AL LAGO

Voir à FIASTRA.

SAN LORENZO IN CAMPO

San Lorenzo

Fondée avant l'an mil, appartenant à une abbaye bénédictine. Remaniée ultérieurement, elle se présente sous une forme romano-gothique. Sont d'origine les deux absides latérales, les quatre colonnes romaines remployées (qui à l'intérieur alternent avec des piliers) et les tambours octogonaux de certaines colonnettes de la crypte divisée en sept nefs.

SAN LORENZO IN COLPOLLINA

San Marco in Colpollina

Portail roman et crypte à cinq nefs.

SAN LORENZO VALLEGRASCIA

Voir à MONTEMONACO.

SANTA MARIA

Voir à MONTECOSARO.

SANTA MARIA DI RAMBONA

Voir à POLLENZA.

SAN MAROT

Voir à PIEVEBOVIGLIANA.

SAN PIETRO

Voir à SIROLO.

SAN PIETRO IN VALLE

Voir à FERENTILLO.

SAN RUFFINO

Voir à AMANDOLA.

SAN SEVERINO MARCHE

Cathédrale vieille

Fondée au Xe siècle et reconstruite ultérieurement. Façade avec portail roman. Chapiteaux romans réutilisés dans le cloître de la fin du XVe siècle.

San Lorenzo in Doliolo

Voir notice brève p. 70.

Sant'Eustachio de Domora

Ex-église bénédictine du XIe siècle avec réfections ultérieures (XIIIe siècle). Partiellement creusée dans le rocher auquel elle est adossée, elle a appartenu à un établissement monastique de type érémitique.

La Maestà

Petite église romane avec des fresques à l'intérieur.

AUX ALENTOURS

Santa Maria della Pieve (ex piève de San Zenore)

Édifice roman à nef unique, avec un décor intéressant à l'extérieur; au dessus du portail de façade un damier de losanges en pierre et brique et une série d'arceaux horizontaux au premier registre de cette façade.

HAMEAU DE COLLELUCE

San Mariano in Valle Fabiana

Église abbatiale fondée vers l'an mil et entièrement reconstruite. Elle conserve le mur de droite percé de fenêtres romanes.

HAMEAU D'ELCITO

Santa Maria in Val Fucina

Crypte des IXe-Xe siècles à trois nefs couvertes de voûtes d'arêtes et séparées par des colonnes et des piliers. Intéressants chapiteaux décorés de dessins linéaires.

LIEU-DIT PIANI DI CANFAITO.

San Clemente

Petite église de cimetière fondée à l'époque romane et jadis propriété des bénédictins. Elle garde son chevet.

SAN SILVESTRO

Voir à FERMIGNANO.

SAN VITTORE

Voir à GENGA.

SARNANO

San Francesco

Église du XIVe siècle avec quelques éléments romans : le clocher tronqué, les fenêtres murées et le portail de style roman tardif.

Santa Maria Assunta

Église romano gothique remontant au XIIIe siècle.

HAMEAU DE PIOBBICO

San Biagio

Voir notice brève p. 63.

SASSOFERRATO

HAMEAU DE SANTA CROCE

Santa Croce dei Conti

Voir notice brève p. 64.

SECCHIANO

Pièvе

Crypte ancienne découverte à l'intérieur de l'abside.

SERRA SANT'ABBONDIO

San Biagio

Crypte très ancienne, couverte de voûtes d'arêtes retombant sur quatre colonnes de remploi. Elle est dotée de trois petites absides semi circulaires.

HAMEAU DE FONTE AVELLANA

Ermitage de Santa Croce di Fonte Avellana

Il conserve un petit ensemble romano-gothique largement restauré et composé de l'église en croix latine (XIIe-XIIIe siècles), de la crypte sous le sanctuaire (Xe-XIe siècle) et d'un scriptorium.

SERRA SAN QUIRICO

Santa Maria del Mercato

Église désaffectée, construite à la fin du XIIIe siècle en des formes encore romanes. Le clocher, percé de trois rangées de fenêtres doubles, présente des restes d'arceaux originels.

AUX ALENTOURS

Santa Maria delle Stelle

Église de plan en tau à une seule abside, fondée au XIe siècle et partiellement modifiée dans la suite. Elle possède deux portails romans en plein cintre, décorés de motifs géométriques. Dans l'abside semi circulaire s'ouvre une fenêtre ébrasée.

HAMEAU DE SANTA ELENA

Santa Elena

Voir notice brève p. 73.

Santi Quirico e Giulitta

Fondée par saint Romuald elle a été entièrement reconstruite au cours des temps. Elle garde deux fenêtres romanes dans le mur latéral de droite.

SERRAVALLE DI CHIENTI

AUX ENVIRONS

Église Santa Maria di Pistia

Crypte du XIe siècle.

SIROLO

HAMEAU DE SAN PIETRO

Badia di San Pietro al Conero

Voir notice brève p. 66.

SORBO

Voir à USSITA.

STAFFOLO

Sant'Egidio

Conserve une fenêtre et un portail élégamment décorés et venant de l'église romane antérieure (XIIIe siècle).

San Francesco

Restes romans visibles sur les murs extérieurs. Portail roman en façade.

STELLA

Voir à MONTESANPAOLO DEL TRONTO.

STORACO

Voir à FILOTTRANO.

TOLENTINO

Cathédrale

De la construction romane elle garde le portail latéral (XIIIe siècle), la souche du clocher, un tympan à droite du sanctuaire (avec des sculptures probablement du IXe siècle) et quatre lions dans la chapelle de San Catervo.

Ex-église de la Carità

Portail roman en façade.

Basilique de San Nicola

Clocher et cloître romano-gothiques (XIIIe siècle). Au côté Sud du cloître, portail roman en brique.

TORRE DI PALME

San Giovanni

Édifice remontant à l'an mil, gardant son extérieur en pierre mal équarrie, avec un décor d'arceaux dans le haut.

Santa Maria a Mare : édifice romano-gothique attribué au XIIe siècle, divisé en trois nefs et exécuté en pierre et brique.

TREIA

San Michele

Église du XIIe siècle, construite sur un plan basilical à trois nefs séparées par des piliers. A l'extérieur on peut voir les fondements d'un édifice antérieur.

TROVIGGIANO

Voir à CINGOLI.

URBANIA

Cathédrale de San Cristoforo

Garde un clocher roman.

Ex-Couvent des damianites (clarisses)

Salle capitulaire romane et structures d'une époque antérieure creusées dans le rocher.

San Francesco

Clocher du XIVe siècle aux lignes romanes.

Église des morts

Petit édifice de l'époque romane dont il reste l'abside.

URBINO

HAMEAU DE CASTELCAVALLINO

Église romane.

URBISAGLIA

HAMEAU D'ABBAZIA DI FIASTRA

Santa maria di Chiaravalle di Fiastra

Voir la monographie p. 39.

USSITA

HAMEAU DE CASALI

Église de fondation romane.

HAMEAU DE SORBO

Santo Stefano

Église de fondation romane.

VALCARECCE

Voir à CINGOLI.

VALLECANTO

Voir à ACQUACANINA.

VENAROTTA

HAMEAU DE CASTELLO

San Pietro

Bénitiers creusés dans deux chapiteaux romans.

VISSO

Santa Maria

Édifice romano-gothique du XIIe siècle. Remanié ultérieurement il garde son portail en plein cintre, un bénitier du XIIe siècle, une sculpture sur bois représentant la Vierge à l'Enfant (XIIe-XIIIe siècles) et la chapelle romane du baptistère avec chapiteaux et fonts du XIIe siècle.

HAMEAU DE FEMATRE.

Église paroissiale

Église du XIe siècle, reconstruite en gothique dans sa partie postérieure. Elle conserve une pièce sculptée en bois des XIIe-XIIIe siècles représentant la Vierge à l'Enfant.

HAMEAU DE MEVALE

Piève

Édifice roman du XIIIe siècle, gardant des œuvres d'époque postérieures. A l'intérieur tableau byzantinisant avec la Vierge à l'Enfant (XIIIe siècle).

INDEX DES NOMS DES ÉDIFICES ÉTUDIÉS DANS CE VOLUME

Abréviations employées: p. *signifie la page ou les pages du texte;* pl. *le numéro des planches hélio;* pl. coul. p. *renvoie à la page où se trouve une planche en quadrichromie;* plan p. *ou* coupe p. *signale celle où figure le plan ou la coupe d'un édifice. Cet index est à compléter par l'inventaire.*

CE VOLUME
EST LE QUATRE-VINGTIÈME DE
LA COLLECTION
"la nuit des temps"
PUBLIÉE PAR LES ÉDITIONS ZODIAQUE
A L'ABBAYE SAINTE-MARIE DE LA
PIERRE-QUI-VIRE.

LES PHOTOS
TANT EN NOIR QU'EN COULEURS SONT DE ZODIAQUE.

LES CARTES
ET PLANS ONT ÉTÉ DESSINÉS PAR DOM NOËL DENEY A PARTIR DES DOCUMENTS FOURNIS PAR L'AUTEUR.

COMPOSITION
ET IMPRESSION DU TEXTE, SÉLECTION ET IMPRESSION DES PLANCHES COULEURS PAR LES ATELIERS DE LA PIERRE-QUI-VIRE (YONNE). PHOTOCOMPOSITION LASER PAR L'ABBAYE N.-D. DE MELLERAY (C.C.S.O.M., LOIRE-ATLANTIQUE). PLANCHES HÉLIO PAR LOOS-HVI-HUMBLOT A SAINT-DIÉ.

RELIURE
PAR LA NOUVELLE RELIURE INDUSTRIELLE A AUXERRE. MAQUETTE DE L'ATELIER DU CŒUR-MEURTRY, ATELIER MONASTIQUE DE L'ABBAYE SAINTE-MARIE DE LA PIERRE-QUI-VIRE (YONNE).

ISSN 0768-0937
Directeur-Gérant : José Surchamp
ISBN 2-7369-0205-X
Dépôt légal : 1471-10-93

la nuit des temps

Les arts

16 L'ART CISTERCIEN 1 (3e éd.)
34 L'ART CISTERCIEN 2
4 L'ART GAULOIS
18 L'ART IRLANDAIS 1
19 L'ART IRLANDAIS 2
20 L'ART IRLANDAIS 3
38 L'ART PRÉROMAN HISPANIQUE 1
47 L'ART MOZARABE
28 L'ART SCANDINAVE 1
29 L'ART SCANDINAVE 2

France Romane

54 ALPES ROMANES
22 ALSACE ROMANE (3e éd.)
14 ANGOUMOIS ROMAN
9 ANJOU ROMAN (2e éd.)
2 AUVERGNE ROMANE (3e éd.)
32 BERRY ROMAN (2e éd.)
1 BOURGOGNE ROMANE (8e éd.)
58 BRETAGNE ROMANE
55 CHAMPAGNE ROMANE
57 CORSE ROMANE
77 DAUPHINÉ ROMAN
15 FOREZ-VELAY ROMAN (2e éd.)
52 FRANCHE-COMTÉ ROMANE
50 GASCOGNE ROMANE (2e éd.)
31 GUYENNE ROMANE
49 HAUT-LANGUEDOC ROMAN
42 HAUT-POITOU ROMAN (2e éd.)
60 ILE-DE-FRANCE ROMANE
43 LANGUEDOC ROMAN (2e éd.)
11 LIMOUSIN ROMAN (3e éd.)
61 LORRAINE ROMANE
73 LYONNAIS SAVOIE ROMANS
64 MAINE ROMAN
45 NIVERNAIS-BOURBONNAIS ROMAN
25 NORMANDIE ROMANE 1 (3e éd.)
41 NORMANDIE ROMANE 2 (2e éd.)
27 PÉRIGORD ROMAN (2e éd.)
5 POITOU ROMAN (épuisé)
40 PROVENCE ROMANE 1 (2e éd.)
46 PROVENCE ROMANE 2 (2e éd.)
30 PYRÉNÉES ROMANES (2e éd.)
10 QUERCY ROMAN (3e éd.)
17 ROUERGUE ROMAN (3e éd.)
7 ROUSSILLON ROMAN (4e éd.)

33 SAINTONGE ROMANE (2e éd.)
6 TOURAINE ROMANE (3e éd.)
3 VAL DE LOIRE ROMAN (3e éd.)
44 VENDÉE ROMANE
75 VIVARAIS GÉVAUDAN ROMANS

Allemagne romane

79 PALATINAT ROMAN

Espagne romane

35 ARAGON ROMAN
23 CASTILLE ROMANE 1
24 CASTILLE ROMANE 2
12 CATALOGNE ROMANE 1 (2e éd.)
13 CATALOGNE ROMANE 2 (2e éd.)
39 GALICE ROMANE
36 LEON ROMAN
26 NAVARRE ROMANE

Italie romane

74 ABRUZZES MOLISE ROMANS
70 CALABRE BASILICATE ROMANES
56 CAMPANIE ROMANE
62 ÉMILIE ROMANE
48 LOMBARDIE ROMANE
80 MARCHES ROMANES
53 OMBRIE ROMANE
51 PIÉMONT-LIGURIE ROMAN
68 POUILLES ROMANES
78 ROME ET LATIUM ROMANS
72 SARDAIGNE ROMANE
65 SICILE ROMANE
57 TOSCANE ROMANE (2e éd.)
76 VÉNÉTIE ROMANE

Autres pays

58 ANGLETERRE ROMANE 1
69 ANGLETERRE ROMANE 2
71 BELGIQUE ROMANE
63 ÉCOSSE ROMANE
66 PORTUGAL ROMAN 1
67 PORTUGAL ROMAN 2
8 SUISSE ROMANE (2e éd.)
21 TERRE SAINTE ROMANE (2e éd.)

BOURGOGNE ROMANE
AUVERGNE ROMANE
VAL DE LOIRE ROMAN
L'ART GAULOIS
POITOU ROMAN
TOURAINE ROMANE
ROUSSILLON ROMAN
SUISSE ROMANE
ANJOU ROMAN
QUERCY ROMAN
LIMOUSIN ROMAN
CATALOGNE ROMANE 1
CATALOGNE ROMANE 2
ANGOUMOIS ROMAN
FOREZ–VELAY ROMAN
L'ART CISTERCIEN 1 et 2
ROUERGUE ROMAN
L'ART IRLANDAIS 1, 2, 3
TERRE SAINTE ROMANE
ALSACE ROMANE
CASTILLE ROMANE 1 et 2
NORMANDIE ROMANE 1
NAVARRE ROMANE
PÉRIGORD ROMAN
L'ART SCANDINAVE 1 et 2
PYRÉNÉES ROMANES
GUYENNE ROMANE
BERRY ROMAN
SAINTONGE ROMANE
ARAGON ROMAN
LEON ROMAN
CORSE ROMANE
L'ART PRÉROMAN HISPANIQUE 1 et 2
GALICE ROMANE
PROVENCE ROMANE 1 et 2
NORMANDIE ROMANE 2
HAUT-POITOU ROMAN
LANGUEDOC ROMAN
VENDÉE ROMANE
NIVERNAIS-BOURBONNAIS ROMAN
LOMBARDIE ROMANE
HAUT-LANGUEDOC
GASCOGNE ROMANE
PIÉMONT-LIGURIE ROMAN
FRANCHE-COMTÉ
OMBRIE ROMANE
ALPES ROMANES
CHAMPAGNE ROMANE
CAMPANIE ROMANE

la nuit des temps 80

TOSCANE ROMANE
BRETAGNE ROMANE
ANGLETERRE ROMANE 1
ILE-DE-FRANCE
LORRAINE ROMANE
ÉMILIE ROMANE
ÉCOSSE ROMANE